한국사회의
공공갈등 사례를 통해 본
조정, 참여형 갈등관리,
예방적 접근의 활용과
해외 시스템 연구

한국사회의 공공갈등 사례를 통해 본 조정, 참여형 갈등관리, 예방적 접근의 활용과
해외 시스템 연구

This Edition was published by Jipmoondang in 2021, Seoul, Korea.

472
아산재단 연구총서

한국사회의 구조 변화와 미래 대응

한국사회의 공공갈등 사례를 통해 본 조정, 참여형 갈등관리, 예방적 접근의 활용과 해외 시스템 연구

김대중
김현정
김세진

집문당

김대중(金大衆) 부산대학교 법학과 졸업
American University, Washington College of Law(법학박사, SJD)
미국변호사
현재 동아대학교 국제전문대학원 부교수

김현정(金玹廷) 부산대학교 전자계산학과 졸업
동아대학교 국제전문대학원 국제학과 졸업(국제학 박사)
현재 동아대학교 국제전문대학원 부교수

김세진(金世進) 동아대학교 법학과 졸업
동아대학교대학원 국제전문대학원 국제학과 박사과정 수료

아산재단 연구총서 472

한국사회의 구조 변화와 미래 대응

한국사회의 공공갈등 사례를 통해 본
조정, 참여형 갈등관리, 예방적 접근의 활용과 해외 시스템 연구

2021년 12월 20일 1판 1쇄

저자 | 김대중, 김현정, 김세진
발행인 | 임동규
발행처 | **(주)집문당**
등록 | 1971. 3. 23. 제2012-000069호
주소 | 03134 서울시 종로구 돈화문로 82, 5층
전화 | +82-1811-7567
이메일 | sale@jipmoon.com
홈페이지 | www.jipmoon.com

ISBN 978-89-303-1917-1 94330
978-89-303-1500-5(세트)

가격 13,500원

머리말

최근 우리 사회는 코로나로 인한 사회갈등, 동남권 신공항 건설 문제, 탈원전, 사드(THHAD) 배치, 강정마을 해군기지 설립 갈등 등의 사회적, 국가적 이슈의 공공갈등을 겪어 왔다. 이러한 갈등의 여파는 세대, 인종, 성별, 지역, 성적 취향, 이념 등의 갈등으로 심화됨에 따라 이질집단에 대한 반감이 위험 수위를 넘나들고 있는 실정이다. 공공갈등 해결의 어려운 점은 대부분 규모가 크고, 사안이 복잡다단하며 갈등의 이해당사자도 다수인 경우가 많아 갈수록 장기화되는 점이다. 본 연구는 최근 유효성이 증명되고 있는 세 가지 주요 갈등 해결기제-조정, 참여적 의사결정을 통한 갈등관리 방안, 갈등의 사전예방적 접근 혹은 분쟁시스템디자인(Dispute System Design)의 적용의 실효성과 전망을 모색하고자 한다. 이에 최근의 국내 공공갈등 인터뷰 및 해외 사례 문헌 조사를 통해 최근 공공갈등의 진행 양상과 제시된 갈등해결 제도의 적용 가능성을 알아보았다. 해당 공공갈등의 사례로 낙동강 수계 갈등, 부산의료원 민영화 갈등관리 사례, 월성 1호기 및 신고리 공론화 사례, 그리고 영남권 신공항 유치 갈등 문제가 포함되었다. 또한 공공갈등 중 지자체 간 갈등은 중앙정부와 지방정부 간 구조적 문제에서 기인함으로 중장기적 대책은 지방분권의 확립에 있다는 점을 알리고자 한다. 신공항 입지 선정 갈등, 지자체 간 물 문제 갈등 등의 사례에서 공공갈등의 해소 과정이 지방분권의 확립 과정과 노정을 같이 하고 있음을 확인하였다. 나아가 국가 전체 이해당사자 간 복합갈등 사례로 탈원전 문제 사례를 심층 분석하였다. 해외 공공갈등 사례의 대상국은 대체적 분쟁 해결 분야 법과 제도를 선도하고 있는 미국, 싱가포르 및 프랑스이다. 이 중 프랑스의 국가공공토론위원회는 정부가 시행하는 대규모 건설사업, 환경정책, 시설사업에 시민들의 의견을 적극적으로 반영하고, 특히, 중앙정부, 지방정부, 공공기관들이 사업을 시행할 때 주민들의 참여를 기반으로 한 공공토론이 이루어지게 하는 주목할 만한 모델이다. 지금까지는 제도화된 조정의 적용 영역이 주로 경제적 이해가 얽힌 이해갈등인 경우가 많았다. 이제 미국 등에 제도화된 조정보다는 한국의 갈등 상황에 맞는 조정 즉, 전문 조정인의 양성과 특유의 조정제도 개발이 필요하다. 참여적 갈등해결은 숙의민주주의의 현대적 현현으로서, 신고리 원전 사례에서 보았듯이 이미 그 실효적인 제도로서 정착이 시작되고 있다. 또한 갈등을 선제적이고도 예방적으로 조절하는 작업은 현재 서구와 주요 아시아권에서 공히 인식되고 있는 과제이다. 본 연구는 이에 민간에서 양성될 수 있는 공공갈등 조정 제도의 필요성과 방안을 제시하였다. 이를 위해 문헌적, 비교법적으로 살펴보고 이를 현지 갈등관리 전문가, 조정인, 분쟁 이해당사자들과의 인터뷰와 실증조사 등을 통해 한국에 맞는 방안이 필요함을 제시한다. 본 연구는 민간과 정부에게 공히 합의와 투명한 과정을 통한 의사결정의 중요성을 인지시키고, 나아가 제도화된 기제를 통해 공공갈등의 만성화, 가치갈등화를 방지하는 것이 상당 부분 가능함을 보여주고자 하는 것에 그 주요 의도가 있다.

2021년 11월

저자 김대중

차례

IV. 공공갈등의 주요 해외 사례와 쟁점 / 51

V. 유형별 갈등 사례 인터뷰 및 내용 전개 / 77

표/그림 차례

I. 서 론

Ⅰ. 서 론

최근 우리 사회는 탈원전, 사드(THHAD) 배치, 강정마을 해군기지 설립 갈등, 동남권 신공항 건설 문제 등 사회적, 국가적 이슈의 공공갈등을 겪어 왔다. 이로 인한 갈등의 여파는 세대 간, 성별 간, 계층 간, 이념 간 갈등 등 이차적으로 확산되기도 한다. 2019년 문화체육관광부가 발표한 한국인 의식 가치관 조사에서 국민들은 진보와 보수 갈등 92%, 정규직과 비정규직 갈등 85%, 부유층과 서민층 갈등 79%, 기성세대와 젊은 세대 갈등 68%, 남녀 갈등은 55%라 응답하였다.[1] 2019년 기준으로 한국의 갈등 지수는 0.71로, 이는 경제협력개발기구(OECD: Organization for Economic Cooperation and Development) 평균인 0.44를 두 배 가까이 상회할 정도로 한국은 OECD 회원국 중에서 4번째로 사회갈등이 심한 국가이다.[2] 공동체 내 세대, 인종, 성별, 지역, 성적 취향, 이념 등의 갈등이 심화됨에 따라 혐오사회라는 새로운 세태가 등장하며, 이질집단에 대한 반감이 위험 수위를 넘나들고 있는 실정이다. 심화된 갈등 상황은 사회의 건전한 발전을 저해하는 요인이 되며, 정부가 추진하는 '포용사회'

---

1) KBS, "심각한 사회 갈등…갈등 넘어 공존으로"
https://news.kbs.co.kr/news/view.do?ncd=4340046 (검색일: 2021.2.10.)

2) 장애인뉴스, "'갈등 관리 기본법' 제정"
http://welvoter.co.kr/34913 (검색일: 2021.2.10.)

의 구현이라는 정책 목표 또한 이러한 현실 인식을 기반으로 사회발전 방안을 모색하려는 노력의 일환이라 할 수 있다. 포용사회란 국민 누구나 성별, 지역, 계층, 연령에 상관없이 차별이나 배제받지 않고 인간다운 삶을 보장받으며 함께 잘 살 수 있도록, 국가가 국민의 전 생애 주기에 걸쳐 삶을 책임지며 공정한 기회와 정의로운 결과가 보장되는 사회를 의미한다.[3] 이에 사회 내 갈등의 실태 및 진행 양상을 파악하고 이를 해소하기 위한 정책과 제도의 분석 및 제시를 통해 건강한 사회로 나아가고자 하는 연구가 필요한 것이다.

본고에서는 이를 위해 우리 사회 내 공공갈등에 주목하였다. 공공갈등은 대부분 규모가 크고, 사안이 복잡다단하며 갈등의 이해당사자도 다수인 경우가 많아 갈수록 장기화되고 미해결인 상태로 남아 있게 되는 경우가 종종 생긴다. 본 연구에서는 최근 한국사회에서 점점 첨예해지고 있는 공공갈등의 실제 사례를 인터뷰를 통해 배경과 갈등 요소들을 밝힌다. 이 사례들에 대한 갈등해결기제로서 대체적 분쟁해결(Alternative Dispute Resolution)의 하나인 조정(Mediation)을 제도화하여 적용하는 것, 참여적 의사결정을 통한 갈등관리 방안, 그리고 갈등의 사전예방(Preventive)적 접근 혹은 분쟁시스템디자인(Dispute System Design)의 적용의 실효성과 전망을 분석하고자 한다.

한 예로 2006년 서울특별시 서대문구, 건물 철거로 재개발협회와 세입

---

3) 정책위키, "혁신적 포용국가", http://www.korea.kr/special/policyCurationView.do?newsId=148855401 (검색일: 2019. 2.20.)

자 간의 갈등을 들 수 있다. 세입자는 철거의 이유와 보상금과 관련한 투명한 정보를 협회와 시(市)에 요구하였지만 답을 얻을 수 없었다. 세입자와 재개발협회, 서울시는 신뢰 관계를 형성하지 못하였고 사업은 진행될 수 없었다. 이후 2013년 10월 24일 분쟁당사자들이 마침내 합의안에 서명을 하게 되고 재개발협회 측은 합의에 따른 보상금을 세입자 부부에게 지급하였다. 세입자 부부가 농성을 끝내고 자신들이 제기한 민원 및 법률소송 모두를 취하하고 합의문에 서명한 뒤 협회 회원들은 부부에 대한 사과와 격려의 말을 전했다. 세입자 부부는 어떤 보상보다 사과의 말 한마디를 원했다고 한다(한겨레, 2013). 세입자는 한 인터뷰에서 철거로 인해 식당을 잃고 강제 퇴거당했을 때 어느 누구도 자신의 입장을 들어주지 않는 상황에서 전문 조정인이 이야기를 들어주자 이해당사자에 대한 분노와 좌절감을 풀 수 있었다고 했다.

소송이 진행되고 집회를 통해 항의 의사를 전달하는 상황이 더 이상 서로의 신뢰 관계를 풀 수 없는 문제의 공공갈등이라 보일지라도 이해당사자 간의 소통 속에서 갈등 해결의 실마리를 찾을 수 있다. 표면적으로 주장하는 보상금 문제, 철거의 타당성 논쟁 등이 중요한 사안이지만 그에 앞서 이해당사자들의 입장을 이해하는 것이 보다 더 궁극적인 문제가 될 수 있다. 당사자가 조정과정을 경험하고 자신들의 입장을 들어주는 타인과 진심을 공유하고 싶었다는 말에서 국내 갈등조정 관리시스템이 공감과 대화가 기반되어야 한다는 방향을 제시하고 있다고 볼 수 있다.

공공갈등 중 가치갈등(value conflict)은 사람들의 가치관과 사고방식이 서로 다르기 때문에 일어나고 있으며, 삶의 방식이 급변하고 관계가 복잡해질수록 갈등의 양상이 증폭될 수 있다. 이해갈등(conflict of interest)은 당사자들의 이해관계와 손익이 전문적 판단에 부당한 영향을 미치거나 미칠 가능성이 있는 상황으로, 20세기 후반부터 중요한 윤리적인 문제로 부각되었다(김옥주 · 최은경, 2006: 29). 우리 사회는 지금까지 성별, 지역, 계층, 세대, 이념 갈등의 구조적 문제 즉 만성적 갈등 양상의 가치갈등과 이해갈등의 혼재 속에 존재했다. 하지만 최근 급진적 갈등의 확산은 사회를 양분화시키고, 반목하게 하며 급기야 상대집단을 혐오의 대상으로 타자화하기에 이르렀다. 급진 영역 갈등은 기존의 구조적 갈등 문제와 협착하여 만성적 문제로 번져 나아간다. 따라서 본 연구에서는 지방분권하 공공갈등의 발현 속도와 촉발 원인에 따른 공공갈등의 원인과 확산 양상을 구분하고, 갈등 해소를 위해 어떠한 제도가 적용되어야 할 것인지 분석한다.

우선 본고에서는 주요국의 공공갈등 관리제도에 관해 고찰하였다. 대상국은 대체적 분쟁해결 분야 법과 제도를 선도하고 있는 미국, 싱가포르 및 프랑스이다. 나아가 시스템 개선을 위한 해외의 주요 모델을 엄선하여 제시하였으며, 그 사례는 프랑스의 공공갈등관리위원회(CNDP), 독일 송전탑, 스웨덴 방폐장 사례, 캐나다의 공공갈등위원회이다. 이 모델들의 공통적인 요소는 독립된 공공갈등위원회를 통해 갈등관리 과정을 모든 국책사업에 적용하는 것과 이해당사자의 참여를 보장한다는 것이다. 또한 위원회는 중립적인 제3자의 역할을 하며 조정과 중재의 권고안을 만들고 이를 통해 합의된 결과물을 도출한다는 것이다. 갈등관리를 위한 또 다른 제시안으로 남아프리카공화국의 몽플레 시나리오, 미국의 워크숍 진행 등 참여적 의사결정 방식을 제안한다. 한국은 여전히 갈등을 찬성과 반대, 긍정과 부정의 이분법으로 해결하려는 경향이 있다. 이에 본 연구에서는 초기 단계부터 사업 진행 방향을 전문가, 정부, 사업자, 주민 및 이해당사자들이 의견을 함께 공유하여 사업을 완성하는 시스템을 소개하고자 한다.

본 연구에서 실제 공공갈등 사례인터뷰 후 구체적인 영역으로서 주목하는 바는 지방분권 이슈가 개입된 공공갈등의 복합갈등화, 중성적 사건의 갈등 진전이라 하겠다. 이의 갈등은 갈등 대상에 따라 또한 다음과 같이 분류된다. 첫째, 지자체 내 공공갈등, 둘째, 서로 다른 지자체 간 공공갈등이라 하겠다. 행정사무에 관한 권한이 명확히 지방정부 영역인 연방정부 제도와 달리 한국은 지방분권 시스템을 도입하였으나, 지방정부에 대한 중앙의 관여도, 예산권한이나 이임사무의 이양 정도 측면을 고려하면 지방분권의 길은 아직도 요원하다. 이와 같은 상황에서 공공 간 갈등 중 상당한 사례가 지자체 간 갈등이 차지하고 있으며, 이러한 갈등은 중앙정부의 중립 혹은 방기하에 복합갈등화되는 측면이 있다. 따라서 본 연구에서는 지방분권 내 공공갈등의 사례로 부산의료원 민영화 갈등관리 사례 그리고 지방분권 간 공공갈등의 사례로 낙동강 수계 갈등과 협상, 영남권 신공항 유치 갈등 문제를 다루었다. 나아가 국가 전체 이해당사자 간 복합갈등 사례로 탈원전 문제 사례를 심층 분석하였다.

ADR(Alternative Disputes Resolution)인 조정을 쉽게 적용할 수 있는 영역은 주로 경제적 이해가 얽힌 이해갈등인 경우가 많다. 국내에서 첨예하게 대립하고 있는 원전 갈등, 낙동강 수계 지역 갈등, 영남권 신공항 유치 문제, 민영화 갈등 사례를 중심으로 갈등의 전개 과정과 이해당사자와의 인터뷰 분석을 통해 공공갈등 관리에 적용될 기제들을 알아본다. 이를 통해 해결되지 않고, 해결하기 어려운 가치적 갈등으로 변하게 되는 갈등 사례의 문제적 쟁점을 도출하고 그 해결 시스템을 제시하고자 한다.

인터뷰 한 사례를 전체적인 갈등과정으로 분석하고, 당사자를 세분화하여 다양한 관점으로 사례를 보고자 한다. 그리고 해외 사례에서 적절하게 적용할 수 있는 부분을 도입하여 갈등 단계에 적합한 시나리오를 구상하고자 한다. 본 연구는 효과적인 갈등관리를 위해 조정, 참여적 의사결정 방식, 사전적 예방의 세 가지 기제로 나누어 인터뷰 사례에 적용한다. 또한 분쟁 예방과 조정의 효율적 정부 지원을 위한 지방분권의 방향성을 제시하고자 한다.

Ⅱ. 선행연구

Ⅱ. 선행연구

1. 갈등 분류에 관한 선행연구

갈등은 확산 속도(세로축) 및 갈등 추구의 의도(가로축)를 기준으로 구분할 수 있다. 확산 속도는 급진적 갈등 확산과 만성적 갈등 분포가 있을 수 있으며, 갈등 추구의 의도는 가치갈등과 이해갈등으로 구분된다. 가치갈등(value conflict)은 사람들의 가치관과 사고방식이 서로 다르기 때문에 일어나고 있으며, 삶의 방식이 급변하고 관계가 복잡해질수록 갈등의 양상이 증폭될 수 있다. 이해갈등(conflict of interest)은 개인적인 이해가 전문적 판단에 부당한 영향을 미치거나 미칠 가능성이 있는 상황으로, 20세기 후반부터 중요한 윤리적인 문제로 부각되었다(김옥주 · 최은경, 2006: 29).

허시먼(Hirschman, 1994)은 갈등을 '나눌 수 있는 갈등(divisible conflicts)', 즉 경제적 이해와 분배 와 '나눌 수 없는 갈등(either-or non-divisible category)', 즉 인종, 언어, 종교, 젠더 등으로 구분하였다. 전자는 자본주의 사회에서 경제적 이해 및 분배와 관련된 것으로 협상과 조정이 가능한 속성을 지닌 반면, 후자는 정체성의 차이에서 기인하는 것으로 협상과 조정을 통해 나누기 쉽지 않은 갈등이며 그 정도 또한 클 수 있다(Hirschman, 1994: 213-214). 이러한 분류는 가치갈등과 이해갈등의

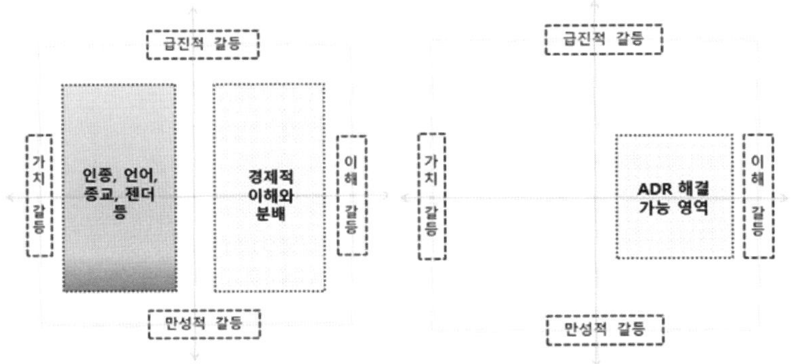

그림 Ⅱ-1 갈등의 발현 속도와 촉발 원인에 따른 분류 및 ADR 개입 영역

출처: 연구팀 작성.

분류와 같은 맥락이라 하겠다.

따라서 본 연구에서는 갈등의 발현 속도와 촉발 원인에 따른 유형을 영역별로 구분하고, 유형별 적정한 제도와 도구로써 갈등을 관리할 수 있도록 분석한다. 다양한 종류의 갈등 문제는 〈그림 Ⅱ-1〉 도식 내 한 영역에 국한되지 않는다. 예를 들어 젠더 문제의 경우 가치갈등 영역(2 · 3사분면)에 주로 존재하며, 성별 만성적, 사회구조적 문제(3사분면)로 자리잡고 있으나, 최근 상호 혐오사이트 일베, 메갈리아(Megalia) 등의 운영활동 등은 급진적 문제라 하겠다. 이러한 젠더 영역 문제일지라도 남녀임금격차 혹은 유리천장 문제 등은 일부 이해갈등 영역(4사분면)에 걸쳐 있기도 하다.

본 연구에서 주목하는 바는 ① 영역 간 변화와 ② 영역 간 합치, 즉 복합갈등화, 중성적 사건의 갈등 진전이다.

① 영역 간 변화는 만성적 갈등 → 급진적 갈등, 급진적 갈등 → 만성화의 문제도 심각한 사회갈등 연구 문제다. 그러나 본 연구에서는 주로 대체적 분쟁해결(Alternative Dispute Resolution, ADR) 중 조정(Mediation)으로 접근할 수 있는 영역에 주목하고자 한다. 이러한 연구팀의 집중은 갈등의 영역 중 이해갈등, 경제적으로 배분 가능한 영역을 발견하거나, 문제를 이해갈등 영역으로 구체화시켜 축소하고 해결하고자 함에 있다.

② 영역 간 합치, 즉 복합갈등화 문제는 이해갈등 + 가치갈등 → 복합적 갈등/중성적 사고 → 갈등으로 진전되는 과정을 방지하고자, 이해갈등 영역에 대해 기본적으로 다양한 형태의 ADR을 통한 해결을 촉구하고자 한다. 추가적으로 본 연구에서는 이해갈등이 가치갈등화되는 과정을 관리하기 위한 도구로써의 사회적 공론화를 통한 참여적 갈등관리를 새로운 대안 연구로 구성하였다.

본 연구에서는 또한 공공갈등이 점차 증가하고 있는 추세에서 대체적 분쟁해결 방식 중 특히 조정을 적용한 연구들을 주목한다(임유진, 2014: 56-58; 장현주, 2018: 433-436). 또한 중앙정부와 지방자치단체, 주민 간 갈등구조에서 조정이 해결기제로 활용된 사례에 관한 연구들이 많은 함의를 제시하고 있다(박재근 · 임재호, 2016: 529-632).

2. 공공갈등의 해결 방안 유형

본 연구에서 공공갈등의 해결 방안은 다음 세 가지에 중점을 두고 있다. 첫째, ADR로서 조정의 중요성과 최근 동향, 둘째, 참여적 갈등관리 방안, 셋째, 갈등의 사전예방(Preventive)적 접근 혹은 분쟁시스템디자인(Dispute System Design)의 적용이다.

1) ADR로서 조정(Mediation)의 중요성과 최근 동향

일도양단의 승패를 가르는 사법적 해결(소송)로 판단이 치유하는 사법으로의 전환되고 있다. 비용과 시간이 많이 들고 승패 위주인 소송에 대한 대안의 필요성과 함께 분쟁과 갈등을 당사자들이 좀 더 능동적인 방법으로 해결하려는 것이다. 이러한 흐름과 맥을 같이 하며 커뮤니케이션을 통한 공감의 장 형성이라는 면에서 ADR은 그 중요성을 더해 가고 있다. 장기적 관점에서 관계 유지 및 이해를 통한 분쟁과 갈등해소 기반 마련을 위한 ADR은 협상(Negotiation), 조정(Mediation), 중재(Arbitration)가 대표적이다. 특히 갈등해결기제로서 유연성이 뛰어나고 갈등당사자의 입장이나 이해관계 진술을 철저히 할 수 있다는 점에서 만성적인 단계의 갈등해소기제로 조정의 중요성이 두드러지는 추세다.

대체적 분쟁해결(ADR)은 법적 · 제도적 갈등과 분쟁해결(Dispute Resolution)의 본류로 발전 중이라고 할 수 있다. 특히 조정과 중재는 환경분쟁, 공공갈등, 위험제조물 등 다수의 당사자가 포함된 복합 분쟁의 경우와 같이 기존 소송의 한계가 극명히 드러나는 곳에서 더욱 빛을 발하고 있다. 특히 한국사회의 공공갈등은 그 발생 양상이 복잡해지고 이해당사자도 복잡해지는 경향이 있음에도 불구하고 여전히 소송 등의 전통적인 갈등관리 방식이나 정부의 일방적인 집행력에 의존해 오고 있었다. 중재는 최근 상사분쟁 해결에 주로 사용되고 소송과 같이 변호인을 선임하며 입수한 증거에 의한 심리가 중심이 되면서 중재의 장점인 당사자 자치라는 부분이 상당히 퇴색하고 있다. 그러나 최근에는 갈등의 이해당사자들이 중립적인 제3자의 개입과 더불어 자율적으로 합의를 도출할 수 있는 조정의 유용성에 대한 인식이 공공갈등 분야에서 나타나고 있다. 사회적 갈등의 해결기제로서 ADR의 논의는 조정이 그 중심에 있다고 할 수 있다.

한편 사회적 갈등 혹은 공공갈등에서 중립적인 제3자인 조정인(Mediator)은 일반적인 조정인의 책임과 권리를 그대로 수용하지만 사회 혹은 공공갈등이라는 특수한 상황에 맞는 역할도 존재한다. 사회갈등의 조정인은 조정이 시작되기 전에 다자간 조정에 참여하는 이해관계자들의 이해관계와 이슈를 파악해야 할 것이다. 이 작업은 본격적인 갈등의 평가 단계에서 할 수도 있을 것이고, 이해관계자와의 비공식적인 회합도 생각해 볼 수 있다. 조정을 진행하기 위한 원칙을 세우고 사실관계를 파악하는 작업, 대안을 제시하는 작업 등에서 제3자 조정인은 무엇보다 투명하고 공정하며, 사안에 대한 전문성을 가지는 것이 바람직하다.

이러한 맥락에서 현재 한국에서 정착되어 있는 법원 조정보다 민간이 주도하는 민간 조정이 더욱 활성화되어야 할 것으로 보인다. 그 이유 중 하나는 한국의 사회적 갈등은 과도한 분쟁의 발생보다는 분쟁의 장기화가 문제라는 점에 있다. 그 해결에 있어 일반적으로 법원 판결 등의 권위적이고 공식적인 제3자 개입으로 분쟁이 종료되는 경우는 분쟁 지속 일수가 비교적 장기간으로 나타나는 반면 조정에 의해 종료되는 분쟁은 지속 일수가 짧게 나타나고 있다. 이는 법원 소송(Litigation)이 권리문제(Rights-based)에 기반한 해결이라면 조정은 서로의 이해관계(interests)에 입각한 분쟁해결이 가능하기 때문으로 볼 수 있다. 물론 한국 공공갈등의 특성상 대체적 기제인 조정이 갈등해결에 만능일 수는 없다. 많은 경우 소송, 정부의 의견, 권위 있는 외부자로부터의 의견 등에 의존하여 공공갈등 해결을 진행한다. 실제로 그동안 한국사회에서의 많은 사회적 갈등 혹은 공공갈등이 조정이나 중재 등 대체적 분쟁해결에 의한 방식보다는 소송 등의 강제력으로 해결되어 왔다. 아직도 중앙부처와 지방자치단체 간, 중앙정부와 지방자치단체, 주민 간 갈등이 제3자 조정에 의해 해결된 사례는 찾아보기 어렵다. 본 연구에서는 민간이나 지방정부에 비해 비대칭적으로 정보와 집행력이 높은 중앙정부가 주도하는 협상이나 결정으로 갈등이 해결되어 온 점에 주목하여 ADR의 조정을 보다 현실적인 면에서 분석할 것이다. 미국이나 서구의 외적갈등에 치중한 조정을 그대로 적용하기보다는 한국의 갈등 상황에 맞는 조정제도 개발의 필요성을 인식하고 이에 따르는 요건들을 제시하고자 한다.

사회적 갈등 중 특히 만성적이고 비의도적인 갈등으로서 원전 폐쇄 문제, 방사선 폐기장 부지 선정, 영남권 신공항 건설, 식수(물) 문제 등의 공공갈등의 경우는 정부나 공공기관이 민간을 상대로 한 이해당사자이다. 본고에서는 중앙-지방 간의 힘의 불균형에 문제가 있고, 공공기관과 민간 사이에 정보와 권한의 불균형이 존재하는 한국사회에서 공공갈등의 해결기제로서 조정의 유용성과 더불어 한국에 적합한 조정의 요소들을 제시하고자 한다.

2) 한국형 참여형 의사결정 방식 도출을 위한 해외 사례 연구

최근 조정, 협상 등의 대체적 분쟁해결 방법 등의 기법이 동원된 분쟁해결기제뿐만이 아니라 공론조사, 시나리오 워크숍, 시민배심원제, 공론화 등의 참여적 공공갈등관리 방안이 제시되고 있다. 2017년 신고리 5 · 6호기 공론화 문제에서는 정부, 시민단체 등 갈등에 직접 이해관계가 있는 당사자와 일반 시민들이 직접 참여하여 일정 시간 동안 토론과 학습을 통해 갈등을 해결하는 일종의 공론조사 방안이 활용되었다. 이는 기존의 참여적 의사결정 방식이 논의 수준에 머물다가 실제 사건에 직접 적용된 사례이다. 본 연구에서는 향후 보다 활용 가능한 한국형 참여적 의사결정 방식을 도출할 필요가 있다는 점을 지적한다. 이를 위해, 프랑스, 독일, 미국 등의 사례와 법, 제도를 분석하여 그 특징을 이해하고 한국에의 적용가능성을 모색해 볼 것이다.

프랑스의 '국가공공토론위원회'는 1995년 바르니에법에 근거해 입법화되었으며 1997년 환경개발부 산하에 처음 설립되어, 이후 2002년 독립행정기관으로 발족되었다. '국가공공토론위원회'는 정부가 시행하는 대규모 건설사업, 환경정책, 시설사업에 시민들의 의견을 적극적으로 반영하고, 특히, 중앙정부, 지방정부, 공공기관들이 사업을 시행할 때 주민들의 참여를 기반으로 한 공공토론이 이루어지게 한다.

영국은 예방적 · 사전적 갈등관리를 위해 정책과정 초기 단계에서부터 시민과 정책 이해관계자들의 협의를 거치는 '협의(consultation)와 개입제도(engagement)'를 시행하고 있다. 영국은 법적 구속력을 통한 갈등관리보다는 내부 행정규칙을 통해 공공갈등의 예방과 조정에 노력하고 있다. '서면협의에 관한 시행규칙(CPWC: Code of Practice on Written Consultation)', '공공참여(PI: Public Involvement)', '공공개입(PE: Public Engagement)' 등으로 이루어지는 '시민협의제도'가 대표적이다. 이 제도에 참여를 원하는 시민들은 누구나 국가정책 이슈사이트를 통해 서면협의 제도에 참여함으로써 소통하는 시민참여의 장을 열어 갈등관리의 쌍방향 소통에 실적을 올리고 있다.

3) 분쟁의 사전예방(Preventive)적 접근: 분쟁시스템디자인(Dispute System Design) 혹은 한국형 사전적 갈등예방기제의 적용

프랑스, 영국, 미국의 갈등관리 제도의 특징은 갈등해결에 있어 사전적이고 예방적인 갈등관리 방안에 많은 관심을 둔다는 점이다. 이에 본 연구에서는 갈등해결기제로서 미국 등 선진국을 중심으로 그룹 내에서 갈등 해결 시 다양한 차원에서 열린 분쟁해결을 해 나가는 분쟁시스템디자인(DSD: Dispute System Design)을 한국에 맞게 활용하는 방법을 모색할 것이다. 이 과정에서 투명하고 공정한 절차에 의한 분쟁의 사전예방(Preventive)적 접근이 갈수록 중요해지는 바를 주목한다.

분쟁시스템디자인은 공공분쟁과 갈등이 다양하게 표출될수록 분쟁의 발생 전에 정부, 민간, NGO, 전문가 등 모든 이해당사자들이 참여하여 이해관계 충돌, 필요한 방안과 자원 등을 논의하는 사전예방을 도모함으로써 불필요한 분쟁과 사회비용 및 갈등을 종식시킬 필요가 있음을 주목한다. 즉, 각 당사자의 실제적인 니즈(needs)를 충족시키고 당사자 간 진심어린 합의의 의사결정 과정을 도출하게 하여 갈등해결제도가 당사자의 적극 참여와 인간적인 요구를 충족시키는 동시에 그 과정이 효율적으로 이루어지게 하는 것이다.

최근까지 대체적 분쟁해결기제의 하나로 하위 단계(subfield)의 개념으로 인식되었던 조정이 최근에는 독립된 분야로 발전 중이다. 본 연구에서는 사후(aftermath)적 기제인 조정을 사전예방적 분쟁해결기제로 활용할 수 있는 분쟁시스템디자인으로 분석한다. ADR이 협상, 조정, 중재 등으로 나누어질 수 있는 것에 반해 분쟁시스템디자인은 특정한 형태와 정의를 가지지 않으나 ADR까지 포함한 갈등해결 방법을 해당 기관(institution) 내에서 다양하게 열려 있는 형태로 모든 이해관계 당사자들이 논의하는 합의(consensus)에 기반하여 어떻게 할 것인지를 실제 분쟁이 일어나기 전에 미리(beforehand) 정하는 방법을 일컫는다(Ury, Brett, and Goldberg, 1988). 전통적인 상사분쟁은 양 당사자의 권리(Rights)를 기반으로 하여 양 당사자가 동의한 규칙으로 권위 있는 제3자가 판결하는 소송 또는 중재가 많이 이용되어 왔다. 그러나 사회적 갈등은 공공기관과 민간 혹은 민간과 민간 사이에서 주로 이익 혹은 가치(Interests or Value)분쟁이 많은 비중을 차지한다. 이익 혹은 이해관계는 실제 이 분쟁에서 당사자들이 신경을 쓰고 있는 경제, 정치, 지역, 환경 등의 모든 것을 포함하는데 이러한 이익관계 분쟁의 해결은 조정 등의 ADR이 더욱 적합한 분쟁해결기제로 작용하고 있다. 이는 분쟁시스템디자인에서 여러 ADR기제 혹은 자치적인 해결 방법을 유연하게 선택하여 적용할 수 있게 되는 것이다.

분쟁시스템디자인은 1988년 발간된 William L. Ury와 Jeanne M. Brett의 『분쟁을 해결하는 법(*Getting Disputes Resolved*)』에 처음 기술되어 초기에는 각종 상사분쟁을 중심으로 이용되어 왔는데, 대표적으로 1987년 IBM과 Fusitsu의 분쟁에서 그 유래를 찾아볼 수 있다. 당시 IBM은 후지츠가 IBM의 소프트웨어를 부적절하게 유용할 가능성이 크다고 주장하며 분쟁 방지에 들어갔는데 특이한 점으로는 소프트웨어의 적절한 사용 건에 대해서는 중립적인 전문가가 판단하고 차후 손해가 생길 시의 배상은 중재로 판정하기로 약속하는 다층적이고 선제적인 분쟁해결 방법을 도입하였다. 결과는 실제 후지츠가 문제가 된 소프트웨어를 제대로 사용하기 전에 분쟁이 방지되어 비용과 시간 면에서 상당한 효율을 보였다(Goldberg, 2012). 이러한 분쟁시스템디자인은 갈등이론, 조직행동 그리고 대체적 분쟁해결(ADR)에 기반하여 조직 내 당사자들이 필요한 관계를 시작하는 시점이나 아직 발생하지는 않았으나 발생 가능한 분쟁을 진단하는 시점에 이용할 수 있다는 점이 괄목할 만하다. 그 중요한 원칙으로는 첫째, 예방적 차원에서 현재 일정 그룹의 분쟁과 갈등이 어떻게 다루어지고 있는지, 누가 당사자가 될 것인지 등을 사전 역할 설정 등을 통해 셋업하는 것이다.[1] 둘째, 모든 당사자가 공유할 수 있는 이익과 각자

---

1) Harvard Law School Program on Negotiation, available at https://www.pon.harvard.edu/daily/dispute-resolution/what-is-dispute-system-de

다른 이해관계를 탐색하고 비용과 시간을 절약하며 최대한 상대에게 덜 공격적인 갈등해결 방법을 알아내는 것이다. 여기에는 협상, 소송, 중재 등과 재정(facilitation) 또는 한국의 행정적 갈등관리 방법인 옴부즈맨제도 등이 모두 포함될 수 있다. 이 제도를 필요할 때마다 적절하게 사용하는 것과 각 이해당사자들의 동기, 인센티브, 서로 다른 재능과 배분할 수 있는 자원 등이 고려되고 있다. 다음으로 모든 이해당사자들이 참여하여 수시로 필요할 때마다 협상이 가능하게 한다. 분쟁시스템디자인은 그 유연성을 가지고 있고 이해당사자 다수 참여가 가능한 점, 무엇보다 분쟁의 사전예방이 가능하다. 이러한 점을 주목하여 다양하고 복합적인 한국형 사회갈등에 적용시키는 방안을 살펴보고자 한다. 예를 들어 원전 건설을 시작한다고 할 때, 원전 시공업자, 원전 방사능 물질 취급자, 수송관리자, 정부관계자, 해당 원전이 위치한 지역의 주민 대표, 주민의 법적 대리인인 변호사, 지역의 환경단체 NGO 등등이 시공 시작 전에 함께 모여 그들의 서로 다른 이해관계와 이익이 충돌할 수 있을 만한 상황을 최대한 역할 분담 등을 통해 알아내고 공유한다. 만약 갈등이나 분쟁 · 사고 발생 시 어떠한 분쟁해결기제를 택할 것인지(예를 들어 소송, 조정, 중재 또는 조정-중재, 옴부즈맨, 공청회 등), 또는 복합적인 분쟁해결기제를 택할 것인지, 최대로 비용을 절약하는 방법은 무엇인지, 각자 이해관계가 가장 상충되는 지점은 무엇이고 어떻게 회피할 수 있는지를 미리 논의하는 것이 바로 분쟁시스템의 작동방식이라고 할 수 있다.

---

sign/

3. 한국의 지자체 갈등 현안: 지방분권 실현의 필요성

국내 대체적 분쟁해결 기본법안이 우윤근 의원 대표발의에 의해 2013년 19대국회에 제출되었다(우윤근, 8392호). ADR 법령체계를 '갈등관리 법령체계'와 '대체적 분쟁해결 법령체계'로 구분하였을 때 갈등관리 법령체계는 해당 법률이 없는 상태에서 하위법인 '공공기관의 갈등 예방과 해결에 관한 규정'과 '공공기관의 갈등 예방과 해결에 관한 규정 시행규칙'만이 마련되어 있는 실정이다(박철규, 2012: 16). 공공기관 간 갈등을 요체로 하는 공공갈등은 지자체 간 갈등이 대종을 차지한다. 지방분권이 아직도 개혁의 단계를 거치고 있는 상황에서 중앙과 지자체 간 수직적 상황 등 두드러진 공공갈등이 발현되기 어려운 것이다. 개정지방자치법에서 사무 배분의 목적이 국가-광역자치단체-기초자치단체로 구성되어 있는 3계층의 국가 · 지방행정조직체계를 유지하는 현행의 제도 틀 안에서 단지 중앙-지방이 담당할 사무의 범위만을 재조정하는 것에 중점을 두고 지방행정체제를 근본적으로 개편하는 수준까지에는 이르지 않은 것은 미흡한 점으로 지적받아 왔다(최철호, 2012: 371). 자치분권의 실현은 문재인 정부의 핵심 국정과제 중 하나로 자치분권의 실현을 총괄 담당하고 있는 대통령 소속 자치분권위원회는 행정안전부와 함께 17개 시 · 도 기획조정실장과의 실무협의를 통해 자치분권 주요법안의 입법화 및 재정분권과제를 추진해 왔다. 관련 법 개정과정의 1단계는 지방소비세율 10% 인상(연 8조 5,000억 원 지방재정 확충), 국가사무 지방이양(3조 6,000억 원)이고, 2단계는 지방세수 확충, 중앙정부 기능의 추가적인 지방이양, 지

방재정조정제도 마련 등이다.[2)]

현재 일어나고 있는 대부분의 공공갈등이 지자체 간 갈등인 만큼, 이러한 법안의 개정이 추진되면 현재 공공갈등의 상당 부분이 해결될 수 있을 것이라 기대된다. 2012년 기관위임사무의 폐지에 따라 법정수임사무가 도입되었으나, 진정한 권한이 지방으로 이양되지 않은 상태에서 사무만의 이양은 갈등 발생 시, 권한 없는 상태에서의 협상 주체로서의 지자체가 제기능을 발휘하지 못하는 상황에 처할 수밖에 없도록 만들어 왔다. 지방자치법은 행정적 분쟁해결 절차로 중앙분쟁조정위원회에 의한 분쟁조정 절차를 규정하고 있으며, 이에 따르면 지방자치단체 사이의 '분쟁'에 대하여는 사무의 종류를 불문하고 제한 없이 조정 결정을 할 수 있도록 되어 있다(이진수, 2012: 147). 현재 중앙분쟁조정위원회는 「지방자치법」 제4조, 제148조 내지 제150조(지방자치단체간 분쟁 조정)와 「지방자치법 시행령」 제85조 내지 제94조에 근거해 운영된다. 동 위원회의 명칭이 포괄적인 데 반해 기능은 다소 한정적이다. 동 위원회는 시 · 도간 또는 시 · 도를 달리하는 시 · 군간 분쟁 조정의 역할을 담당하나, 주로 매립지 등 신규 토지 귀속 지자체 결정에 관여한다.

매립지 등의 한정된 범위 이외의 공공갈등이 발생한 경우, 해당 주제와 관련된 시민 주도 위원회가 등장하여, 중앙분쟁조정위원회의 중심적 역할이 요원하게 된다. 낙동강 물 분쟁에서 낙동강통합물관리위원회가 등장하여, 이해관계자가 중앙-관련 지자체-위원회로 다면화되었다. 심

---

2) 대전일보, "지방자치법 개정 32년만에 이뤄지나", http://www.daejonilbo.com/news/newsitem.asp?pk_no=1420561

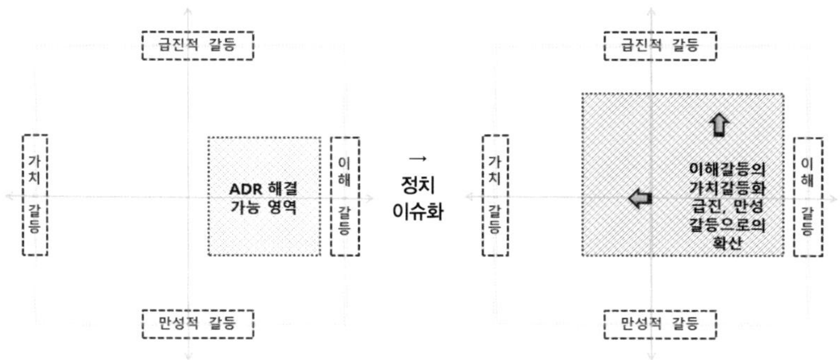

그림 Ⅱ-2 지자체 간 갈등의 정치이슈화 이후 갈등 유형의 변화

출처: 연구팀 작성.

지어 신공항 유치 갈등의 경우 지자체 내 위원회와 시민 주도 위원회가 각각의 지역에서 발족하는 등 추진과정에서 갈등의 유형이 가치갈등화, 급진 · 만성 다면화 국면으로 접어들게 되었다.

지방분권이 확립되지 않고, 분쟁에 관한 주축의 역할이 모호한 현 상황에서 지자체 간 공공갈등은 피할 수 없다. 향후 주민주권 구현 및 진정한 지방정부의 자율성 확보를 위해 2020년 현재 추진되고 있는 지방자치법과 중앙지방협력회의법, 제3자 기관으로서의 중앙분쟁조정위원회 역할 및 범위 확대가 필요하다.

Ⅲ. 주요국의 공공갈등 관리제도

Ⅲ. 주요국의 공공갈등 관리제도

본 장에서는 각국의 대표적인 공공갈등 관리제도를 검토 · 분석하여 그 배경, 내용 및 제도의 시사점을 고찰한다.

1. 미국의 공공갈등 관리제도

1) 미국의 ADR(Alternative Dispute Resolution)의 시작과 의의

ADR이 처음 시작된 나라는 미국으로 1960년대 후반에 출현하여 1976년 파운드회의(Pound Conference)에서 전기를 맞고 이후 본격적으로 ADR운동이 전개되었다(Lara Traum & Brian Farkas, 2017: 683-689). 파운드회의는 사법행정 불만 전국회의(the National Conference on the Causes of Popular Dissatisfaction with the Administration of Justice)에서 하버드 로스쿨의 프랭크 샌더(Frank Sander) 교수가 발표한 주제로 ADR운동의 시작점이 되었다. 전통적인 법원 소송이 비효율적이고 고비용이며, 일도양단의 돌이킬 수 없는 결과를 가져오는 점을 개선하기 위하여 조정(mediation), 중재(arbitration), 협상(negotiation) 등의 대체적 분쟁해결제도(ADR) 등이 사용되기 시작했다. 이와 같은 의미에서 ADR은 소송에 대한 대안으로 볼 수 있을 것이다. 그러나 ADR은 이후 미국의 발전과정에서 정형화된 절차로 한정되어 있지 않고 유연하게 새로운 절차가 개발되고 있으며, 계속 발전해 나가는 중으로 소송 또는 법원 중심의 분쟁해결 절차를 벗어난 효율적이고 합리적인 분쟁 및 갈등해결 절차를 모색하는 동적인 개념으로 인식하는 것이 바람직하다.

2) 미국의 공공갈등 관리제도와 법

미국은 행정적이고 공적인 사안과 관련하여 발생하는 갈등에 대해 협상에 의한 규칙제정절차법(The Negotiated Rulemaking Act of 1998)과 행정분쟁해결법(The Administrative Dispute Resolution Act of 1990)을 통해 절차를 규정해 두고 있으며, 이러한 법제 이외에도 공공갈등 사안에 대한 합의 창출 절차가 논의되어 왔다(Lawrence Suskind & Jeffrey Cruikshank, 2013). 이는 분쟁해결 법제들로만 공공갈등을 해결하는 것은 한계가 있다는 것을 의미한다.

합의의 창출(consensus building)은 공공갈등 상황에서 정부와 공공기관이 참여는 하나 조정자(mediator)를 두고 복잡하게 얽힌 광범위한 주제들을 다자간 조정(mediation)을 통해 문제를 해결하는 것을 말한다. 스노콸미강 댐 건설 사례에서는 합의 창출의 초기 사례를 보여주는데 1968년 홍수 피해를 줄이기 위해 제안된 댐 건설에서 환경단체 등이 반대를 하자, 1973년 거의 모든 이해관계 당사자들이 참가하고 조정인이 주최하는 다자간 조정회의(multi-party mediation meeting)가 이루어졌다. 이를 통해 모든 이해관계 당사자들이 만족하는 댐을 짓는 데 합의안이 도출되었다(Gerald W. Cormick, 1976: 215-224). 합의 창출은 육군, 환경청 등 공공갈등이 자주 일어나는 분야의 정부 부처에서 사용되어 이후 갈등 조정을 전담하는 부서로 발전하게 된다. 1990년대에는 이러한 합의 창출이 보다 광범위하게 사용되면서 하나의 행정 ADR이 연방정부 차원에서 법제화되는데 1990년 협상에 의한 규칙제정법(the Negotiated Rulemaking Act)과 1996년 행정분쟁해결법(the Administrative Dispute Resolution Act)이 그것이다.

협상에 의한 규칙제정법은 정부가 규제 관련 규칙을 최종적으로 결정하기 전에 그 규칙에 의해 영향받을 것으로 예상되는 이해관계자들을 참여시켜 합의 창출을 하는 과정으로서 주로 공공갈등의 예방과 해결에 사용되었다. 즉, 행정기관이 입법 조치를 거치지 않고 정하는 규칙에 대해 검토 단계에서 최대한 다양한 이해관계자를 참가시키는 협상에 의한 규칙제정(negotiated rulemaking)의 기본적인 틀을 정하는 것이다. 정부는 이해당사자의 하나로 참여하지만 협상에 의한 규칙제정위원회의 구성과 공지, 이해관계자로부터의 위원회 참여 신청, 위원회 운영 및 종결 등과 관련된 제반 행정사항들에 대한 지원 조치를 담당하는 선에서 그 역할이 한정된다(신창구, 2014: 149-150). 협상에 의한 규칙 제정 절차로 영향을 받는 이해관계자가 충분히 관여하고 있지 않은 경우 행정과 이해관계자 사이에 적대적인 관계가 나타나고 있어 초기 단계에서 이들을 참가시킨 것이 일부 부서에서 소송을 예방하였다는 경험을 기초로 제정된 법이다. 즉 분쟁의 예방과 더불어 시민의 적극적 참가라는 새로운 장을 연 법이라고 볼 수 있다. 구체적으로는 행정기관이 이해관계자와의 협상에 의한 규칙 제정이 필요하다고 보는 경우 관보(federal registry)에 위원회 설립을 공시하고, 참가희망자를 30일간 모집하며, 공시에 앞서 분쟁 평가(assessment)를 하는 과정을 거친다(함영주, 2014: 440-443). 위원회 설립은 연방자문회위원법(Federal Advisory Committee Act)에 따라 행해지고 위원은 25명 이하로 구성된다. 협상에 의한 규칙 제정 절차법은 환경청의 환경 규제 입법 과정에서 이해관계자의 참여를 통한 환경 규제를 성공적으로 입법한 경험과 교통청을 공공갈등 사안 해결의 사례를 통해 실효성이 입증된 바 있다.

행정분쟁 해결법은 각 행정청이 분쟁해결을 위해 ADR을 적용할 것을 요구하고 고위 공무원을 분쟁해결 전문가로 지정하여 해당 행정청의 분쟁과 갈등을 해결하게 하였다. 이 법은 ADR을 분쟁해결의 주요 방법으로 채택할 것과 분쟁해결 정책 개발, 각 기관의 고위 공무원들을 분쟁해결 전문가로 임명함과 동시에 협상, 조정, 중재 등의 ADR에 대한 교육훈련을 실시하고, ADR에 활용될 수 있는 표준 계약을 검토하고 개정할 것 등이 정해져 있다(함영주, 2014: 441). 또한 행정 행위 관련 당사자가 자발적으로 선택할 수 있게 하고 다른 분쟁해결 수단도 활용이 가능하도록 되어 있다. 즉, ADR이 모든 경우에 공히 사용되는 것은 아니라는 점을 말하고 있으며, 이는 가능한 ADR이 활용되어야 한다는 점을 내포하고 있다고도 볼 수 있다(신창구, 2014: 149-151). 본 법은 각 정부부처가 재판 외의 분쟁해결에 관한 기본 정책을 입안하여 분쟁해결 전문가를 부처에 배치하고 적절한 훈련을 정기적으로 실시하여 실제 ADR에 적용할 수 있도록 하였다. ADR에 사용되는 절차에는 조정, 사실 조사, 미니트라이얼(Mini-trial), 중재, 옴부즈맨 등이 포함되었다.

이 두 법을 비교하자면, 행정분쟁 해결법은 많은 비용과 긴 기간이 소요되고 합의에 의한 해결 가능성도 적은 법정에서의 소송 대신 저렴하고 신속하게 분쟁을 해결할 수 있는 방식의 채택과 관련된 것이다. 협상에 의한 규칙제정법은 규칙제정과 관련해 이해당사자 간 합의의 창출을 도모하는 점에서 차이가 있다. 이러한 연방정부 차원의 법제화와 다양한 민간 부문의 갈등에서 이해관계자 참여에 의한 다자간 조정의 활성화는 합의 창출을 사회적인 차원에서 다양한 갈등을 해결할 수 있는 가장 괄목할 만한 기제로 인식하게 하였다. 이러한 연방정부 차원에서의 법제화는 합의 창출 실행의 법적인 기반을 만들었는데, 예를 들어 합의 창출 과정에서 커뮤니케이션이 일어난 내용에 대한 비밀유지와 제3자의 중립의무 등이 명시적으로 법제화됨으로써 합의 창출 과정에서 생길 수 있는 논란을 없애기도 하였다.

(1) 정부기관 간 ADR 실무그룹

행정부에서도 대통령의 ADR에 대한 적극적인 지원이 있었는데 1991년 부시 대통령이 행정명령(Executive Order)을 시달함으로써 연방정부 소속의 변호사들과 분쟁당사자 등에게 미국 정부를 상대로 하는 분쟁에서 ADR을 이용하게 하였다(Stephen B. Goldberg & Frank E.A. Sander, 2012: 10). 1998년 5월 클린턴 대통령은 각 부처의 장관과 기관장에게 보내는 업무지침(Memorandum)을 통해 ADR을 정부기관이 더 많이 활용하도록 하기 위해 정부기관 간 위원회를 지정함을 알렸다. 연방정부가 보다 효율적으로 운영되고 분쟁예방 및 회피를 포함해 가능한 한 분쟁과 쟁점들을 합의적으로 해결하도록 해야 하는 것이 그 내용이다. 이로 인해서 정부기관 간 대체적 분쟁해결 실무그룹(the Interagency Alternative Dispute Resolution Working Group)이 설치 · 운영되었다. 법무부 장관의 감독 아래 ADR을 활용하는 프로그램을 개발하고 정부기관들의 계획을 조정하고 ADR 지침을 전달하는 것이 그 내용이었다.

(2) 연방정부의 노사분쟁조정(mediation on labor dispute)

또한 1990년대에 연방조정알선서비스(the Federal Mediation and Conciliation Service) 영역이 더 확장되었는데 이는 노사관계법(Labor Management Relations Act)을 통해 1947년에 설립된 기관이다. 미국의 ADR이 최초로 가장 활발히 적용된 분야는 노사분쟁으로 이 연방조정알선서비스는 노사의 분쟁조정, 예방적 조정(preventive mediation), 고충조정, 상담, 시스템 설계, 촉진(facilitation), 규제 정책 등으로 이루어졌다. 1999년 한 해 동안 586건의 ADR 사건을 다루었고 2003년에는 정부와 민간 부문 1,400여 건의 분쟁에 대한 ADR 사건이 이루어졌다(박철규, 2018: 97-98).

(3) 갈등예방 및 해결센터(Conflict Prevention Resolution Center)

본 센터는 갈등예방 및 미국 연방정부의 농림부와 환경보호청의 ADR을 이용한 갈등관리 기구로서 '갈등을 분별 있고, 공정하며, 효율적인 방식으로 파악하고 처리하는 절차'로 정의하였다(CPRC, 1999). 또한 '갈등은 효과적인 의사소통, 문제해결, 이해관계에 초점을 맞춘 협상(negotiation)과 같은 기술을 개발, 사용함으로써 충분히 관리될 수 있으며', 갈등관리의 중요한 요소로서 ADR을 효과적으로 활용하는 것이 바람직하다고 밝히고 있다. 미국환경보호청(United States Environmental Protection Agency) 산하 소속기관으로서 본 센터는 특히 환경 분야의 정부기관, 민간, 기업체와 오랫동안 분쟁 및 갈등 사례에 대한 조정인과 갈등 해결 촉진자를 교육하고 제공해 온 기관이다. 환경보호청은 갈등예방 및 해결센터에 대해 '합의 형성, 갈등 예방, ADR을 위한 주요 자원'이라고 명시하여 그 기능을 중요시하고 있다.

(4) 미국 사법부 내에서의 ADR 트렌드

1990년대는 이렇게 행정기관의 갈등해결기제로서 ADR의 막이 활짝 연 때였다. 이와 동시에 1990년의 민사개혁법(Civil Justice Reform Act)은 사법부에 민사재판의 비용과 소송 지연을 감소시킬 방법을 요구하고 이에 ADR을 분쟁해결의 원리로 규정하였다. 본 민사개혁법은 사건에 대한 신속, 공정, 저렴한 분쟁해결 방법을 보장하기 위해 모든 연방지방법원에 협상(Negotiation), 조정(Mediation), 중재(Arbitration)와 더불어 특히 제3자의 조언을 기초로 한 양 당사자의 합의인 약식재판(Mini-Trial), 법원연계형조정(Court-Annexed Mediation), 조기중립적 평가(Early Neutral Evaluation), 약식배심원심리제(Summary Juri Trial)를 발전시켰다(함영주, 2014: 449-451). 또한 양 당사자가 제출한 증거자료에 기초한 중재의 세부 기제로는 구속 중재(Binding Arbitration), 비구속 중재(Non-Binding Arbitration), 최후통첩(Final Offer Arbitration), 하이로우 중재(High-Low Arbitration), 인센티브 중재(Incentive Arbitration) 등이 있다. 나아가 최근 이러한 ADR 기법들이 복잡다단하고 현실에 맞게 발전하여, 조정에 있어서 촉진적 합의 도출과 중재의 구속력을 결합한 조정-중재(Med-Arb), 중재-조정(Arb-Med), 연대적 조정중재(Co-Med-Arb) 등이 나타나고 있다. 이는 현실의 사건이 환경, 노동, 인권, 기업, 입지 선정 등 다양하고 이해관계자가 다수가 됨에 따라 파운드회의에서 시작된 미국의 ADR이 융합 · 발전되는 하나의 동태적인 분쟁해결기제로서 자리매김하고 있는 현상으로 볼 수 있다.

(5) 미국의 지역갈등 해결기구: 이웃분쟁 해결센터(CMC: Community Mediation Center)

1976년 파운드회의(Pound Conference)에서 ADR에 대한 필요성이 언급된 이후 미국 연방정부는 1970년대 말 미국의 지역사회에서 주민 간의 분쟁을 해결하기 위한 이웃분쟁조정센터(Neighbourhood Mediation Center)를 로스앤젤레스를 비롯한 몇 개 도시에 운영하여 상당한 성과를 보게 된다. 현재 미국 전역의 50개 주민분쟁 조정센터(Community Mediation Center)로 발전하여 지역사회의 주민 간 분쟁에 ADR을 제공하는 대표적 단체로서 미국중재협회(American Arbitration Association), JAMS(Judicial Arbitration and Mediation Services)와 함께 대표적인 민간형 ADR기구로 자리 잡았다. 이 중 AAA와 JAMS는 수익을 목적으로 하지만, CMC는 연방정부와 주정부의 예산을 지원받고 지역사회의 공공갈등 해결을 위해 활동한다는 점에서 단순한 민간기관이라고만 할 수는 없다. 뉴욕주의 경우 매년 약 300만 달러의 주정부 예산을 CMC에 배정하고 각 센터는 총 예산의 50%를 주정부의 예산으로 충당하며 나머지는 연방정부 및 지방정부의 지원과 민간재단의 지원, 기금확보 행사 등으로 충당하고 있다(정정화, 2012: 7-9). CMC는 법원과 연계하여 운영하기도 하고 법원과의 연계 없이 독자적으로 운영하기도 하는데 애틀란타의 이웃분쟁해결센터(Justice Center of Atlanta)는 설립 초기에 가족이나 이웃 간의 작은 분쟁을 다루다가 센터의 사건 수임이 확장됨에 따라 청소년문제, 노사관계, 공공정책에 관한 분쟁 및 토지 이용 및 경계 분쟁 등까지 다루게 되었다. 현재도 상당히 복잡한 민사 분쟁까지 다루고 있으나 법원 밖의 ADR의 자발적 이용률은 높지 않고 이웃분쟁조정센터에서 다루는 분쟁의 80%가 경찰, 검찰, 법원 등이 의뢰한 것이라는 통계도 있다(함영주, 2014: 466). 이는 소송 의존도가 높은 미국의 현실에서 아직 민간형 ADR은 행정부 주도의 ADR과는 달리, 갈 길이 상당히 남아 있다는 점을 보여준다. 조정인은 지역에서 선임된 이들로 주법원 행정처의 감독 아래 40시간의 연수를 받은 뒤 인턴십 과정을 거친다. 조정인은 변호사가 아닌 지역사회 각 분야를 대표하는 자원봉사자들로 구성되어 공정하고 적극적으로 당사자의 의견을 듣고 중립을 유지하여 당사자 스스로가 합의점을 찾아가도록 촉진하는 교육을 받는다. 조정이 성립하여 당사자가 조정안에 서명하면 이행을 강제할 수 있는 계약이 되어 공개할 수 있게 되는 점도 중요한 부분이다. 아직 미국 내에서의 조정이 법원의 연계에 많이 의존하고 있으나 법원의 소송 부담을 덜어주고 당사자들의 갈등해결의 만족도가 높다는 점에서 CMC는 중요한 역할을 하고 있다.

2. 싱가포르의 공공갈등 관리제도

1) 싱가포르 지역주민조정센터(Community Mediation Center)

싱가포르는 다문화 인종 국가로서 중국계, 말레이계, 인도계 등이 섞여 살고 있는 다문화사회이다. 싱가포르는 다문화 인종국가임에도 비교적 사회적 갈등이 적게 발생하는 나라인데, 이는 잘 정비된 법제, 종교의 자유 및 국내인에게 제공되는 앞선 복지의 혜택 등의 영향이 크다. 갈등이 발생할 수 있는 가능한 요소들을 미리 찾아내어 사전적 정비를 해 온 것이 주요한 역할을 한 것이라고 할 수 있다. 또한 갈등이 발생하는 경우에 대한 제도적 갈등관리로서의 조정(mediation)제도가 아시아에서는 가장 잘 정비되어 있는 나라 중 하나로 꼽힌다. 싱가포르의 조정은 과거에 없던 새로운 시스템을 도입해 온 것이 아니라, 다른 아시아 국가처럼 지역사회와 촌락 내 연장자를 중심으로 한 전통적 갈등해결기제를 생활 속에서 어느 정도 이어 오다가 조정이라는 현대적 · 대체적 분쟁해결기제로 제도화했다고 볼 수 있다(함영주, 2014: 553). 도시화가 상당히 진행되면서 과거의 전통적인 갈등해결 방식은 사라진 것으로 보인다.

싱가포르에서는 1970년대 이후 들어 조정운동(mediation movement)이라고 불리는 분쟁해결의 트렌드가 형성되었는데 정부, 법원과 더불어 민간의 주요 기업체를 중심으로 조정운동이 일어났다. 특히, 미국에서 시작된 주민조정(Community Mediation)은 싱가포르 조정센터(Commercial Mediation Center)를 발족시킴과 동시에 영국, 캐나다, 호주 등 선진국이 적극적으로 도입하였으며 말레이시아 등 아시아 국가에도 확산되었다. 싱가포르의 주민조정(Community Mediation)은 미국, 프랑스 등의 사례처럼 기간산업이나 대규모 국책 프로젝트를 해결하는 대규모 공공갈등의 분쟁해결기제는 아니나 생활의 크고 작은 다양한 분야의 갈등을 다룬다. 주민이 자치적으로 구성하고 정부가 적극적으로 감독 및 후원까지 하면서 지역의 갈등을 상당 부분 조정하였다는 점에서 국민의 삶과 연관된 갈등과 분쟁의 시민적 접근의 의의가 크다고 할 수 있다.

싱가포르는 아시아에서 대체적 분쟁해결(ADR)이 가장 발달한 나라 중 하나로 정부의 적극적인 주도로 이루어졌다. 1996년 ADR위원회를 설치하여 조정을 연구하고 사적(private) 조정을 상사조정(commercial mediation)과 주민조정(community mediation)으로 나누어 발전시키게 된다(박철규, 2016: 198). 1996년 법무장관이 상사조정센터(Commercial Mediation Center) 설립을 주장하고 법원이 적극적으로 지원하여 1997년 싱가포르 조정센터(Singapore Mediation Center)가 설립되고 조정 및 ADR 절차의 운영과 촉진을 담당하게 되었다. 싱가포르 조정센터의 조정 건수는 연 평균 175건 정도이고 조정 성립률은 약 75%이다(김상찬, 2009: 75). 이와 더불어 주민들이 자치적으로 분쟁을 해결할 수 있도록 하는 주민조정센터법(the Community Mediation Center Act 1997)을 제정하고 주민조정센터(CMC: Community Mediation Center)가 탄생하게 된다. CMC는 일종의 민간형 공공갈등 해결체로서 법무부 소속 기관으로서 법무부의 감독과 후원을 받는 특징을 가진다. 현재 싱가포르 전역에 총 160명의 조정가가 활동하고 있는 CMC는 이웃 간, 혹은 가족 간의 갈등을 주로 다룬다. 1998년 설립 후 20여 년 동안 총 8,000여 건의 갈등을 조정했고 이는 1년 평균 500건에 달한다(박지호, 2016). 싱가포르의 인구를 고려할 때 상당한 숫자라고 할 수 있으며 8,000개의 사례 중 75%가 성공적으로 중재되었다고 한다.

대부분의 민사사건이 조정으로 다루어지는데 그중에서도 금융, 건설, 계약, 회사, 이혼, 고용, 정보통신, 가사 분쟁 등이 그 대상이다. 나아가 다세대 주택이 많은 싱가포르의 특성상 한국의 갈등 이슈와 유사한 층간소음, 집주인과 세입자 간의 분쟁, 직장 내 분쟁 등이 주를 이루었다. 그러나 소송으로 가기 전 법원, 경찰서, 시의회, 등에서 대안적 분쟁해결 과정을 거치도록 권유하고 주민이 적극적으로 CMC를 찾아가서 조정 과정을 활용하여 해결하는 방식은 한국과는 많은 차이점을 보인다.

〈표 Ⅲ-1〉에서 보듯이 싱가포르 CMC의 조정 사건 처리 누적 건수는 2000년대 초반 1,000여 건에서 2012년에는 6,500여 건을 상회하고 있다. 조정의 성공률도 2013년 기준 75%, 2014년 기준으로 76%에 이르는 등 계속해서 높아지고 있는 중이다(박철규, 2016: 319).

CMC의 갈등 중재는 주로 지역, 지역사회의 분쟁에서 최근에는 이웃, 가족구성원, 친구 동료, 집주인 또는 임차인 및 다른 종류의 대인관계 분쟁까지 그 영역이 확대되고 있으며 법적, 계약적 분쟁보다는 주로 사회 구성원들 간의 크고 작은 생활의 분쟁으로 주로 구성되어 있다. 동물 관련

표 Ⅲ-1 싱가포르 CMC의 조정사건 처리 수

	2001-2002	2003-2004	2005-2006	2007-2008	2009-2010	2011-2012
조정 건수	553	793	1,022	1,211	1,240	1,203
누계	1,063	1,856	2,878	4,089	5,329	6,523

출처: 박철규(2014)의 연구를 토대로 연구팀 재구성.

불만이나 재산적 피해, 쓰레기, 소음불만 등이 갈등의 주요 내용이다. 그러나 사회에 파장을 가지고 올 수 있는 인권 관련 문제 등 정치적 이해관계가 걸린 문제는 주로 조정에 적합하지 않은 사건으로서 다루어지지 않는다(함영주, 2014: 555).

싱가포르는 2004년 주민조정센터법을 통해 판사가 판결 전에 조정에 적합한 사건을 의무적으로 조정에 회부할 수 있는 제도를 도입하였다. 한국의 조정전치제도에서 더 나아가 조정으로 적극적인 분쟁 해결을 하려는 의지로 보인다. 의사소통과 이해를 전제로 상호 수용 가능한 해결책을 제시하기 위해 조정 및 중재인이 있으며, 조정 촉진을 위한 토론을 한다. 조정 전에 갈등당사자 간의 동의서를 받고 있으며, 조정 완료 후 협의문을 작성하고 이 협의문은 법원에서도 이행 가능하게 되는 특징이 있다. CMC의 조정인은 영어와 다양한 지역 언어를 구사하는 자원봉사자들이며 25세 이상의 싱가포르인과 영주권자가 신청 가능하며 조정 기본 교육은 16시간으로 제도화되어 있다(박철규, 2016: 321). CMC의 조정은 비공식적이고 대화촉진형(facilitative)으로 진행되는데, 이는 조정이 가장 발달한 미국의 촉진형 조정과 비슷하다고 할 수 있다. 그러나 판사가 회부한 경우 판사의 명령을 거부하면 법정 모독으로 처벌되는 점은 강제적 규정이 혼합되어 있는 싱가포르만의 특징이라고 할 수 있다. 2011년에는 주민조정자문위원회(ACCM: the Advisory Committee on Community Mediation)를 설치하여 조정인의 지속적인 교육과 CMC의 홍보 및 사회적 기반 강화를 지원하고 있다.

3. 프랑스의 ADR(대체적 분쟁해결) 및 공공갈등 관리제도

1) 프랑스 ADR 제도

프랑스의 ADR 제도는 200년 이상의 역사를 가지고 있다. 프랑스 정부는 자국의 사법 절차가 너무 느리고, 고액의 복잡한 과정임을 인지하고 대안제도(Mode alternatif de règlement des conflits en droit français) 내 MARC(Les modes alternatifs de règlement des conflits) 및 MARD(modes alternatifs de règlement des différends)를 제안하였다. 대체분쟁 해결 방법인 MARC 및 MARD는 주 혹은 정부가 시행하는 분쟁의 법적 해결 과정과 배치되는 제도이다. 이러한 방식의 도입은 EU 집행위원회(la Commission européenne)가 녹서를 통해 장려한 새로운 분쟁해결 방식을 따르른 결과이다.

소송중재는 사법제도 외부의 제3자에게 사건을 의뢰하는 제도다. 당사자가 배정한 전문성을 띤 제3자는 이 사건을 조사하고 당사자 간 의견을 경청하고 결정을 내리는 임무를 맡는다. 프랑스 정부는 1806년 민사소송법 및 1807년 상법 내 제한된 범위에서 중재제도를 허용하였으며, 당시에는 해운보험 혹은 상사기업 관련 분쟁 등에만 동 제도를 운용하였다.[1) 2001년 국내 중재 합의와 관련된 민법의 조문을 개정하여 그동안 상사문제에만 중재가능성(arbitrability)을 인정하던 제한을 제거하였으며, 그로부터 10년 후인 2011년에는 중재제도의 효율성을 높이고 프랑스 중재제

1) CMS, https://cms.law/en/int/

도가 국제거래 당사자들로부터 더 매력적인 것으로 느끼게 하기 위하여 최신의 판례적 발전들을 반영하여 중재에 있어서 법원의 역할을 재정립하고, 중재판정에 대한 사업적 심사 절차를 간소화하는 등의 개혁을 단행하였다(원용수, 2007: 335). 현재 프랑스의 중재제도 선택은 다음과 같이 명시되어 있다. 민사소송법 1496조(Article 1496 du Code procédure civile français) "중재인은 당사자가 선택한 법의 규칙에 따라 분쟁을 결정하거나 그러한 선택이 없는 경우, 그가 적절하다고 생각하는 사람들에 따른다." 프랑스 민사소송법 제1497조(Article 1497 du Code de procédure civile français) "중재자는 당사자의 협약이 그에게 임무를 부여한 경우 우호적인 역할을 수행하여야 한다." 프랑스의 중재위원회(CFA: Comité Français de l'arbitrage)는 1953년 설립된 이래 변호사, 학자, 치안 판사 및 기업 변호사를 주축으로 운용되어 왔으며, 현대 중재법의 개발에 기여하고 수십 년 동안 많은 사례 결정에 영향을 미쳐 왔다.[2)]

중재제도의 일반적 특성은 기밀성이 감소되거나 지켜지지 않을 우려가 있으며, 처리 속도 측면에서 주법원에서 진행되는 법적 절차만큼이나 느리게 진행될 소지가 있다. 만일 당사자가 항소권한을 포기한 경우 절차는 더 빠르게 진행될 수 있다. 그러나 프랑스와 벨기에에서는 이러한 일반적 경우와 달리 이의권한을 무효화할 수 없다. 중재인에 대한 비용은 사법부에서 지급하는 것이 아니라 의뢰인이 지불해야 하며 수수료는 소송 결과의 지분 지급은 해당 사항이 없다.

---

2) Comité Français de l'arbitrage, http://www.cfa-arbitrage.com/

프랑스에서 화해(conciliation)는 1789년 프랑스 대혁명 시기에 처음으로 제도화되기 시작하였는데 그 당시 분쟁해결의 이상적인 방법으로 여겨졌다(박철규, 2012: 185). 화해는 제3자의 채택으로 구성되며, 소위 '위임된 화해'와 같은 가장 일반적인 사법 절차의 맥락에서 혹은 사법 절차(사법, 자율적 또는 종래의 화해)의 맥락에서 운용된다. 화해자의 역할은 당사자의 의견을 듣고 분쟁을 해결하기 위한 제안을 함에 있다. 즉 화해는 당사자가 제3자, 화해자의 후원하에 합의, 부분 또는 총합의에 도달하여 소송을 피할 수 있도록 하는 대안이다. 화해자는 판사일 수도 있으나, 일반적으로 사법 보조의 지위를 가진 지역 사법제도의 협력자일 수 있다. 그도 아니면 해당 분쟁에 우호적인 해결책을 모색할 책임이 있는 시민일 수도 있다.

현재 프랑스 화해제도는 1993년, 2006년, 2014년 법무부에 의해 사법화해자의 활동이행을 위한 일반적 조건이 정해졌다(BOMMJL n°1011-2 du 28 février 2011). 사법 화해자는 사법 재판소의 명령에 따라 임명된 자원봉사자이며, 재판 판사의 제안과 그 법률 조언에 따라 의무를 수행할 관할권 항소 법원에 의해 임명된다. 첫 임명기간(1년)에 대한 약속 명령은 화해자가 자신의 임무를 수행하는 주와 지방법원에 화해와 관련한 결과를 제출하여야 한다. 첫 임기가 끝나면 화해자는 자신의 요청사항 및 재판 판사 등의 절충에 따라 항소 법원에서 다시 2년의 재임기를 연장할 수 있다. 해당 갱신기간은 2년이다. 이들 화해자의 지위는 1978년 법령 제78-381호(le décret n°78-381 du 20 mars)에 의해 정해졌으며, 2010년 10월 법령 제2010-1165호(le décret n° 2010-1165 du 1er octobre 2010)와

2012년 제2012-66호 법령(le décret n° 2012-66 du 20 janvier 2012)에 의해 개정되었다. 민사소송 법 제1530항에 따라, "화해자가 지배하는 기존의 화해는 1995년 2월 8일, 앞서 언급한 법 제21조와 21-2항에 따라, 둘 이상의 당사자가 분쟁을 우호적으로 해결하기 위한 사법 절차 이외에 합의에 도달하려고 시도하는 모든 구조화된 과정에 따라, 자신의 임무를 수행하고, 자신의 임무를 수행하는 제3자의 도움으로 이해된다."

프랑스의 화해제도에 의하면, 다음과 같은 사항에 대한 처리에는 관여할 수 없다. 첫째, 법원의 배타적 관할권인 민사지위, 가정법 등의 개인의 지위와 관련한 공공질서 형법, 둘째, 행정부와의 분쟁, 셋째, 개인분쟁에 대한 노동법 사항의 범위이다.

프랑스에서 조정은 오랜 세월 행해져 왔으나, 법으로 규율된 것은 1995년에 와서부터이다(박철규, 2002: 188). 1995년의 법은 프랑스 법률상 처음으로 조정에 관한 규정을 두었다(Tarabeux, 1999: 42). 이외에도 프랑스는 협상제도(Négociation) 및 집단소송제도(Droit collaboratif) 등의 ADR제도를 운영하고 있다.

2) 프랑스 공공갈등 해결기제: 국가공공토론위원회(CNDP)

국내에서 발생하는 갈등의 주요 원인 중 하나는 국가 및 지방자치단체에서 시행하는 대형 국책사업이다. 그 사업 중 대표적인 것이 원전사업이며, 현재 한국에서도 그로 인한 갈등을 겪고 있다. 국내의 원전 관련 사업 추진과정은 정보 공개 및 의견수렴 단계를 배제한 정부와 사업자의 일방적인 사업 추진으로 진행되었다. 이로 인해 원전 주변의 지역 주민, 환경단체 등과 갈등이 발생하게 되고, 나아가 한국사회 전체의 공공갈등으로 변하게 되어 사업의 진행이 어려운 것뿐만 아니라 사회적인 문제로 확산되었다.

원전 문제와 같은 국책사업으로 인한 공공갈등은 국내에서만 발생하는 문제가 아니다. 프랑스, 핀란드, 독일 등 다양한 국가에서 발생하고 있지만, 갈등해결 과정을 분석한 결과 국내와는 다른 모습이었다. 특히 프랑스는 법적으로 갈등해결 시스템을 체계화하여 다양한 갈등을 해결해 온 사례를 가지고 있다.

프랑스는 과거 '68혁명'에서 국가 정책에 대한 대규모 폭력 시위 및 갈등을 경험하였다. 1970년대에는 국가의 핵 관련 사업에 대한 환경단체, 반핵단체가 결성되어 시민단체를 중심으로 대규모 반핵 시위가 일어났고 반핵 시위는 원자력발전소에 대한 반 원전 시위로 퍼져 나갔다(미래사회 에너지정책연구원, 2017: 5).

1971년 프랑스에서는 페센하임 지역의 원전 건설 국책사업이 결정되었다. 이에 시민단체와 환경단체는 5,000명의 시위대와 400명의 과학자와 함께 거센 반발과 시위를 하였다. 동시에 쉬페르페닉스 지역의 원전 계획 발표에서도 시위가 발생하였고, 시위대에 바주카포를 발포하는 사건까지 발생하였다. 이처럼 프랑스 또한 정부와 시민들 간에 첨예한 대립이 있었으며 국내에서 발생하는 공공갈등과 유사한 과정을 보였다. 하지만 프랑스는 체계화된 갈등해결 시스템을 만들기 위해 노력하였고, 현재는 갈등해결 시스템을 활용하여 많은 공공갈등을 해결하고 있다. 프랑스의 공공갈등 시스템에 대한 분석을 통해 국내 사전적 갈등관리 방안에 대한 시사점을 도출하고자 한다.

(1) 설립과 성격

프랑스의 국가공공토론위원회는 1997년 환경부(행정부) 산하기관으로서 출범하였고, 2002년에 독립행정청으로 승격한 후,[3] 공공토론의 구체적인 개최 방식과 그 절차와 내용을 법제화하였다. 독립행정청으로서 CNDP는 독립적으로 수행할 수 있는 권한이 강화되어 환경부 산하기관으로서 환경 문제를 다뤘던 기존 영역에서 국토개발, 주요 설비에 대한 국책사업계획 전반으로 관할 영역을 확대하였다.[4]

CNDP에서 중요하게 여긴 쟁점은 기관의 독립성과 중립성이다. CNDP와 관련한 법률 제정 작업과 운영과정에서 이 두 쟁점은 중요한 기준이자 성공 요인으로 인정받고 있다. CNDP의 독립성은 조직을 구성하는 방법과 의사결정 방식에서 볼 수 있다. 조직을 구성하는 부분에서의 독립성은 다음과 같다. CNDP의 위원은 총 25명이 임명되는데, 각기 다른 기관에서 지명함으로써 국가기관이 지배적인 영향력을 발휘하기가 힘들다. CNDP의 공공토론 과정을 거친 결정은 합의제 방식을 채택하고 토론에 참여한 위원의 신분과 임기를 철저하게 보장하고 있다. 독립성을 유지하고 외부 영향을 최대한 배제하여 정치적인 사안에 휘말리지 않도록 하고

---

3) 국가공공토론위원회가 1997년에 설립되었지만 공식적 첫 결정은 2001년임. 독립행정청으로 승격한 2002년부터 CNDP의 활동과 결정 건수가 급격하게 증가하기 시작함.

4) 김형진(2014.3), "토론에 강한 나라 프랑스, 주민 토론으로 공공갈등을 줄이다", http://www.gaok.or.kr/webzine/201409/m/contents9.html

있다.

CNDP의 위원장을 역임한 레리는 사업의 주체인 정부가 마련한 토론에서는 토론 주최자가 정부로부터 자유롭기 힘들고 그 결과 또한 시민들은 승복하기 힘들다고 언급하였다. 이러한 점을 보완하기 위해 CNDP의 위원은 개인적으로 관련 있는 사업의 토론이나 조정 절차에는 참여가 불가하다. 또한 공공토론 대상사업에 대해서는 위원의 개인적인 견해 또는 권고도 표명할 수 없도록 법률에서 규율하고 있다. CNDP는 최종 보고서 단계에서 공공토론의 내용이나 핵심 사항에 대한 자체 의견 평가 또한 담을 수 없으며, 단순한 토론 진행과정, 주요 내용 및 결론, 객관성을 담고 있는 의견만 포함할 수 있도록 한다. 최종 보고서에서는 권고사항을 제시할 수 있지만 구속력을 가질 수 없으며 이에 대한 이행 여부는 사업자가

표 Ⅲ-2 공론화토론 진행과정

단계	주체	세부 내용
공론화 토론 회부결정 공고	CNDP	- 공론화토론 실시 여부 결정 - 관보 공고 및 결정 내용 통보(사업발주자, 관련 부처, 사업담당 공공기관 등)
공론화토론 조직위원회 (CPDP) 구성	CNDP	- 공론화토론 조직 결정 - 해당 사업에 대한 공론화토론추진특별위원회 의장 지정(공론화토론 회부 결정 공고 이후 4주 이내) - CPDP 위원 명단 제의 및 해당자에게 통보(공론화토론의 공정성 담보)
공론화 토론 준비서 제출	사업발주자 또는 사업책임자	- 공론화토론 준비서 CNDP에 제출(공론화토론 회부 결정 공고 후 6개월 이내)
	CPDP 의장	- 준비서에 대한 수정 및 보완 요청
공론화토론 일정 제시	CPDP 의장	- 공론화토론 일정 제의 - 공론화토론 보고서 작성(공론화토론 종료 후 2개월 이내)
	CNDP	- 공론화토론 일정 확정(준비서 공식 접수 후 2개월 이내) - 종합평가서 작성(공론화토론 종료 후 2개월 이내)
후속조치 공표	사업자	- 공론 결과를 반영한 의사 결정 사안(사업 추진, 변경, 취소 등)에 관한 공표 (공론보고서 및 종합 평가서 발간 후 3개월 이내)

출처: 한국원자력 연구원(2007).

결정할 수 있도록 하고 있다. 공공토론의 진행과정은 〈표 III-2〉와 같다.

CNDP는 국책사업으로 인해 극단적인 대립이 발생하지 않도록 사업 결정전에 주민이 참여하여 함께 토론을 진행하면서 갈등의 소지를 줄이는 것을 목적으로 한다. 이에 따라 원자력발전소 설치, 철도 건설, 공항, 항만 건설, 고압송전선 설비와 같은 국책사업을 결정하기 이전에 공공토론 과정을 의무 절차로 법제화하여 사회적 합의를 도출할 수 있도록 시스템을 갖추고 있다.

① 초기 단계

사업자는 사업을 결정하기 위해서 CNDP에 공공토론을 실시 · 검토해 줄 것을 우선적으로 요청하여야 한다. 의무적으로 공공토론을 해야 하는 기준은 사업비가 3억 유로 이상일 경우이다. 공공토론의 대상 사업으로는 중앙정부, 지방자치단체와 같은 공공기관이 시행하는 사업과 일정 규모 이상의 민간 기업이 실시하는 사업 또한 공공사업으로 보아 공공토론 과정을 거쳐야 한다.

② 공공토론 실시 단계

요청이 접수되고 2개월 이내에 CNDP는 공공토론 실시 여부를 결정해야 하며 다양한 형태의 공공토론 모델이 제시된다. 해당 사업이 공공갈등의 성격이 약하다고 판단되는 경우에는 공공토론을 실시하지 않고 이해당사자들과 협의할 것을 사업자에게 권고한다. 반면 공공갈등으로 인정되는 경우 CNDP는 공공토론개별위원회를 구성해야 한다. 이 과정에서 심의 결정을 유예할 수 있으며 요청에 대해 공공토론을 실시하지 않을 수도 있다.

공공토론을 시행하기로 결정하였다면, CNDP는 공공토론을 조직 · 운영할 공공토론개별위원회를 구성하고 3개월 내에 해당 위원회의 의장을 임명한다. 의장의 추천에 따라 위원 3~7명을 임명할 수 있다(은재호, 2017). 공공토론이 실시되면, CNDP에서는 토론 참가자들에게 사업자로부터 받은 자료와 다양한 정보를 수집하여 토론 자료집을 만들어 토론 참가자들에게 나눠줌으로써 추진 사업에 관한 충분한 정보를 제공해야한다. 또한 공공토론 진행과정에서 CNDP는 지역 주민과 시민단체 등 이해관계인 당사자들이 정부 및 사업자와 협의할 수 있는 공정한 시간과 기회를 가질 수 있도록 공공토론 날짜와 방법 확정, 공공토론 진행 전체를 총괄한다. 대부분의 공공토론은 4개월로 진행되며 2개월간 1회 연장이 가능하여 최장기로는 6개월로 진행할 수 있다(언론중재위원회, 2019: 60).

③ 최종 단계

공공토론의 최종 단계에서 공공토론개별위원회는 반드시 토론 보고서를 제출해야 하며 토론 보고서를 기반으로 CNDP에서는 최종 보고서를 제출해야 한다. 최종 보고서를 받은 사업자는 사업의 진행 여부를 결정하고 기존 사업의 수정이 요구되는 부분이 있다고 판단되는 경우 그 방향을 제시해야 한다. 사업을 추진할 경우 사업자는 공공토론 후 협의 방식에 관한 내용을 CNDP에 알려야 한다. 더불어 '공공토론 후 협의'를 진행하기 위하여 공공토론을 통해 도출된 합의 사항 이행에 대한 모니터링하는 보증인 임명을 CNDP에 요청해야 한다.

그리고 사업을 빠르게 진행하는 경우 사업자는 사업 결정을 발표 한 후 5년 내에 반드시 '민의조사'를 시행해야 한다. 그리고 주민들은 토론 보고서와 최종 보고서, 사업자가 제시한 사업 내용을 전부 검토한 후 사업 시행 여부에 대한 의견을 제시할 수 있어야 한다. 민의조사는 사업 시행에 대한 주민들의 찬반 투표로 주민 투표라고 볼 수 있다. 부정적인 결과가 도출된다면, 모든 사업계획에 대한 전반적인 검토를 위해 지방의회의 의결을 거쳐야 한다. 의결에서 반대 의견이 다수일 경우 정부는 사업 자체의 포기 여부를 결정해야 한다.

Ⅳ. 공공갈등의 주요 해외 사례와 쟁점

Ⅳ. 공공갈등의 주요 해외 사례와 쟁점

한국사회의 공공갈등은 단순한 이해갈등에서 다양한 요소들이 합쳐지면서 가치갈등으로 변해가게 되고 결국 만성적인 사회 문제로 자리 잡게 됨으로써 갈등 해소가 어려워지게 된다. 이러한 문제를 예방하기 위해서는 사전적 대응이 필요하다. 첫 번째는 이해갈등의 발생 자체를 예방하는 것이다. 두 번째는 이미 발생한 이해갈등이 가치갈등으로 전환되지 않도록 선제적인 예방책을 마련하는 것이다.

한국은 다양한 공공갈등 속에서 사회적 합의 형성 시스템의 부재와 주요 정책 결정과 국책사업 과정에서 정부나 공공기관의 일방적인 추진이 중요한 장애요인이다. 이로 인해 시민단체들과 마찰이 발생하거나 큰 규모의 사업인 경우 시민 전체와 이해갈등이 발생하고 있다. 그리고 이에 대한 사후 조정 방식 또한 성공적이지 못하게 될 경우 불투명한 정책의 문제와 정부와 국민 간 갈등의 폭만 깊어지는 결과를 낳게 된다. 이러한 악순환의 고리에는 정책 수립 및 의사결정 과정에서 시민의 참여가 충분히 보장되어 있지 않다는 것이 해결되지 않은 대부분 갈등의 주요 사안으로 볼 수 있다.

정책 결정 및 국책 사업으로 인한 주민과의 갈등은 한국뿐만 아니라 세계 각국에서 발생하고 있다. 하지만 공공갈등 관리제도와 해결과정에서는 국가별로 차이가 있으며 갈등해결에 대한 결과 또한 다르게 나타난다. 따라서 본 연구에서는 시민참여 및 공공토론의 과정에서 합의 형성을 뚜렷하게 도출해낸 주요 사례를 분석하고자 한다.

1. 주요 국가의 공공갈등 관리제도와 사례

1) 프랑스 툴루즈 고속도로 건설과 풍력발전소 건설 사례

(1) 프랑스 툴루즈 고속도로 건설 사례

프랑스의 툴루즈시 외곽에 왕복 4차선 고속도로를 건설하는 과정에서 정부와 주민 및 환경단체와의 갈등이 발생하였다. 주민 및 시민단체에서는 시내 및 시외에 존재하는 역사유적의 존재, 전통적으로 농업을 기반으로 하고 있는 도시로서 농업 환경의 보호와 문화유적 보호를 중점적으로 주장하였다. 이에 2007년 2월, 프랑스 교통국토해양부 장관은 유료 고속도로 건설을 위해 CNDP에 공공토론의 개최를 신청하게 된다.

① 국가공공토론위원회의 추진 과정

2007년 3월에 국가공공토론위원회(이하 CNDP)는 고속도로 건설사업에 대한 공공토론을 개최하기로 결정하면서 토론의 범위를 5개 사항으로 축소시켰다. 중점적인 토론 주제 5개는 인구 증가와 경제 상황 변화를 고려한 도심부지의 현황과 영향, 교통량 예측 결과, 지방 및 국내, 국제적 관점에서의 툴루즈 도시권의 교통량 변화, 우회 고속도로 사업으로 증진 될 수 있는 국가의 이익과 주변 환경에 미칠 영향 등이다. 그 후 2007년 4월에 공공토론특별위원회를 구성하고 2007년 9월부터 12월까지 총 4개월 동안 토론 자료를 준비 · 완료하였다. 준비된 자료를 비롯한 사업계획서와 토론지 등을 미리 인터넷 웹사이트, 게시판, 전시판 등을 통해 모든 사람이 볼 수 있도록 공지하여 대중의 의견을 받았다. 공고 기간 중 이해당사자들로부터 총 22건의 서면과 390건의 의견 제시를 받았다(언론중재위원회, 2019: 61). 이러한 과정은 한국의 일방적인 사업계획과 달리 모든 사업계획서를 주민들이 알 수 있도록 투명하게 공지하고, 국가와 토론할 수 있는 토론 범위와 토론지를 미리 알게 됨으로써 본인의 입장 또한 명백하게 준비할 수 있는 충분한 기간을 준 것이다. 또한 소수의 시민단체나 이해단체가 아닌 모든 이해당사자들이 인지할 수 있는 과정과 기간을 제공한 것으로 볼 수 있다.

첫 공청회를 시작으로 총 16번의 공청회가 개최되었고 4,500명의 이해관계자가 참석하였다. CNDP에서 주최하는 공청회뿐만 아니라 전문적인 의견 개진을 위하여 교통과 국토개발, 환경, 보건안전 등의 주제토론을 7번 개최하였다. 해당 과정에서 주민과 정부 관계 부처는 의견협상을 이룰 수 있었다.

② 주요 성과

토론의 다수 참여자가 기존 사업계획을 보완하는 것으로 의견이 개진됨에 따라 건설 당국은 3개의 수정안을 제시하였고 이를 중심으로 최적화된 대안을 모색할 수 있었다. 구성된 3개의 대안으로 공공토론을 시행하였고, 그 결과 대다수의 주민이 지역 내 교통이 원활할 수 있도록 보장하는 것과 전 프랑스적 또는 전 유럽적 차원의 자원과 인구이동이 가능한 대안을 선호한다는 결론을 얻을 수 있게 되었다. 따라서 농업환경과 문화유적의 보호가 실질적으로 가능한 보완적인 대안을 제시함으로써 합리적인 절충안이 다양하게 제시되었다. 이러한 절충안을 주무부처인 환경 · 에너지 · 지속가능 개발 · 국토개발부 장관과 교통부 장관 또한 공공의 의견을 적극적으로 수렴한다는 차원에서 공공토론의 결과를 수용하였다. 이러한 부분에서 한국의 형식적인 공청회와 달리 실질적 차원의 공청회가 이루어진다는 것에 가장 큰 의의가 있는 것이다. 이러한 과정을 통해 주민의 반대여론을 양측 모두 이해할 수 있는 차원에서의 찬성여론으로 바뀌게 하고, 국가 또한 주민의 의견을 존중하여 수렴하게 되면서 국가의 정부 정책사업에 국민이 신뢰를 구축할 수 있는 초석이 되었다. CNDP의 존재 또한 실질적인 갈등관리와 신뢰 구축을 가능하게 된다는 의미 있는 부서가 될 수 있었다. 이 사례는 공공토론을 통해서 기존의 사업계획을 변경 및 수정하여 적용함으로써 갈등을 해결한 첫 사례로 의의를 갖는다(국민대통합위원회, 2015: 13-15).

(2) 풍력발전소 건설사업 사례

기존의 전력생산인 화력을 대체하는 지속가능한 전력생산 대안으로 풍력에너지 발전소 건설사업을 진행하고자 2009년 프랑스 정부는 이로 인한 파급 효과 및 기타 영향을 평가하기 위해서 공공토론을 개최하였다.

① 추진 과정

2009년 10월 공공토론 실시를 결정하고, 그 주제로 국내 전력생산에 풍력발전이 미치는 정도에 대한 논란과 풍력발전소 설치 지역 근처 어부들의 반대에 대한 지원 대책 그리고 환경에 미치는 영향에 대해서 정확하게 분석하도록 결정하였다. 그 외 반사적 이익으로 인한 지역고용 및 직업교육의 발생, 관광업과 부동산 시장 등에 대한 영향을 제시하였다. 2010년 4월부터 9월까지 총 12회에 걸쳐 공청회를 진행하였고 참가자는 온라인/오프라인 모두 합쳐 6,000명 정도였으며 이 가운데 현장은 1,770명, 인터넷 토론은 4,260명이었다. 또한 이해관계자와 관련한 보고서는 총 31개가 발표되었다(국회 정책토론회, 2012: 13-21).

② 주요 성과

풍력발전소 사업은 새로운 사업으로 예측하기 어려운 문제들이 발생할 가능성이 있다. 사업자들은 이러한 불안한 요소에 대해 토론을 바탕으로 지속적인 연구를 하였고, 시간이 지날수록 다양한 이해관계자가 발생할 수 있기 때문에 이를 논의할 수 있는 협의체를 구성하였다. 그리고 정보 제공 요구가 있을 때 즉시 충실하게 수행할 것을 결정하였다. 지방자치단체장의 조정하에 협의체 대표자들이 참여하는 사업위원회를 구성하여 이해관계자들과의 지속적인 협의를 이뤄나가고, 지역 주민 중심의 '정보위원회'를 조직하여 정보를 공유하여 소통을 강화할 것으로 추후 방향을 결정하였다.

(3) CNDP의 성과와 시사점

2003년에서 2012년까지의 CNDP에 회부된 국책사업은 146건이며 그 중 공공토론을 시행한 것은 총 72건이었다(미래사회 에너지정책연구원, 2017: 63). 72건 가운데 66건이 공공토론 과정을 거치면서 순조롭고 긍정적인 결과를 이끌었다. 사실상 토론 결과가 법적 구속력은 없지만, 사업자들은 갈등 및 시민과의 충돌을 피하며 공공토론의 결과에 수용적이었다. 이는 공공토론이 양 이해당사자들의 입장을 잘 반영하고 있으며 영향력이 있다는 것을 보여준다. 시민의 입장에서 보면 사업의 내용을 전체적으로 알 수 있고 정보 공개가 투명하여 신뢰를 쌓을 수 있으며, 사업자 입장에서는 시민과의 의견 충돌이 감소되면서 사업의 계속성이라는 측면에서 긍정적인 효과를 일으킬 수 있다.

이러한 결과는 이전 프랑스에서 국책사업마다 극단적인 공공갈등으로 인한 거대한 사회적 비용 발생 면에서 극명한 차이가 난다. 비록 사업 기간 및 비용의 측면에서는 약간의 손해가 발생하지만, 갈등으로 인하여 발생하게 되는 손해에 비해서는 감안할 수 있는 정도라는 것이다. 실질적으로 CNDP의 공공토론이 프랑스사회에서 공공갈등을 감소시키는 것에 큰 기여를 하고 있는 것으로 보인다.

CNDP가 성공할 수 있었던 요인으로는 위에서 언급하였던 위원회의 독립성과 구성의 중립성, 그리고 운영에 있어서 공정하게 진행한다는 점이다. 이러한 점은 최종 보고서 작성 시, 사업에 대한 자체 견해를 표현하지 않는다는 점에서 잘 나타난다. 그리고 공공토론 대상이 되는 사업을 선정할 수 있는 권한을 가지고 있는 것 또한 중앙과 지방정부의 간섭을 받지 않아 정치적 세력을 배제할 수 있는 효과가 있다. 그리고 공론화시키는 프로그램이 단계별로 사전에 다룰 주제를 정하고, 일정을 공포함으로써 이해관계자들에게 준비할 시간을 주고, 원하는 시간을 조율할 수 있어 모든 이해관계인이 만날 자리를 마련한다는 것 또한 큰 시사점으로 보인다. 그리고 가장 큰 요인은 이러한 절차와 구성에 대해서 법으로 정하고 있어 명확한 목적의식과 실질적인 공론화 효과를 이끌 수 있다는 것이다.

프랑스는 국가사업 및 정책 결정 이후 사업계획서를 투명하게 공지하여 주민 및 다양한 이해관계자와의 이견을 좁혀 사업이 진행될 수 있는 방향을 찾아가고 있다. 최대한 다수의 주민 의견을 들을 수 있고 이견을 좁히기 위해서 충분한 시간과 노력을 기울이고 있다. 시민과의 상호 존중을 통해 신뢰를 축적하게 되고, 향후 발생하게 되는 갈등에서 합리적인 이해의 과정을 제공함으로써 갈등의 사전 예방과 성공적인 사업 진행이 가능해지는 것이다.

2) 독일의 송전탑 건설 사례

독일은 후쿠시마 원전사고 후 탈핵, 탈원전을 선언하고 에너지사업을 신재생으로 단계적으로 전환할 것을 선언하였다. 이 결과로 신재생에너지 사업을 통해 얻은 전력을 다른 지역으로 송전하기 위하여 송전탑을 건설해야 했고, 이 과정에서 사회적 공공갈등이 발생하였다.

송전탑을 건설할 지역은 독일 브란덴부르크주 호린 마을이었다. 인구는 2,000명 정도의 전원 마을로 철새들이 매년 찾을 정도로 생태계가 잘 보존되어 있는 지역이었다. 이런 지역에 2005년 송전탑 건설이 언급되고 난 후, 사회적 갈등이 발생되었다.[1] 지역 주민들이 송전탑 건설을 가장 반대하고 있는 이유는 간략하게 두 가지로 정리된다. 첫째, 새롭게 신설되는 송전선로가 풍력발전기를 통해 생산되는 재생에너지만을 전송하는 것이 아니라 새로운 화력발전소 운영과도 연관이 있다는 것이다. 즉, 단계적으로 에너지를 전환해 나가는 과정에서 부족한 에너지원을 화력발전소를 가동하여 대체할 수밖에 없을 것이라는 것이 독일 정부의 의견이기 때문이다. 둘째, 가장 큰 이유는 철새가 오는 환경보호구역이라는 것이다.[2]

송전탑 건설 갈등은 우리나라 또한 경남 밀양 송전탑 사례가 있었지만 원인이나 배경, 이유가 다르지만 가장 다른 것이 '분쟁 해결 방식'이다(한국행정연구원, 2017: 117). 독일 송전탑 건설은 갈등이 발생하기는 하였지만, 독일 정부와 사업자 측은 송전선 계획 수립부터 확정 절차까지 모든 정보를 주민들에게 공개하였고 주민들의 의견을 최종 수립하여 건설을 결정한 점이 주목할 만하다. 매 단계마다 정부는 정보를 공개하고 주민들의 의사를 묻는 과정을 반복하였다. 독일 또한 프랑스처럼 과거에 공공갈등으로 폭력 사태를 경험하였기에 그 사회적 손해비용을 충분히 인지하고 민의를 합리적으로 수용하는 절차적 시스템을 보유하고 있다(한국행정연구원, 2017: 118). 송전탑 건설 계획에서의 이해관계자는 직접

1) 한겨레(2013.12.4.) "법으로 정한 '주민뜻 반영'...독일 송전탑 '정부 맘대로' 없다." http://www.hani.co.kr/arti/society/society_general/614051.html

2) 한겨레(2013.12.4.) "법으로 정한 '주민뜻 반영'...독일 송전탑 '정부 맘대로' 없다." http://www.hani.co.kr/arti/society/society_general/614051.html

관계된 토지 또는 주택소유자뿐만 아니라 모든 주민이 참여할 수 있도록 단계적 참여제도를 마련하고 있다. 그리고 첨예한 의견 차가 발생할 경우 조정 전문가와 조정 절차가 이루어진다. 과정 중 다양한 영향평가제도에도 주민의 의견을 반드시 수렴할 것을 규정하고 있다.

3) 스웨덴 · 핀란드 사용후핵연료 처리 부지 선정 사례

사용후핵연료라는 것은 원자로에서 배출된 것으로 원자력발전소를 운영하고 있는 모든 국가들은 위험성을 가지고 있다. 우라늄, 플루토늄과 같은 물질, 제논, 세슘 등과 같은 맹독성 방사성 물질을 포함하고 있기 때문에 노출될 경우 매우 위험하다. 따라서 부지 선정부터 정부와 지역 주민 간, 지역 주민 간에 많은 사회적 공공갈등이 발생할 여지가 많다. 이렇게 위험성 높은 부지를 선정하는 데 있어서 긍정적인 과정과 결과를 이끈 국가로 스웨덴과 핀란드가 있다.

(1) 스웨덴

2009년 스웨덴의 SKB(방사성폐기물처리회사)는 포르스마르크 지역을 최종 부지로 선정하였고 2011년 사용후핵연료 처리장을 건설하기 위해 신청서를 제출했다. 이러한 결과를 얻기 위해서 스웨덴 정부와 SKB는 시민들과 극명한 공공갈등을 겪었다(정지범, 2010: 158).

이 공공갈등은 정책 초기 단계에서부터 계속 마찰음이 있었다. 1970년대 후반부터 지질학적 조사가 실시되었고 1980년대 중반에 정부가 최종 후보지를 정하려고 했지만 지역민들의 격렬한 반대로 인해, 전국에서 실시되고 있는 지질조사가 중단되기까지 했다(정지범, 2010: 162). 하지만 해당 시설은 반드시 필요한 것이었고, 스웨덴 정부는 모든 과정을 중단하고 시민과의 소통, 이해관계인들과의 조정을 진행하였다.

첫 번째로 지역 참여를 유도하기 위하여 개방적인 결정시스템을 사용하기로 하였고 주민과의 지속적인 소통을 진행하였다. 초기 입지 선정과정의 일방적인 결정방식에서, 사회적으로 수용되면서 지역의 자발성을 이끌 수 있는 입지 결정과정으로 변경하였다. 즉 후보지 선정에서 각 지역들의 자발적인 참여가 부지 선정에 가장 중요한 선정 기준이 되었고, 그 지역에 한하여 지질 조사 및 부지 선정과 타당성 조사를 실시하기로 하였다.

스웨덴의 SKB는 286개 지방자치단체에 방폐장 입지 관련 타당성 조사 의향서를 발송하였고, 그중 Strouman과 Mala가 타당성 조사에 응하여 조사가 시작되었다(한국행정연구원, 2017: 122). 그러나 부지 입지 조건은 적합하였지만 지방자치단체와 주민의 의견이 상충하여 최종 부지 선정은 무산(결렬)되었다. 이 과정에서 스웨덴 정부는 주민, 지방자치단체 등 모든 이해관계인의 의사가 중요하다는 것을 보여주었고, 이러한 모습은 시민들과 지자체들에게 신뢰감을 줄 수 있는 계기가 되었다. 이러한 노력은 최종 부지 선정까지 갈 수 있는 원동력이 되었다. SKB는 사업자로서 시민들과 비공식적 모임을 포함하여 총 1만 번 이상 만났고, 대화와 설득을 통하여 최종 합의에 이를 수 있었다.[3] 이는 모임의 초대 주체가

3) 문화일보(2016.9.26.), "핀란드, 안전기관 자료 바탕으로 주민과 소통 …스웨덴, 업체가 지역사회와 만나 '수용' 설득".

시민이라는 것이 친밀도와 신뢰감을 상승시킬 수 있는 요인이었다. 그리고 다음 단계에서는 전문가들이 참여하여 안전성을 높이는 방안을 도출하였고 이후 지속적으로 의견을 좁히는 과정을 진행하여 공론화에 성공하였다. 그리고 이와 더불어 실효성 있는 경제적 보상 또한 큰 역할을 하였다.

(2) 핀란드

핀란드 수도 헬싱키 북서쪽 올킬루오토섬에 사용후핵연료 처리장이 건설되었다. 핀란드는 2015년에 해당 처리장 건설 인 · 허가를 최종 완료하였고, 이는 세계 최초의 승인 사례이다(한국행정연구원, 2017: 124). 그러나 이러한 결과를 쉽게 얻을 수 있었던 것은 아니었다.

핀란드는 한국과 마찬가지로 천연자원이 부족하여 원자력 부분에 의존하고 있다. 하지만 핀란드 국민의 원전에 대한 생각과 우리나라의 생각은 대조적이다. 핀란드는 원전은 안전하다고 생각하고 원자력에 대한 수용력이 어느 나라보다 높으며 갈등이 적은 나라이다.[4] 핀란드의 원자력 건설과정에서 갈등관리의 노력은 다른 나라에 비해 상당히 진전되어 있다.

핀란드 정부는 원자력 관련 사업 초기 단계에서부터 후보 지역에 대한 지질 조사를 함께 하고, 원전 운영자에게 전력 공급 책임뿐 아니라, 사후 발생하는 방사성폐기물에 대한 안전 관리 책임을 가지고 있다. 이러한 책임을 기반으로 원자력 에너지법에 근거하여 핀란드 정부는 무역 산업부

---

http://www.munhwa.com/news/view.html?no=2016092601032021087002

4) SBS뉴스(2016.9.28.), 사용후핵연료 및 원자력발전에 대한 논의 필요.

산하에 원자력 폐기물 관리 기금을 설치 및 운영하여 자국 내에서 해결할 수 있도록 하였다.

더불어 원자력에너지 관련 정책은 반드시 참여적 의사결정에 기반하여 이루어지도록 하고 있다. 핀란드 정부는 의견수렴을 의무화하여 시민 참여를 보장하고 있으며 공청회 및 전문가 그룹과의 소규모 대화 등 다양한 의견 교류의 장을 거칠 것을 의무화 및 제도화하였다. 그리고 이해관계인들의 수평적인 참여, 정책대안 제시 등이 실제 정책에 반영될 수 있도록 하고 있다.[5] 이뿐만 아니라 지방의회에 승인 권한을 주어 강력한 의사 결정력을 부여하고 있으며, 환경단체와 시민단체의 요구에 응하기 위하여 투명하고 객관적인 정보를 제공하기 위하여 워크숍, 강의 등을 주관하고 있다. 그리고 안전 규제를 정하는 과정에 주민 의견을 반영하여 원자력 기관들의 허가 및 안전에 대한 관리를 운영하여 불안감을 해소하고 있다. 주민과 이해관계자의 의견을 수렴하는 과정에서 사업자와의 신뢰가 형성되고, 사업의 착수와 완공으로 이어질 수 있다는 것이다.

4) 캐나다 공공협의제도[6]

캐나다는 환경평가, 숲관리, 교통평가 등의 과정에서 공공협의제도가 발전되어 있으며, 과정 중 지역 주민 및 이해관계자의 참여를 공식적으로

---

5) Terävänen, T., Lehtonen, M., & Martiskainen, M. (2011). Climatechange, energy security, and risk—debating nuclear new build inFinland, France and the U.K. Energy Policy 39(6), pp. 3434–3442.(심준섭, 업코리아 칼럼, 2017. 재인용)

6) 이 건 사례는 이선우, "민관협력을 통한 갈등 및 분쟁해결 방안 연구"를 주로 참조함.

인정하고 있다. 캐나다 중에서도 퀘백주는 환경공청회사무국(BAPE: Bureau d'Audience Publique sur l'Evnvironnement 환경공공의견청취국)이라는 독립적인 기구를 설립하여 국토개발계획에 대해 환경영향평가, 영향심사 등을 진행하고, 진행과정 중에 정보공개와 시민의 의견 개진이 가능하도록 하고 있다(국민대통합위원회, 2015: 16).

(1) 퀘백주의 환경공청회사무국(BAPE)의 의의

퀘백주는 1978년 '환경의 질에 관한 법률'에 근거하여 환경공청회사무국을 설치 · 운영하고 있다. 사무국의 주요 업무는 환경 문제 및 계획을 주민에게 알리고, 정보 공개, 영향평가 등을 조사, 주민들의 의견을 수렴하는 등의 활동을 조사 보고서로 작성하여 발간하는 것이다. 이 사무국은 프랑스의 국가공공토론위원회(CNDP)의 제도적인 모델이기도하다.

사무국은 국책사업이나 정부정책이 있게 되면 조사위원회를 구성하고 조사한 후, 시민의 의견과 이해관계자의 의견을 나누기 위한 절차를 구성한다.

① 정보공개 절차: 사무국은 사업의 승인 신청과 관련한 모든 서류를 지역 주민을 비롯한 이해관계자가 열람할 수 있도록 45일 동안 공시한다. 더불어 사업에 관련 있는 지역(지방)에 사무소를 설치하고, 사무소가 개소한 사실을 지역 주민들에게 통보한다. 사무소에서는 지역 주민에게 웹사이트에 서류가 공시된 사실을 알리고 모든 서류를 열람할 수 있도록 한다.

② 공청회 절차: 서류 열람 기간인 45일 이내에 모든 이해당사자, 단체, 지자체 들은 환경부 장관에게 공청회 개최 요구가 가능하며, 장관은 이에 대한 일체를 환경공청회사무국에 위임하게 된다. 공청회는 총 4단계로 이루어지며, 사업계획 설명, 공청회 개최 및 의견 개진, 조사위원회 보고서 작성, 보고서 공표 및 권고안 제출이다.

(2) 캐나다 사용후핵연료 관리대안 선정 공론화 사례

① 사건 개요

1962년부터 원자력발전을 도입함에 따라, 사용후핵연료를 처리하는 문제가 발생하였다. 1970년대 말까지 캐나다의 사용후핵연료 폐기물 정책은 몇몇의 정부기관들에 의해 폐쇄적으로 결정되었다. 이는 캐나다 국민들의 공분을 사 저항을 불러일으켰다. 1977년 정부에 제출된 Aikin 보고서는 다양한 폐기물 정책 중 심지층 처분방식을 권고하였다. 더불어 지금까지 사용후핵연료 정책의 결정과 집행이 소수의 정부기관들만 참여하는 폐쇄적인 구조였음을 지적하면서, 추후 입지 선정 및 관리대안 결정에서 공공프로그램을 실시할 것을 권고하였다(이영희, 2013).

캐나다 원자력공사가 20년 동안 사용후핵연료 관리 정책 연구 결과로서 심지층 처분 방식을 제안하였으나, 이는 기술 부분이나 안전성에서는 적절하나 국민들의 사회적 수용성이 결여되어 있다는 것을 지적하여 받아들여지지 않았다. 따라서 국민들이 참여하여 대중의 지지를 얻는 대안을 얻기 위한 프로그램이 필요하다고 판단되었다(황용수 · 김연옥 · 황주소, 2008). 캐나다 정부는 2002년 핵연료폐기물법을 제정함과 동시에, 사용후핵연료 처분의 전체적인 과정을 관리하는 방사성 폐기물관리기구(NWMO: Nuclear Waste Management Organization)를 설립하였다. 이후 3년간 총 4단계를 거쳐 공론화를 추진하였다.

② 추진 과정

방사성폐기물관리기구는 2002년 10월부터 2005년 9월까지 총 4단계의 공론화 과정을 진행하였다. 1단계는 2002년 10월부터 2003년 4월까지 진행하여 시민들의 관심사항을 파악하였다. 시민들에게 관련 연구의 실시가 어떤 방안으로 이루어져야 하는지, 관련 연구의 목표와 결과물은 무엇인지, 도출된 대안들은 어떤 것이 있을지 총 3가지를 질문하였다. 이는 대면 조사와 전화 앙케이트, 편지, 이메일, 토론회, 워크숍 등 다양한 방법을 통해 시민들의 의견을 적극적으로 수집하였다. 수집한 결과와 과학 기술계의 전문 의견을 비교 분석한 결과 전문가 집단과 지역 주민들의 정보 격차에 대해서 알게 되었고, 국민의 사회적 수용성을 높이기 위한 단초를 마련할 수 있게 되었다(황용수 · 김연옥 · 황주호, 2008). 2단계에서는 근본적인 문제를 도출하여 우선순위를 파악하고자 하였다. 2003년 4월부터 한 달간 대국민 설문조사를 실시하였다. 설문조사 내용을 바탕으로 관련 보고서를 발행했고, 이를 바탕으로 연구의 진행 방향을 공개했다. 이를 통해 사용후핵연료 관리방안에서 고려되어야 할 주요 지표 10가지(제도와 관리감독, 의사결정 과정에서의 대중 참여, 원주민 가치, 도덕적 고려사항, 종합적 효과와 지속적인 학습, 인간의 건강과 안전 그리고 복리, 안보, 환경보전, 경제적 실행 가능성, 기술적 적합성)를 정리하였다(고동현,

2015). 3단계는 2004년 4월부터 1년간 진행하였고, 처리방식의 적합성 평가와 대안을 제시하고자 하였다. 전문기관에서 제출한 심지층 처분, 소내 중간저장, 중앙집중식 중간저장이라는 세 가지 대안의 장단점을 평가하였다. 향후 단계마다 조정을 통해 관리방식을 정할 것으로 대안을 마련하였다. 2005년 4월부터 11월까지 4단계로 최종 보고서를 작성하였다. 해당 최종 보고서는 워크숍, 토론회 등을 통해 각계각층의 의견을 포함하고 있다.

③ 최종안 분석과 관리 대안 공론화 과정의 의의

최종적으로, 사용후핵연료 관리 대안은 300년 동안 진행될 수 있도록 구성하였고, 향후 발생할 단계를 미리 예측하여 단계별 관리 방안 내용까지 결정하였다. 캐나다의 사용후핵연료 처리방법의 결정과정은 소수의 정부기관과 전문가에 의한 폐쇄적이지 않았다. 광범위한 국민들이 참여할 수 있도록 사회적 공론화를 충분히 이루어 냈다. 특히, 방사성폐기물관리기구(NWMO)는 정책 결정의 기간을 정하지 않았고 주민과 합의가 이루어질 때까지 지속적으로 협의를 진행하겠다는 것을 주요 규칙으로 하였다. 더불어 해당 대안 마련의 협의만 진행한 것이 아니라 원주민 및 지역 주민과의 유대감 형성을 위하여 공동 제사와 공동 현장답사 등을 진행하였다.

그리고 방사성폐기물관리기구라는 독자적인 전문기구를 설치한 것이 갈등 해결에 중요한 역할을 한 것으로 평가받고 있다.

5) 미국의 대체적 분쟁해결제도: 행정형 ADR 기구 개관

미국은 어느 나라보다 공공갈등 관리제도가 잘 발달되어 있고, 대체적 분쟁해결 시스템이 체계화되어 있다. 특히 정책 형성 단계에서 예상되는 이해관계자 간의 공공갈등을 예방할 수 있도록 하고 있다. 그리고 사후에 발생하게 될 분쟁에 대해서는 각 행정부처에서 해결할 수 있도록 하고 있다.

표 Ⅳ-1 미국의 행정부처 내의 대체적 분쟁해결 기구 및 체계

기구	내용
국가조정위원회	• 1913년 철도업계 노동분쟁 해결을 위해 출범하였음. • 그 후 상업, 사법, 행정, 사회 부분으로 확대
연방조정알선청	• 노동분쟁 중재 알선을 위해 노동부 내 설치 • 미국의회에서 해당청을 설립하여 노조와 사용자가 중재자의 도움을 받을 수 있도록 하고 있음.
정부기관 간 대안적 분쟁해결 실무그룹	• 정부 부서 간 정책갈등을 효과적으로 관리하기 위함. • ADR의 효과적 활용을 위해 부서끼리 협력함.
법무부 '분쟁해결실'	• ADR 활용을 위해 ADR 정책을 총괄함. • ADR 관련 교육훈련 및 사건마다 적절한 분쟁해결 기법 적용지원 • 연방정부기관에 ADR 활용 권장 및 그 실적 및 현황 보고
갈등예방 및 해결센터	• 미국 농림부와 환경보호청의 갈등관리 기구
환경분쟁해결원	• 연방 환경분쟁 예방 및 해결 지원기관 • 환경영향분석, 합의·조정 등의 교육훈련 제공 및 실무자 네트워크 구축
지역사회 갈등해결센터	• 지방정부 차원의 지역사회의 갈등해결 프로그램 운영기관 • 민간의 ADR 교육훈련, 분쟁해결 기법, 프로그램 개발 지원 • 조정 및 중재를 통한 분쟁해결 지원

출처: 국민대통합위원회, 2015. 연구팀이 재구성.

(1) 미국 캘리포니아주 송전선로 건설사업 사례

① 추진 과정

미국의 경우 건설되는 송전선로와 변전소, 송전탑이 주로 여러 개의 주에 걸쳐져 있으며 연방정부, 주정부, 지방정부, 지역주민, 지역사회 갈등조정센터, 환경 관련 비영리조직 등 다수의 기관들이 사업의 시작부터 허

가의 전 과정에 걸쳐 직간접적으로 관여하고 있다. 더욱이 전력산업의 민영화가 가속화되고 경쟁시장으로의 빠른 진행이 계속되고 있는 지금 송전선로 건설의 소유권과, 자본투입, 관리 등 복잡한 문제들이 얽혀 있다.

송전선로의 경과지 선정에 대해서 주민 간에는 전자파로 인한 건강 문제, 주변 지역의 재산권 문제로 인한 갈등이 발생하였다. 캘리포니아주의 송전선로 부지 선정 담당부처는 사건 발생연도인 2009년 당시 공익사업위원회(PUC: Public Utilities Commission)이다(안영찬 · 김석은, 2014: 441-443). 대안을 찾기 위한 과정은 지역 주민 및 주요 이해관계자가 자발적으로 의사결정 프로세스를 만들고, 자율적으로 운용할 수 있도록 하였다. 그리하여 갈등관리 프로세스는 총 6단계로 진행되었고, 그 후 4번의 워크숍을 통해서 최종적인 대안 도출에 합의하였다. 송전선로에 대한 기존 대안과 가능한 대안을 토론을 통해 정리하였다. 워크숍에서 송전선로 건설의 목표체계를 계층화하여, 건강위험, 사고위험, 보건비용, 자산영향, 전력서비스 신뢰성, 사회경제적 영향 등의 상위 목표를 제시하고, 각각의 하위 목표를 세분화하였다.

② 참여적 의사결정 과정의 의의

캘리포니아주의 다른 법령들 또한 지역 주민이 중요하게 생각하는 가치들을 고려하게 하고, 레저 지역, 역사적 가치가 있는 지역에 대한 검토 등 환경 영향을 전반적으로 고려하도록 하고 있다(안영찬 · 김석은, 2014: 441-443). 또한 안정적이며 합리적인 가격에 전력을 제공할 수 있는 송전선로 건설 이외의 다른 대안들이 있는지 살펴보고 있다. 환경영향

평가는 만약 시 소유의 전력회사가 사업을 하려 할 때도 주의 원칙에 따라 필요성 조사와 환경영향평가를 합리적인 시한 안에 실시한다.

송전선로 건설 사업에서 가장 예민한 부분이 경과지 선정이다. 이 사례에서 캘리포니아주는 미리 경과지를 선정한 후 주민의 동의 여부를 묻거나, 갈등이 발생한 후의 사후적 갈등 해결이 아니라 사업계획 구체화 이전 단계에서 주민 및 이해관계자들을 참여시켜 의견을 수렴하였다. 의사결정에 참여하는 정부와 이해관계자 사이의 신뢰 형성이 가장 중요하다고 보고 정부는 주요 쟁점이 되는 부분의 근거 사실자료를 투명하게 공개하였고 정부를 비롯한 이해관계자 및 주민이 공동으로 의사결정 프레임을 구성할 수 있어 상호 간의 신뢰 형성을 가능하게 했다.

2. 시민 참여와 공공토론, 참여적 의사결정을 통한 사회적 합의 형성

1) 남아프리카공화국 '몽플레 시나리오'

단순한 이해갈등이 아니라 가치갈등은 해결이 어렵다. 남아프리카공화국(이하 남아공)의 몽플레 시나리오는 남아공의 민주주의 이행방안 논의를 하기 위한 참여적 의사결정 방법이었고, 더불어 흑인과 백인의 인종차별주의 문제를 생각해 보고 해결해 나갈 수 있는 협상이었다. 따라서 민주주의 이행과정의 대안 도출 성공뿐만 아니라 국민통합으로 이끌게 했다(국민대통합위원회, 2015).

(1) 추진 배경

1990년 넬슨 만델라 석방과 아프리카민족회의의 합법화 등을 계기로 하여 대립 상태에 있었던 정치세력들이 새로운 탈출구를 찾고자 했다. 당시 상황은 흑백이 공존하는 평화를 만들어 갈 것인가, 갈등이 폭발할 것인가라는 대혼란 상태에 있었고 남아프리카공화국 미래에 대한 불안이 커져 가고 있었다. 이에 백인과 흑인을 각각 대표하는 정치세력들은 인종차별적인 정책에서 민주주의로 전환하기 위한 협상을 시작하였다.

몽플레 시나리오는 남아프리카공화국 대학교수 피터가 흑인 정치세력을 위한 계획된 시나리오로, 참가자는 총 22명으로 구성되었다. 흑인 좌파 정치가, 우파분리주의자, 아프리카민족회의 관계자, 노동조합 관계자, 주류 경제학자, 백인기업 고위 임원 등 다양한 인종과 세력이 포함된 이 구성은 현재의 정치세력과 미래의 정치세력을 대표하는 참가자로 이루어진 것이다. 그리고 다국적 에너지 기업의 아담 카헤인이 퍼실리테이터로 초청되어 전체 워크숍을 진행하였다.

(2) 몽플레 시나리오 워크숍 운영 방식

참가자들의 다양한 입장을 반영할 수 있도록 다양한 시나리오를 구성하고자 하였다. 이를 위하여 각각 다른 입장을 가진 사람들끼리 소규모 그룹을 만들어 브레인스토밍을 진행하였다. 그리고 주제는 명확하게 현재의 남아프리카공화국 문제가 아닌 10년 후 남아공의 미래에 대한 모습을 상상하고 의견을 나누는 것으로 시작하였다.

그리고 모든 대화에서 공통적으로 지켜야 할 원칙이 있었다. 객관적인

표 Ⅳ-2 몽플레 시나리오 과정 및 내용

1차 워크숍	• 남아프리카공화국의 10년 후 미래에 대한 브레인스토밍 • 3일 동안 30개 시나리오 도출, 이후 핵심 참가자들의 논의를 통해 9개로 축소
2차 워크숍	• 9개 시나리오 검토 • 남아공 상황에 설득력 있고 적정한 4개의 시나리오 채택 (타조 시나리오, 레임덕 시나리오, 이카루스 시나리고, 플라밍고 비행 시나리오) • 참가자들 및 주변 시민사회와 4개 시나리오 검토 기간
3차 워크숍	• 4개 시나리오 재검토 결과 및 공표 방안을 논의 • 검토 과정 이후, 4개 시나리오에 대해 '몽플레 시나리오'라 함.
4차 워크숍	• 70여 개 그룹에서 시나리오 타당성 검토과정을 통해 공표 • 시나리오 결과물을 비디오와 소책자로 제작하여 신문, 뉴스 등을 통해 전국의 국민들이 알 수 있도록 배포.

문제 인식과 시각을 위하여 본인 또는 본인이 속한 단체의 이익을 위한 미래에 대해 말하지 말 것을 당부하였다. 그리고 앞으로 일어날 가능성이 있는 일에 대해서만 말해야 할 뿐 현재에 대한 문제, 갈등에 대해서는 언급할 수 없도록 하였다. 그리고 '왜 그런 일이 일어날 것이라고 생각하는가?', '그 일이 일어난 후 어떤 일이 일어날 것 같은가?'라는 질문만 가능했다.

(3) 몽플레 시나리오 과정과 시나리오 내용

몽플레 시나리오가 도출되기 위해서 주요한 질문이 있었다. 첫째, 합의가 이루어졌는가? 둘째, 정부의 이행이 신속하고 결단력 있게 이루어지고 있는가? 셋째, 정부의 정책은 지속가능한 정책인가? 이다. 합의가 결여되면 정부의 대표성이 약할 것이고, 이행을 적절하게 할 수 없다면 무능한 정부가 될 것이다. 더불어 지속가능한 정책이 아닐 경우에는 새로운 갈등이 표출될 수 있다는 것이다. 따라서 세 가지 질문에 적정 수준의 답변이 되는 시나리오가 채택될 것이다. 이러한 질문을 기반으로 4개의 최종 시나리오를 요약하면 아래와 같다.

① 타조 시나리오: 백인 정부가 오랫동안 모래 속에 머리를 박고 흑인에 대한 탄압을 외면하면서 극단적인 폭력 사태가 발생할 수 있는 가능성을 가진 시나리오다(이귀재, 2014). 이 시나리오의 경우에는 백인 정부가 출범하게 되어 흑인의 상황을 외면하게 될 것을 문제 삼아 정부의 대표성이 결여될 수 있다고 판단하였다.

② 레임덕 시나리오: 힘이 없는 흑인 정부가 제대로 된 정책 및 개혁조치를 이루지 못하고, 나라 자체가 약해질 수 있다는 것이다(이귀재, 2014). 신속하고 결단력 있는 정책을 결정하지 못하고, 이로 인해 투자자들은 국가사업 투자에 망설이게 되어 경제적인 성장과 개발이 힘들어질 것이다.

③ 이카루스 시나리오: 흑인이 정권을 잡은 과한 의욕으로 무리한 개혁을 이루려고 하고, 국민의 사회적 · 경제적 요구를 급진적으로 이루어주기 위해서 정부가 과한 정책들을 시행하게 될 것이다(이귀재, 2014). 더불어 대중을 의식한 나머지 복지 등을 위하여 과한 재정 지출을 단행하면서 재정 파탄과 경제 위기에 직면할 수 있다는 것이다.

④ 플라밍고 비상 시나리오: 이는 플라밍고들이 함께 날아오르는 모습을 형상화한 것으로 날아오른 후 무리를 재정비하는 데 시간이 필요하겠지만 결국 안정적인 사회를 이룬다는 것이다(이귀재, 2014). 모든 정치세력들의 연합과 점진적으로 개혁해야 한다는 시나리오로 현실적인 사안과 정책 사이에서 시간을 걸리겠지만 민주주의와 경제 성장이 균형을 이

루어 성장할 수 있는 새로운 전환을 맞이할 것이라는 내용이다.

만델라 정부는 플라밍고 비상 시나리오를 채택하고 기타 시나리오에서 예상되는 위험을 파악하여 흑백세력의 균형과 협조를 이끌어 내어 점진적인 국가 개혁을 이끌어 갔다.

(4) 평가 및 의의

다양한 분야의 이해관계자들이 모여 합의하는 것은 힘든 일이었다. 이에 소규모 그룹의 활동, 학계 및 정계 집단들이 모인 토의 등에 중립적 시각을 가진 제3의 조정자를 참여시켰고, 그 역할이 중요하다고 하였다. 제3의 조정자인 퍼실리테이터들은 특정 집단의 시각에 편중되지 않도록 토론의 방향성을 잡아 시나리오 작업의 원활함을 더할 수 있었다. 그리고 참여자들은 자신이 속한 남아프리카공화국이 진심으로 발전되어야 한다는 생각은 같았기 때문에 서로 경청하고 인정하는 과정을 통해 긍정적인 결과를 도출할 수 있었다.

3. 소결

주요 국가의 갈등 관리제도와 사례, 몽플레 시나리오와 같은 참여적 의사결정 사례에서 우리나라와는 확연하게 다른 점이 보인다. 이는 갈등 해결 당사자의 참여 여부이다. 우리나라 인터뷰 사례를 보면, 소수의 시민단체 또는 노동조합의 대표 등이 갈등의 이해당사자로서 노력하고 있지만 실제 해당 지역 주민과 시민의 목소리는 포함되어 있지 않다.

노동조합이나 시민단체가 갈등해결을 위한 이해당사자로서의 대표성을 검토해 볼 필요가 있다. 자칫 실제 이해당사자가 배제된 상태에서 정부와 시민단체, 소수의 의견을 가진 사람들과의 합의가 진행될 수 있다는 것이다. 이는 최종 합의를 도출한 후 또 다른 갈등의 발생으로 향후 더욱 복잡한 사회적 갈등 양상으로 나타날 수 있다. 따라서 한국의 공론화 과정 및 사회적 참여 부분에서 참여한 시민단체가 시민의 대표성을 지니는지에 대한 적격 여부와 분쟁 사례에서의 찬반 결정에서 이해갈등 당사자의 어떤 이익이 작용하는지에 대한 논의가 필요하다고 본다.

프랑스, 독일, 스웨덴 등의 해외 사례를 보면, 과거에는 국내 갈등과 같이 공공기관의 일방적인 국책사업 결정으로 인하여 주민 및 이해당사자와의 첨예한 대립이 있었다. 즉, 국책사업으로 인한 실질적인 당사자와의 협의가 배제되었다는 것이 갈등의 가장 큰 문제라는 것이다. 각 사업에서 실질적인 당사자와 사전에 협의를 진행한다면, 차질 없이 사업을 진행할 수 있고 갈등으로 인한 사회적 비용도 최소화할 수 있을 것이다. 이러한 이점을 해외에서는 사전갈등 조정시스템 구축, 시민단체만이 아닌 주민 · 이해당사자 모두를 참여시키는 과정을 효율적으로 계획하고 운영하고 있다. 반면 사전에 주민과의 협의를 진행하는 해외 지역과 달리 국내에서는 정책 방향이 모두 정해진 후 일방적인 홍보와 설득을 위한 공청회를 진행하거나 심지어 주민 및 이해당사자들을 배제한 토론을 진행하고 있는 실정이다.

V. 유형별 갈등 사례 인터뷰 및 내용 전개

V. 유형별 갈등 사례 인터뷰 및 내용 전개

본 연구에서는 갈등의 유형별 사례로 현재까지 ① 낙동강 수계 갈등과 협상, ② 부산의료원 민영화 갈등 관리 사례, ③ 영남권 신공항 유치 갈등 문제, ④ 탈원전: 월성 1 · 2호기 조기 폐쇄 사례에 관한 이해관계자 심층 면접을 시행하였다.

1. 낙동강 수계 갈등과 협상

낙동강 수계 갈등에 관한 심층 인터뷰는 먹는물 부산시민네트워크의 최소남 대표와 2020년 1월 13일에 부산시 북구 중리로 32 청록만덕실버센터(최소남대표 사무실)에서 1시간 30분(10:30~12:00) 동안 진행되었다.

1) 사례 개요

1990년 경상북도는 건설부에 국토이용계획변경을 신청하고 1991년 지방 공업단지 지정 승인을 신청하면서 대구시가 지역의 활성화 방안으로 304만 평 규모의 위천공단 조성을 추진하였다. 이에 낙동강 하류의 부산시와 경남도가 취수원인 낙동강의 수질오염이 가중된다며 공단계획을 취소할 것을 요구하면서 본격적으로 갈등이 시작되었다. 대구 · 경북은

표 V-1 낙동강 수계 갈등 전개 과정

시기	주요 내용
1991.3.14.	낙동강 페놀 방류 사건, 구미공업단지 내 두산전자가 낙동강의 지류인 옥계천에 30t의 페놀 원액을 유출
1991.3.~4.	언론, 시민단체 두산에 불만 표출
1991.4.1.~4.30.	정부가 정책 조정 실시, 두산 경제성장 논리로 대응
1991.5.~	공론화 약화되어 피해배상 중심 단계로 변모
1994.	대구와 마산, 부산의 수돗물에서 악취가 나는 사건. 대구와 마산 · 부산 정수장에서 각각 발암물질인 톨루엔과 벤젠이 검출
1992.7.~1995.6.	관계기관 회의를 6차례에 걸쳐 개최하고 갈등 조정 차원의 논의를 거침. 환경영향평가조사 등이 별도로 실시됨.
1996.3.~1996.4.	수질전문가들의 자문을 구함. 전문가 11인 중 9인이 산업단지 지정에 대해 부정적인 의견을 전달함.
1996.5	관계 부처 협의가 재차 시도되고 수질 등 주요 현안사안들을 검토하고 논의를 하게 됨. 갈등당사자와 이해관계자 및 전문가들 입장이 서로 팽팽히 맞서게 됨.
1997.	낙동강에 위천공단 304만 평 입지 발표 후 대대적 시민 반대운동 전개
2002.1.14.	낙동강 수계의 수자원과 오염원 관리, 수질 개선을 위한 낙동강 특별법 제정. 이후 물이용부담금을 둘러싼 갈등.
2008.05.21.	대체 수원 확보 요구, 지속적으로 정부에 건의, 부산 경남권 물 문제 이슈화
2009.	발암 의심물질인 '1,4-다이옥세인'이 구미공단에서 낙동강으로 유출
2000년대 초~2018.2.	낙동강 상류 영풍제련소를 둘러싼 환경오염 문제, 물고기 떼죽음 문제가 주민과 갈등. 2018년 2월 오수 무단 방출 후 적발
1997~2019.8	경남의 남강댐에서 부산공급 문제를 둘러싸고 서부경남 주민과 부산시민 간 갈등. 부산시가 더 이상 요청하지 않기로 최종 결정.
2008~현재	경남도 환경단체 낙동강네트워크 등은 "낙동강의 녹조 현상 지속적으로 악화되고 있다"며 낙동강 보 수문 개방 촉구
2010.7.~현재	보현산댐을 둘러싼 지역 주민과 K=water의 갈등. 2015년 5월 담수 시작 이후 녹조발생 심각. 2015년 11월 상생협의회를 구성
2019.1.	6월부터 시행되는 물관리기본법에 따라 민 · 관 · 전문가 등이 참여한 낙동강통합물관리위원회와 낙동강정책협의회가 출범
2019.8.	국가물관리위원회(대통령직속)가 물관리 일원화를 목표로 출범

출처: 연구팀이 관련 기사 및 인터뷰 내용 정리.

위천공단 조성에 따른 수질오염은 부산 시민이 크게 우려할 정도가 아니라고 주장하였고 부산 · 경남의 주장은 위천공단은 대규모 단지로서 식수원의 오염은 불가피하며 공단 조성이 백지화되어야 한다고 주장하였다.

부산광역시는 광범위한 오염원에 노출된 낙동강 표류수에 상수 원수의 대부분을 의존하고 있으며, 낙동강 수계에는 2019년 현재 약 7,800개의 폐수 배출 업소들이 산재하여 낙동강의 잦은 수질오염 물질이 지속적으로 검출되고 있는 상황이다. 수도권 및 타 광역시의 취수원은 모두 댐으로 이전하였거나 계획 중에 있지만, 부산광역시와 경상남도 동부권은 여전히 낙동강 수계에 취수를 의존하는 문제가 상존한다. 특히 1991년 낙동강 페놀 오염사고 이후, 취수 중단 및 돌발사고에 대비한 대체 수원 확보가 절실히 요구되었고, 지속적으로 정부에 건의하여 2002년 낙동강 특별법이 제정되고 2008년부터 부산 · 경남권의 물 문제 해소 방안이 더욱 구체적으로 강구되고 있다. 2019년 국가물관리위원회가 출범하였으나 낙동강 물 문제는 여전히 진행 중이다.

2) 갈등의 배경과 전개

4대강 수계 갈등은 고착화되어 있는데 이중 낙동강 수계 갈등이 가장 심각하고 시간이 갈수록 갈등이 증폭되는 경향에 있다. 부산 · 경남은 현재 낙동강을 95% 수원으로 하는 먹는 물 '순수'를 공급하고 있다. 시민단체들은 먹는 물 순수가 음용수로서 적합하지 않고 미량의 유해물질이 포함되어 있다고 주장하는 중이다. 현재 낙동강 수계에는 구미공단을 비롯한 260여 개의 공단과 17,150개의 공장들이 들어서 있다. 최근 낙동강 수계의 주요 이슈는 4대강 운용 이후 녹조 현상이 점차 증가하여 환경부 및 부산, 경남도, 경북도에 보 개방을 통한 녹조 현상 해결을 요구 중이다.

낙동강 특별법(2008년 제정)상 현행 BOD(생물학적 산소요구량) 기준으로 국한된 특별법의 수질관리 기준에 COD(화학적 산소요구량)를 추가해야 한다는 목소리도 높지만 이 또한 쉽지 않다. 구태우 대구환경운동연합 사무국장은 "수질관리를 강화할 때마다 기업의 폐수처리 비용부담이 커지기 때문에 업계가 수질 기준 강화를 상당히 부담스럽게 여긴다"고 말한 바 있다.[1] 낙동강 수질의 근원적 개선을 위해 과불화 화학물질 규제는 COD를 통해 해야 하지만 낙동강 특별법에는 아직 포함되어 있지 않다.

또한 특별법상 수변구역지정을 하게 되어 있으나 지정한 바가 없는 상태에서 100% 낙동강 수원에 의존하여 식수 공급을 해야만 하는 실정이다. 이명박 정부의 4대강 계획 이후 부산은 경남에 위치한 남강 이용을 구상하고 경남도와 협상에 돌입하였다. 그러나 경남도에 남강의 물 60만 톤 사용을 요구하자 경남도는 지역 사용분도 충분치 않다는 이유로 반대하였다. 이후 부산시는 경남도에게 경남도민 사용 후 여분의 물 공급 제안하였으나 협상이 결렬되어 상류의 황강물(15만 톤~20만 톤) 사용을 고려하고 있지만 아직 진행 중에 있다.

현재 낙동강 수원에는 미량이나 수천 종의 화학물질이 포함되어 있는 것으로 알려진 바에 대해 부산시의 주장은 원수는 오염물질이 있으나 철저한 정수 후(부산 수돗물 '순수')에 공급하고 있다는 것이다. 이에 부산 시

1) 서울신문 "낙동강 특별법이 페놀사태 초래"
http://www.seoul.co.kr/news/newsView.php?id=20080310001008 (검색일: 2020.9.1.)

민단체는 근본적인 낙동강 물 정화 대책이 필요하다고 주장하고 있다. 이러한 갈등 상황 속에서 2019년 8월 중앙정부에서 국가 물 일원화 정책에 의한 국가물관리위원회가 만들어져 현재까지 두 번의 위원회가 열렸다.

3) 갈등 이슈화(주요 갈등)

(1) 대구시와 부산시의 갈등: 위천공단 조성과 반대

대구시는 1995년 6월 낙동강 상류 연안인 달성군 위천리에 300만 평 규모의 국가산업 공단을 지정해 줄 것을 중앙정부에 신청하였다. 이에 하류에 위치한 부산시는 당시 오염되어 있는 낙동강 수질 정화가 우선이며 그 후에 공단 조성을 허가해 줄 것을 요청하였다. 대구시와 부산시는 각기 시민궐기대회를 개최하고 지역 현안을 우선 관철하려고 노력하였다. 대구시의 경제 논리와 부산시의 환경 논리의 정면충돌로 1996년 중앙정부는 공단 조성, 수질 개선 병행정책을 발표한 바 있다(김인철 · 최진식, 1999). 대구시에서는 공단 규모를 축소하면 당시의 경기침체를 회복하기 힘들다는 이유로 반발 여론이 일었고 부산시는 공단 조성과 병행된 수질 개선은 실효성이 없다고 반발하였다. 정부, 학계, 유관전문기관 등의 노력에도 불구하고 양측을 만족시킬 수 있는 합리적인 조정, 중재안은 당시 마련되지 못하였다.

(2) 경남도와 부산의 갈등

낙동강 수계 갈등에는 개발을 원하지 않는 상류 서부경남 주민과 개발을 원하는 하류 부산 시민 간 갈등이 내재되어 있다(김창수, 2020). 정부는 낙동강 페놀 유출사고 이후 안전한 대체 상수원 확보를 위해 남강댐 물을 부산은 물론 경남 마산과 창원, 진해, 양산 등에 공급하는 광역상수도 개발 사업을 추진해 왔다. 반면, 구미 · 대구 지역 하류에 상수원이 위치한 부산의 경우, 페놀 유출사고, 낙동강 악취사고, 대구 위천공단 논란 등 끊임없는 사건의 연속이었으므로 남강댐 상류에 소규모 댐 및 광역상수도를 설치함으로써 부산 지역의 식수난을 해결해 줄 것을 주장하였다.

(3) 상류 지역과 하류 지역 지자체와 지역 주민들의 물이용 부담금을 둘러싼 갈등

1990년대 중반부터 낙동강 중 · 상류 지역 대규모 산업단지 조성에 따른 상 · 하류 지역 주민의 갈등을 해소하고 낙동강 수계 수자원과 오염원을 적절하게 관리하고자 「낙동강 수계 물 관리 및 주민지원 등에 관한 법률」이 제정되었다. 그럼에도 불구하고 특별법 제정 이후 낙동강 상수원에 산업단지가 2배 이상 늘어나고 미량의 유해물질과 독성 조류 출현이 잦아지고 다른 수계에 비해 상수원으로서 적정한 관리가 되지 못하고 있는 실정이다. 이에 주민들의 생존권 차원에서 낙동강 또한 상수원 차원의 관리가 필요하다는 비판이 제기되고 있다(김창수, 2020: 28-31).

4) 이해관계자 입장과 이해

지자체 간의 갈등이 비화되어 각 지자체에 속한 환경 · 시민단체들과 전문가 등 다양한 이해당사자의 대립과 갈등 사례이다. 갈등 진행과정에서 서울 수돗물 네트워크(민간단체)의 한강연구소 내에 낙동강 통합

표 V-2 낙동강 수계 갈등 관련 이해관계자별 입장과 의견

시기	이해관계자	입장과 의견
1차 시기 (1997~1999)	두산(기업)	경제 · 사회적 효용면에서 공장 가동 필요
	부산시/부산시민단체	낙동강 수계오염 반대, 공단/기업 활동 중단
2차 시기 (2000~2008)	중앙정부	부산 · 경남의 식수 문제에 주목할 만하나 지자단체 간의 입장을 가장 존중하므로 일임
	부산시/시민단체	제한적 공단활동을 위한 법 제정 필요, 물 이용 부담금 제정
	경남도	지역 할당량을 고수, 부산 쪽 할당은 어렵다는 입장
	수계에 위치한 공단/공장	제한적으로 법에 따른 공업활동 인정 요구
3차 시기 (2008~현재)	중앙정부(환경부, 물관리위원회)	지자단체의 입장을 최대한 수렴하여 전국적 안배에 기초하여 결정
	부산시/시민단체	낙동강 식수 사용을 위한 보개방, 식수의 근본적 질 향상, 낙동강 특별법에 수변 공원 지정 필요 등

출처: 연구팀이 관련기사 및 인터뷰 내용 정리.

물관리위원회가 3개월여 동안 가동되고 정부에 반영됨으로써 국가물관리위원회의 일원화된 물관리 체계가 탄생하게 되었으나 아직 낙동강 수계 문제는 진행 중에 있다.

연구자: 낙동강 수계 갈등(부산 · 경남의 낙동강 물 문제 현안이 해결되지 않고 지속되어 온)은 20여 년을 지나면서 갈등이 여러 방향으로 전개되어 왔습니다. 갈등의 지속, 복잡화의 가장 큰 원인은 무엇이었습니까?

최소남 대표: 국가가 적극적으로 개입하지 않았기 때문입니다. 국가가 전체적으로 수요량을 조망하고 가장 적절하게 분배하는 것이 현실적인 해결책일 것입니다. 그리고 현재 국가물관리위원회가 발족되어 일원화시켰다지만 정작 부산 · 경남의 지역 전문가, 민간단체 등 현재까지 물 문제에 적극적으로 개입해 온 이

해당사자가 제대로 국가물관리위원회 위원으로 포함되지 않은 것도 문제입니다. 직접 이해당사자의 의견이 적절히 반영되지 않는다면 문제의 해결은 이해당사자가 만족할 만한 수준이 되기는 힘드니까요. 현재 낙동강 물 문제에는 서울, 경남 학계 인사를 중심으로 위원회가 구성되고 해당 이슈의 직접 당사자인 부산 인사가 빠져 있는 것이 문제입니다.

또 한 가지는 지역(부산)의 정치권, 행정가들이 이 문제를 적극적으로 다루지 않은 것도 문제입니다. 타 지역 정치인들이 이 문제의 이슈화를 막고 반대하는 것도 문제이고, 이 문제 자체가 공공적이고 장기적인 문제로서, 제한된 임기를 가진 정치, 행정가들의 눈에는 경제성이 미미한 환경, 문제로써 단시간에 직접적 이익을 가져오지 않는 문제로 보이는 것도 마찬가지 입니다. 당장 보여질 결과가 나오지 않는 환경 문제의 경우 당사자인 지역에서 정책 반영 권한을 가진 당사자도 느리게 움직이는 경향이 있거든요.

중앙정부의 해당 공무원은 정기적 인사 이동시스템으로 장기간 한 이슈의 전문가가 되기 힘듭니다. 하나의 이슈를 파악하고 이해하여 갈등을 협상하고 해결점을 찾기에는 현재 공무원의 인사체계에는 구조적 문제가 있습니다. 중앙 공무원의 전문성 결여가 지방의 공공문제 해결에는 상당한 저해요인으로 작용합니다. 문제 제기하면 매번 해당 공무원은 용역을 시작하나 몇 년 후 문제 해결도 되기 전에 공무원 담당자가 바뀌어 버리면 얼마나 당황스러운지….

중앙정부의 인프라 구축과 공공자원 배분은 지나치게 서울 및 중앙에 집중되어 있습니다. 지방의 문제는 그것이 중앙에 직간접적으로 영향을 끼치지 않는 한 중앙이 자신들의 일인 것처럼 챙겨주지는 않습니다. 예를 들어 부산 · 경남 간(지자체 간)의 남강댐 사용 관련 갈등이 있는 경우, 중앙정부가 좀 더 적극적으로 개입하고 조율하면 어느 정도 타협점을 찾을 수 있을 것으로 보입니다.

중앙정부 공무원 또는 지방자치단체 공무원 모두 책임과 의무, 주인의식, 전문성을 기르는 것이 필요합니다.

시민단체, 민간의 경우는 모여 있어야 힘이 되나, 시민단체 간에도 갈등이 있고, 이 갈등의 조율은 쉽지 않습니다. 시민단체도 성장하고 입장을 표명하기 위한 재원(budget), 시간, 열정이 필요합니다. 부산의 시민재단이 그 한 예인데 활동가들이 자부심을 가지고 활동하기 위한, 역량을 키우기 위한 재원이 부족한 현실이에요. 부산에서는 경실련, 환경운동연합, 여성단체협의회 등은 대표적으로 성장한 경우라고 볼 수 있죠. 그러나 이러한 메이저급 환경단체의 대표적 인사들도 재원 부족, 돈을 쫓는다는 사회로부터의 편견, 정치권 진입을 목표로 한다는 비판적 시각 등으로 활동이 어려운 상황입니다. 또한 활동가들이 일정 연령을 지나면 은퇴 후의 보장은 거의 없는 현실입니다.

(1) 갈등의 이해당사자 요인

본 사례는 1990년대 초반에 발생한 갈등으로서 갈등의 이해당사자들이 조정 혹은 중립적 제3자에 대한 인식이 결여된 것이 두드러진다. 오히려 한국사회에 뚜렷한 지역갈등(부산-대구, 경남-경북) 양상이 지역 현안 사업을 통해 드러난 경우로 볼 수 있다. 양측은 조정 혹은 조정에 준하는 중립적이고 공정한 제3자에게 합의안 도출을 위한 프로세스를 위임하기보다 주로 중앙의 정치권력에 결정을 위임하는 우회 전략을 선택했고, 뚜렷한 해결이 힘든 중앙정부의 신뢰는 갈수록 떨어져 가는 경험을 해야 했다. 초기 정부의 위천공단 광역개발계획 등은 중앙정부의 권위주의적 정책 결정에 대한 지자체, 시민단체의 저항이 가시화되는 정당성 위기의 상징적 사건이 되기도 하였다. 낙동강 2000 준비위원회, 낙동강 보전회, 부산환경보존연맹 등의 시민 · 환경단체 들은 대구시를 서너 차례 항의 방문하여 식수 오염을 근거로 '위천공단 무조건 반대'를 천명하기도 하였다(박현숙, 1995: 116-117).

1990년대 당시 부산, 대구, 경남 시민단체들은 조정의 유용성에 대한 인식이 거의 없었던 것으로 보인다. 물 관련 분쟁이 재정 문제 위주로 흐르고 조정의 이용이 저조한 데에는 갈등당사자들이 조정 절차를 법원 등의 요식적 절차 정도로 인식하여 조정 절차의 존재와 유용성에 대한 인식 부족이 영향을 미쳤을 가능성이 크다.

낙동강 수계 사례는 1990년대 초반의 공공갈등으로서는 드물게 갈등의 이해당사자가 시간이 지날수록 다수(multiple parties)가 되고 시기에 따라 새롭게 추가 · 변화되는 양상을 보였다. 특히 처음의 지자단체 간의 갈등이 개발을 원하지 않는 상류 서부경남 주민과 개발을 원하는 하류 부산 시민 간의 민간 간 갈등으로 이어지고 이후 부산시와 시민단체 간의 갈등으로 나타났다. 여기에 언론과 민간 전문가, 학계, 중앙정부까지 이해당사자가 되면서 복잡한 공공갈등의 양상으로 변화되었다. 조정에 개입하는 이해관계자들이 1차적 이해관계자(1:1 관계)일 때에 조정이 용이하고, 갈등의 이해당사자들의 범위가 넓어질수록 조정이 어려워진다. 그러나 다양한 이해당사자를 개입하지 않는 것이 조정에 용이하다고 하여 시민단체나, 언론, 환경단체가 배제되어야 한다기보다 다수의 이해당사자가 개입되기 이전에 조정이 이루어져야 한다는 점에 주목해야 한다.

최근 국가물관리위원회가 발족되었으나 본 연구팀의 인터뷰 대상자는 중앙의 위원회에 부산 · 경남을 대표할 만한 대표성 있는 인사가 빠져있다는 행정적 문제도 제기하였다. 국가물관리위원회 또한 본 연구에서 광의의 제3자, 혹은 조정자로 볼 수 있는바, 대표성을 가진 인물 혹은 실질적 이해관계자가 조정에 참여할 수 있도록 하는 것이 조정의 성공 요건이라 볼 수 있다.

(2) 조정자 또는 중립적 제3자 요인

조정자 혹은 중립적 제3자의 개입은 1990년대 발생한 낙동강 수계 갈등에서는 당시 공공갈등의 특성상 힘들었다고 보여 진다. 한국사회는 국민들이 정부나 기관에 대해서는 존경심이 높고 갈등당사자끼리는 감정적으로 치닫기 쉽다는 면에서 공공갈등의 발생 시 권한을 가진 정부나 기관의 개입이 필수적이었다. 결국 제3자인 공공기관이나 정부가 권한이 발휘됨에 따라 조정 등의 제도화된 갈등해결기제가 개입하기 어려운 형태가 되기 쉬운 한국적 특성을 간과할 수 없는 것이다.

그러나 최근 신고리 원전 5 · 6호기 공론화과정에서 숙의적인 합의안을 도출하고, 2005년부터 갈등영향평가가 시작된 국립서울병원 이전, 재

표 V-3 낙동강수계관리위원회 구성 및 기능

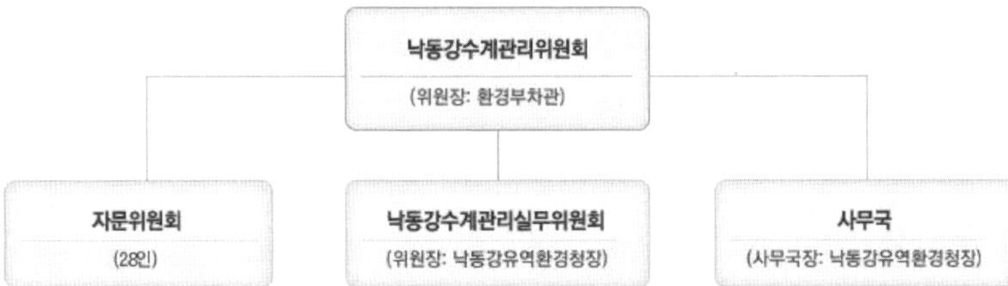

기구	구성	기능	근거
수계관리위원회 (10인)	10인: 환경부차관(위원장), 국토교통부(국토정책관),산림청(산림산업정책국장), 6개 시 · 도(부단체장), 한국수자원공사(사장)	수계관리 현안사항의 심의 · 의결	낙동강 수계 특별법 제37조
수계관리 실무위원회 (13인)	1낙동강유역환경청장 (위원장), 대구지방환경청장, 부산지방국토관리청 국장, 남부지방산림청장, 6개 시 · 도 환경국장, 농어촌공사 · 수공 · 산업단지공단 이사	위원회 상정안건의 실무적 검토 · 조정	위원회규정 제6조
자문위원회 (28인 이내)	6개 광역시 · 도 주민대표, 시민사회단체, 산업계 · 환경 관련 전문가 각 1명 및 위원장이 위촉하는 환경전문가 1명 이상	위원회 업무의 효율적인 연구조사 및 자문	위원회규정 제4조
사무국	낙동강유역환경청 유역관리국 일부 직원을 사무국 직원으로 겸임 발령	물이용부담금 부과 · 징수, 수계관리기금 운용 등	법 제37조 및 위원회규정 제7조

출처: 낙동강 유역환경청 홈페이지(http://www.me.go.kr/ndg/web/main.do)를 연구팀이 재구성.

건축 갈등 사례에서 중립적인 제3자의 개입으로 조정 합의안을 도출하는 등 조정이 공공갈등에 제도적으로 정착될 수 있는 기반이 느리게나마 마련되고 있는 점은 괄목하다고 할 수 있다.

초기 대구와 부산의 갈등 발발 시 중앙정부는 공단 조성과 식수 정화라는 양측의 안을 모두 감안하는 중재안을 내놓았으나 결과적으로는 이해당사자들의 감정을 더욱 격앙시키는 쪽으로 귀결되었다.

본 사례에 조정 개입을 실시한다면 거대도시 간의 초반 이해갈등이 가치갈등화하거나 만성적으로 되기 전에 개입하여 적극 조정할 필요가 있다. 2019년 8월 국가물관리위원회가 발족되어 중앙정부가 중립적인 제3자로 나선 점은 광의의 조정자로 볼 수 있다. 조정은 이해갈등이 가치화되기 이전 상태의 초기 단계에서 시작되거나, 갈등 이슈가 수십 년간 지속되어 교착되어 있는 경우 갈등조정이 용이한 경향이 있기 때문이다(임유진, 2014: 65-67). 제3자 조정인의 특성이 중립적이고 공정하면서 전문성을 띠어야 한다는 측면에서 낙동강 수계 갈등이 발생한 1990년대 초반부터 국가물관리위원회가 발족된 최근까지 중앙정부의 개입은 있었으나 위원회의 전문 조정자로서의 역량은 이제 실험대에 올랐다고 할 수 있을 것이다.

(3) 외부적 · 환경적 요인

낙동강 수계 갈등의 성격	낙동강 수계 갈등의 이슈화
가치갈등+이해갈등	만성적 갈등

물 관련 분쟁은 생명과 건강 문제라는 가치갈등과 이해갈등이 혼재된 성격을 지니고 사실관계의 규명도 쉽지 않은 사안이 대부분이다. 이러한 갈등 유형의 해결은 전통적인 일도양단 방식의 소송보다 유연하고 당사자의 커뮤니케이션이 중심이 된 ADR, 즉, 협상이나 조정을 통해 하는 것이 필요하며 특히 조정을 이용하여 갈등이 만성화 · 가치갈등화되기 전에 합의안을 도출하는 것이 바람직하다.

낙동강 수계 갈등은 본질적으로 대구의 위천 지역 일대를 산업 단지로 개발하려고 하는 대구 지역과 수질 오염을 우려하여 개발을 반대하는 낙동강 하류 지역 사이의 환경 분쟁이다. 낙동강을 식수원으로 하고 있는 부산을 비롯한 낙동강 하류 지역은 위천 지역의 개발에 따른 수질 오염의 악화가 가속될 것을 우려하는 환경 논리가 지배적이었고, 대구 · 경북 지역은 침체된 경제 활성화를 위해 공업 단지를 위천 지역에 조성하여 현재의 섬유 중심 산업 구조를 전자 · 기계 산업 중심으로 개편하고자 하는 경제 논리로써 공단 조성의 필요성을 강조하였다.

낙동강 수계 갈등 사례에는 현재 국가물관리위원회가 2019년 8월 발족되어 낙동강 유역 물관리 회의가 2차례 열렸다. 아직 가시적인 성과는 눈에 띄지 않으나 중앙정부가 발족시킨 위원회를 통해 낙동강 물갈등의 장기적인 해결책이 나오기를 기대한다.

본 연구에서는 중앙정부의 위원회 발족과는 별도로, 1990년대 초반부터의 갈등 상황을 살펴본바, 이후 유사한 환경분쟁 발생 시 적용시킬 수 있는 제도화된 조정 제도를 도입하여 합의 형성의 가능성을 높일 수 있다고 본다.

앞서 미국 공공갈등 사례로도 소개했듯이, 1970년대 초기 워싱턴주 스노콸미강(Snoqualimie River)댐의 분쟁은 물 분야 갈등 중 조정이 적용된 사례이다. 주 정부가 스노콸미강에 댐을 건설하려고 하자 여러 이해관계 단체들이 반대를 하였다. 환경단체들은 댐이 스노콸미강의 생태계를 파괴한다며 반대했고, 농민들은 농업용수의 부족을 우려해 반대했으며, 시민단체들은 댐으로 인한 주변 지역의 난개발을 우려하였다(Peter H. Kahn, Jr., 1994: 211-228). 이에 포드재단의 지원으로 전문 조정인을 개입시키고, 이 조정인들은 스노콸미강 댐의 사업자, 환경단체, 농민단체,

주민대표 등 12명의 이해당사자들을 상대로 1973년부터 1974년 말까지 조정과정을 거쳐 합의를 이끌어 낸 바 있다. 이는 물 관련 분쟁이 초기 이해갈등 시에 제도화된 조정을 적용시켜 이해갈등이 가치갈등화되기 전에 조정 합의에 성공한 예이다. 물론 미국과 한국의 정서적, 감정적인 마인드의 차이가 있음을 갈등관계에 있는 이해당사자에게 적용 · 감안해야 할 것이지만 공공갈등에 이해당사자가 아닌 제3자 조정자를 통해 공생의 합의안을 도출할 수 있었다는 점에 주목할 필요가 있다.

1990년대는 유엔환경개발회의(UNCED)가 주축이 된 리우선언의 지구정상회담(Earth Summit) 등이 개최되어 국제적으로 오존층 문제, 기후변화 등의 환경 오염에 대한 인식이 퍼져 나가고 있던 때였다. 환경 문제는 특성상 지방자치사업이 확대됨에 따라 국지적 지자체 내부갈등으로부터 점차 인접 지자체들의 갈등으로 확대되며 가치화되는 경향을 보인다. 낙동강 물 갈등은 장기화됨에 따라 단순한 재산권 갈등이나 이해관계의 대립을 넘어서서 국가물관리위원회가 중립적 제3자 혹은 조정자의 역할을 하게 되었다. 나아가 최근의 참여적 갈등관리의 프레임에 따라 지방 정부와 기업, 시민단체 들이 강 유역의 지역 개발과 환경 보전을 위한 종합적 계획 등 정책 결정 과정에 참여하는 거버넌스가 조직된다면 환경 갈등이 창조적인 단계의 상생으로 넘어갈 수 있을 것이다.

(4) 공공기관 간 갈등 사례 분석

이와 같이 지자체 간 분쟁에 개입할 수 있는 제도가 설치되어 있음에도 20-30년 해묵은 갈등이 계속되는 낙동강 수계 갈등과 협상 사례 및 영

표 V-4 낙동강 물 문제 해소를 위한 상호 협력 합의문

낙동강 물 문제 해소를 위한 상호 협력 합의문
환경부, 부산광역시, 경상남도(이하 총칭하여 '각 기관'이라 한다)는 낙동강 통합물관리 방안 연구 등 낙동강 유역의 물 문제 해소를 위하여 다음과 같이 상호 협력하기로 합의한다.
1. 각 기관은 물은 국가자원이자 공공재라는 것에 인식을 같이하며, 낙동강 본류 수질개선을 최우선으로 하여 안전하고 깨끗한 먹는 물을 공급하기 위해 상생 협력한다.
2. 각 기관은 낙동강 물 문제 해소를 위한 대안 도출을 위해 낙동강 통합물관리 방안 연구용역 시행에 합의하고 적극 협조한다.
3. 환경부 등 연구용역 추진 주체는 연구를 수행함에 있어 어떠한 전제도 없이 공정하고 중립적으로 시행한다.
4. 연구용역 추진과정에서 관련 지방자치단체 등 이해당사자의 의견을 충분히 수렴하여 반영한다.
5. 각 기관은 연구용역 결과에 대해 최대한 존중하고, 지역 주민들이 수용할 수 있는 통합물관리 방안이 마련되도록 노력하는 등 향후 낙동강 물 문제 해소를 위해 지속적으로 협력한다.
2019년 8월 13일
환경부장관 조 명 래 / 부산광역시장 오 거 돈 / 경상남도도지사 김 경 수

출처: 국무조정실 국무총리비서실, "낙동강 물문제 해소를 위한 하류지역 업무협약(MOU) 체결", http://www.opm.go.kr/flexer/view.do?ftype=hwp&attachNo=93951 (검색일: 2020.7.20.)

남권 신공항 유치 갈등 사례에는 개입 · 접근조차 하지 못하였다. 이들 사례와 같이 지방의 숙원사업으로 지자체 간 깊은 갈등을 빚고 있는 경우, 이미 행정적 접근을 통한 해결 사안이 아닌 것이다. 이에 이해당사자인 각 지자체는 정치적 수단을 통한 해결 방안을 모색하게 된다. 이는 지방

선거에서 시 · 도민에게 여당 출신 후보를 선출해 달라는 강력한 문구가 담긴 메니페스토로 전달되며, 각 지자체장의 정치적 배후가 동일한 경우 또 다른 갈등을 배태하게 되는 것이다.

2019년 4월 29일 체결된 '낙동강 물 문제 해소를 위한 업무협약'에 이어 이번 낙동강 하류 지역 업무협약이 체결됨에 따라 낙동강 유역의 모든 지자체가 참여하는 협력체계가 구축되었으며, 정부와 부산광역시, 경상남도 등 낙동강 하류 2개 지자체는 낙동강 유역 통합물관리 방안 마련을 위해 지난 3월부터 추진 중인 '낙동강 통합물관리 방안연구' 용역에 적극 참여 · 협력하기로 합의하였다.[2] 정부는 2019년 3월 낙동강 물 문제 해소를 위해 연구용역을 개시하여, 2020년 8월 5일 통합물관리 방안 중간 결과를 발표하였다. 발표 내용 중 '안전한 물 다변화' 대안에 대해 지자체 간 이해관계가 크게 엇갈리고 있다. 구체적으로 '상류 지역 다변화'에는 대구에 필요한 원수 절반을 구미 해평취수장, 안동 임하댐, 강변 여과수 개발 중 하나를 택한 뒤, 나머지 절반은 대구 문산, 매곡 정수장의 정수 기술을 한 단계 높여 공급하는 방안이 제시되었다. 그러나 이 방안으로 인해 기존 대구-구미 간 갈등에서 오히려 안동까지 갈등이 확산되는 형국이다.[3] 관련 지역구(창영) 신용곤 의원은 합의문에 낙동강 본류 수질을 안전하게 하고 깨끗한 먹는 물 공급을 위해 상생 협력한다는 내용은 "좋

---

2) 국무조정실 국무총리비서실, "낙동강 물문제 해소를 위한 하류지역 업무협약(MOU) 체결", http://www.opm.go.kr/flexer/view.do?ftype=hwp&attachNo=93951 (검색일: 2020.7.20.)

3) KBS, "낙동강 물 갈등…'고른 편익' 가능하나?" http://news.kbs.co.kr/news/view.do?ncd=4533937&ref=D (검색일: 2020.9.20.)

은 말로 치장했지만, 이는 부산시장이 남강댐을 포기하는 대신 창녕 · 합천물을 가져가겠다는 의미라며 김 지사가 이를 동의한 것으로 읽힌다"며, 이는 정부의 낙동강 통합물관리 연구용역에 서로 합의 · 시행에 적극적으로 협조한다는 것은 "정부가 원하는 대로 동의한다는 뜻"이라고 덧붙였다.4)

이와 같이 갈등이 장기화되어 정치 이슈화되면 행정적 · 전문적 방안 혹은 정치적 수단을 동원해서 해결하기 어려운 사안이 되는 것이다. 이와 같은 갈등은 번거롭고 효율성이 떨어지더라도 민, 관, 산 이해관계자 모두가 투명하게 정보에 접근할 수 있고, 모두의 의견을 진술할 기회를 가질 수 있는 조정제도를 통해 접근할 수 있을 것이다.

공공갈등의 또 다른 사례인 영남권 신공항 유치 갈등 사례 역시 유사한 과정을 반복하고 있다. 대선, 총선, 지방선거를 치룰 때마다 관련 후보들은 영남권 신공항 문제에 대한 자신의 입장과 해법을 공약집에 포함하여야 한다. 해당 지역에서 지난하게 이어져 온 영남권 신공항 문제를 언론과 여론은 집요하게 추궁할 것이기 때문이다. 정부용역 결과 이미 김해신공항 확장안으로 결론지어졌음에도 불구하고, 여야 정권 교체 이후 현재까지 해당 지역은 영남권 신공항 문제를 전면 이슈에 내세우고 있다. 지난 2020년 10월 13일 국회 국토교통위원회의 부산시 국감에서도 김해신공항 확장안에 대한 국토교통부의 원안 입장 고수가 화제가 되었다. 국토위의 부산 국감장에 오른 화두는 공항시설법 제34조 위반 여부로, 해당

---

4) 천지일보, "신용곤 도의원, 낙동강 물 문제 합의문… 좋은 말로 치장, 속내는 따로", http://www.newscj.com/news/articleView.html?idxno=788791 (검색일: 2020.10.15.)

법 조항은 항공기 안전에 영향을 미치는 장애물의 제거를 규정한 것이다. 이를 놓고 검증위 안전분과에서도 격론이 벌어졌고, 결국 검증위는 법제처에 유권해석을 맡긴 상태다.[5] 이에 앞서 더불어민주당 부산(박재호) · 울산(이상헌) · 경남(김정호) 시 · 도당위원장은 28일 기자회견을 통해 국무총리실 산하 김해공항 확장안 검증위원회의 검증 결과에 대한 공정성 훼손 의혹을 제기하며, "25일 총리실 검증위 전체회의의 표결은 중립의무 위반, 공정성 결여로 원인 무효"라고 주장했다.[6] 이와 같이 영남권 신공항 문제는 수면 아래로 가라앉지 않고 있는 가운데, 2021년 부산시장 보궐선거를 맞이하여 역내 이슈를 흡수하고 있는 상황이다. 민주당 소속 부산시장 후보군에서 영남권 신공항 가덕 유치를 재점화시키고 있는 가운데, 해당 문제가 또 다시 정치 이슈화되고 있는 상황에 대해 우려하는 목소리도 높은 편이다.

낙동강 수계 갈등과 협상 사례 및 영남권 신공항 유치 갈등 사례와 같이 첨예한 지역갈등과 장기화 · 정치화된 이슈는 행정, 정치 어느 한 측도 결정을 내리기 어려운 사안이 되었다. 공공기관 간 갈등 사례에 대한 갈등조정 대안이 반드시 필요하며, 첨예한 대립까지 치닫기 전에 문제해결에 접근할 수 있는 제도적 보완이 제시되어야 할 것이다.

---

5) 국제신문, "국감서도 '김해신공항' 안전 외면한 국토부…부울경은 반발", http://www.kookje.co.kr/news2011/asp/newsbody.asp?code=0100&key=20201016.22005004072 (검색일: 2020.10.15.)

6) 프레시안, "총리실 김해신공항 검증 결과는 중립의무 위반, 공정성 결여로 무효", https://www.pressian.com/pages/articles/2020092811521998178?utm_source=daum&utm_medium=search#0DKU (검색일: 2020.10.15.)

2. 부산의료원 민영화 갈등관리 사례

부산의료원 민영화 갈등관리 사례에서 심층면접을 위한 인터뷰 대상자는 박재율 상임대표(지방분권 부산시민연대 겸 지방분권 전국회의)이다. 인터뷰는 2020년 1월 16일 부산광역시 시청청사에서 2시간(14:00~16:00) 동안 진행되었다.

1) 사례 개요

2001년 공공병원이었던 부산의료원의 민영화를 두고 갈등이 시작되었다가 2002년 민영화와 공공성을 유지하는 합의안 도출이 성사되었다. 이후 부산대병원 등 2014년 본격적으로 의료민영화 이슈가 불거져서 의료민영화법으로 불리는 '의료법 시행규칙 개정안'을 놓고 당시 찬반 논란이 격렬했다.

부산의료원 민영화 사례는 2001년에 시작하여 2002년 1월 타결되었다. 원래 부산시 연제구 연산동 위치한 부산의료원은 IMF 이후 부산시 공공기관으로서 원래 시장의 혜택을 받지 못하는 민간을 위한 의료원으로 설립되었다. 당시 행정자치부가 적자를 해결하기 위해 민간 위탁을 고려하였지만, 보건의료 노조가 이에 반발하고 부산 민노총 등이 연계하였다.

당시 부산의료원 문제해결을 위한 '시민중재단'을 발족시켜 중앙정부, 부산시, 시민단체, 노조, 인도주의 의사협의회, 병원경영전문가 등 문제의식을 가진 이해당사자 모두가 참여하였다. 시민중재단은 공공성과 수익성의 조화를 주요 이슈로 하여 해결점을 모색하였다. 결국 부산대학병

표 V-5 부산의료원 민영화 갈등 전개 과정

시기	주요 내용
1982.	지방공사부산직할시의료원으로 발족(공공기관으로 변경)
2000.11.1	부산시가 지방공사인 부산의료원에 대해 경영 개선을 위해 구조조정을 요구. 의료원 의사들이 반발, 집단적으로 사직서를 제출
2001.11~12	신축을 앞두고 적자해소와 공공의료 강화 사이에서 갈등 부산시의회는 부산의료원을 민간위탁 방안을 강구토록 권고, 혈세낭비와 비리 등으로 쟁점이 된 부분에 대해서는 수사의뢰, 손해보상, 인사조치 등을 요구. 부산의료원 민간위탁 저지와 공공의료 강화를 위한 부산지역대책위 출범
2001.12.1~12.26	부산의료원은 부산시의회 공기업조사특위의 감사에서 고호봉 인력으로 적자가 누적되고 있다는 지적에 따라 전반적인 구조조정 계획을 진행. 의사들의 반발 및 사표로 진료 공백 사태 악화. 저소득층 환자들 의료혜택 못받음.
2000.12~2001.1	부산의료원은 경영수지 개선을 위해 전문의를 계약제로 전환하고 인건비 비율을 하향조정
2001.12.26	신축의료원 이전 및 진료 개시(부산시 연제구 거제2동, 500병상)
2002.2	시민중재단의 합의안 도출로 부산대학교병원과 협진 협약 체결
2002.3.29	'부산대학교병원 협력진료 및 신축이전 개원행사'

출처: 연구팀이 관련 기사 및 인터뷰 내용 정리.

원에서 민간 위탁하고 부산대학병원장이 부산의료원장으로 취임하게 되었다. 이는 윈윈하는 방법으로 국립 부산대학병원과 협진체제로 만들어 공공성을 살리면서도 실제 민간이 운영하여 수익성을 꾀하는 성공적인 결과를 도출한 사례가 되었다.

2) 갈등 이슈화

공공보건의료는 국민의 건강과 생명을 효과적이고 효율적으로 보장할 수 있기 때문에 중요하다. 공공보건의료는 공익 실현을 위해 정부 개입이 필요한 영역으로, 보건의료 분야의 문제 분석을 통해 정책 개입의 우선순위를 찾아 국민의 건강권 실현을 찾는 역할을 한다. 국민에게 양질의 공공보건의료를 효과적으로 제공하여 국민보건의 향상에 이바지하는 것을 목적으로 제정된 공공보건의료법(제2조)에 따르면, 공공보건의료사업은 보건의료 공급이 원활하지 못한 지역 및 분야에 대한 의료 공급에 관한 사업, 보건의료보장이 취약한 계층에 대한 의료공급사업, 발생 규모, 전파 속도, 심각성 등을 고려할 때 국가와 지자체의 대응이 필요한 질병의 예방과 건강증진 사업, 그 밖에 국가 관리가 필요한 보건의료사업 등으로 규정하고 있다.

그러나 과거 외환위기와 글로벌 경제위기 이후 양극화 현상과 빈곤 문제가 심화되는 가운데 의료사각지대가 확대되고 있었으며, 민간의료기관 중심으로 성장한 보건의료체계에서 낮은 건강보험 보장성으로 필수적인 보건의료서비스조차 제대로 받지 못하는 의료취약 계층이 증가하고 있었다. 1980년대 중반까지도 의료보장제도는 만들어지지 못했고, 정부의 노력은 경제 성장에 집중되었으며 재정 부족으로 공공보건의료 분야에 대한 투자가 제대로 이루어지지 않았다. 거의 모든 의료서비스는 민간의료기관이 공급하며 영리 추구 경향이 강하였다. 이후 시장 중심적이고 공급자의 의지에 의하여 발전해서 지금에 이르렀다고 볼 수 있다. 부산의료원 민영화 어젠다도 당시 정권의 변화와 더불어 공공 부문의 경제성이 주요한 초점으로 떠오르던 때에 나타난 사례로, 분배적인 갈등과 더불어 근본적인 가치갈등의 양상을 띠고 있었다.

연구자 질문: 부산의료원 민영화 사례에서 성공적인 합의점을 도출한 주요한 요인은 무엇이었습니까?

박재율 대표: 부산의료원 민영화 결정 사례에서 시민중재단의 활용은 후에 부산 지하철 2 · 3호선 시공 시에 발생한 중앙정부와 부산시 사이에 발생한 갈등 사례에도 이루어졌습니다. 이는 현안에 대해서는 지금 당장 제3자일 수도 있는 미래의 이해당사자들이 모두 참여하여 가능한 해법을 모색하는 시민사회 주도형 협치의 한 예로 볼 수 있죠. 시민중재단은 개념적, 추상적 논의를 지양하고 문제를 구체적인 현장에서 풀어야 한다는 전제에서 시작되었습니다. 이처럼 기획부터 갈등의 해결까지 시민사회를 비롯한 모든 이해당사자가 같이 참여하는 모델을 찾아 정립하는 것이 중요합니다.

프랑스는 헌법에서 이미 경제사회이사회가 광역단위의 지방에 권한을 상당히 위임하는 것을 지정하고 있어요. 갈등관리의 핵심은 권한과 책임을 같이 나누어 가지는 것이죠. 과정상 미세한 갈등은 있을 수 있으나 이러한 시민참여 협치 모델은 결론이 도출되었을 때에 만족감이 클 수밖에 없지 않겠습니까.

해당 이슈가 의료라면 의료전문인이 갈등관리에 참여해야 하는 거죠. 무엇보다 풀뿌리 정치를 활성화하여 대표자가 결정하는 대의민주주의의 단점을 보완하는 것이 필요합니다. 4차 산업혁명시대에는 대의정치 자체가 한계에 직면해 있고 사회는 다중정체성의 시대에 직면해 있습니다. 장애인 복지시설이 들어오는 데 주민이 반대한다면 장애인과 아파트 주민 및 공무원 등 모두가 직접 대면하는 것이 중요합니다.

부산의료원 민영화 사건의 경우 갈등 해결에 있어 팩트(fact) 즉, 신뢰성 있는 자료, 수치 등을 모두가 공유한 것도 주요한 점입니다. 갈등 현안 자체에는 (정치적인) 진보, 보수가 없으므로 팩트에 기초하여 모든 이해당사자가 합리적 판단을 내리게 유도해야 합니다. 이는 현재 한국사회에서는 요원한 목표라는 시각도 있지만 사실 느리더라도 합리성에 근거한 시민협치형 모델은 (부산의료원 민영화 사례에서처럼) 가능하다고 봅니다.

갈등은 현장에서 해결되어야 합니다. 개념화시키면 정치화되고 기존 정치권의 갈등으로 비화되어 해결은 힘들어집니다. 지역의 현안 공공갈등 문제에 정치적 프레임을 씌우지 않기 위해 제도 정치권과 비제도권이 소통하는 것이 중요합니다.

시민협치형 모델에서는 시민에게 권한과 책임을 같이 맡겨야 하는데 협치가 제대로 되려면 관과 민이 공히 재량권이 있어야 합니다. 제3의 갈등관리자는 상담사 역할을 할 수는 있겠으나 그보다는 당사자인 관과 민의 소통구조를 통해 함께 거버넌스를 만들어 나가는 것이 바람직하고 봅니다.

최근 공모를 통해 시민사회가 주도된 부산협치지원단이 부산 시내에 설치되었어요. 협치지원단 단장 1명, 분과장 3명인데, 아직은 탑다운(top-down) 방식으로 시작되어 발전적 시행착오를 겪는 과정이 있을 것으로 보입니다.

기능적 갈등관리보다는 한국사회의 구조적 문제, 이슈의 정치화 문제 등을 관리하는 것이 중요해요. 구조의 변화를 위해 개헌 등의 작업이 필요합니다. 그러나 헌법에서 중앙에 집중된 권한을 지방에 분권화하여 지방에 맞춤형 제도를 만드는 것이 필요하다 이거죠. 한국사회는 문제를 합리적으로, 아래로부터 해결하는 경험이 없으므로 이러한 것이 가능하도록 한국사회의 체질을 바꾸는 것이 관건입니다.

해외에서는 지자단체 간에 특별협의회 구성이 가능합니다.

예를 들어 부산 · 경남 간에 쓰레기 처리 관련 문제 등이 있으면 부산 · 경남의 의회에서 협치를 결정하고 해당 사안을 주민 투표에 넘기는 방식(프랑스식) 등을 고려해 볼 필요가 있습니다.

3. 영남권 신공항 유치 갈등 사례

영남권 신공항 유치와 관련한 갈등은 한국사회 내 대표적 지역자치체 간 공공갈등에 해당한다. 영남권 신공항 유치 갈등 사례에 대한 심층 면접은 OOO 과장(부산광역시 신공항추진본부)과 2020년 1월 30일 부산광역시 시청청사에서 2시간(14:00~16:00) 동안 진행되었다.

1) 사례 개요

영남권 신공항 갈등은 김해국제공항의 이전 입지를 둘러싸고 5개 시 · 도, 즉 부산광역시, 대구광역시, 경상북도, 경상남도, 울산광역시가 참여한 일련의 대립과정을 지칭한다. 공식 명칭 또한 초창기 부산권 신공항, 남부권 신공항으로 지칭되다가, 2007년 당시 건설교통부가 동남권 신공항으로 개칭하였다. 이후 이명박 정부에서 영남권 신공항, 박근혜 정부 당시 남부권 신공항으로 주로 언급되기도 하였다.

입지갈등은 공공갈등의 전형적인 사례다. 시설이 주는 편입과 비용에 따라 입지 선호에 의한 갈등 혹은 입지 비선호에 의한 갈등이 주로 나타나고 있다. 이러한 입지갈등이 단일 지자체 내에서 발생할 경우 모든 이해관

표 V-6 영남권 신공항 입지 선정 갈등 전개 과정

시기	주요 내용
1992~2002	부산도시기본계획 내 김해공항 대안의 신공항 필요성 제기
2005.	영남권 지방자치단체, 중앙정부에 신공항 건설 건의
2006.12.27.	노무현 대통령, 신공항 건설 공식 검토 지시
2007.07.05.	이명박 당시 서울시장, 신공항 건설 공약 발표
2008.05.21.	이명박 대통령, 대구 방문, 대운하와 신공항 건설 언급
2008.09.11.	중앙정부, 영남권 신공항 30대 국책 선도프로젝트 선정
2009.04.	국토연구원 동남권 신공항 최초 35개 후보지에서 5개 후보지로 압축 발표
2009.12.	국토연구원의 2차 용역 결과, 신공항 후보지, 경남 밀양과 부산 가덕도로 예비 후보지 압축
2011.01.26.	대구, 경북, 경남, 울산 시민단체 대구 국채보상운동기념공원 집결 밀양신공항 유치 추진위원회 결성 발대식
2011.03.30.	국토해양부, 신공항 추진 백지화 발표
2012.08.	박근혜 대선후보, 신공항 건설 공약
2013.04.	대구 지역 주도, 「군 공항 이전 및 지원에 관한 특별법」 제정
2014.05.	대구시, 국방부에 대구 군공항 이전 건의
2014.08.	국방부, 대구시 제출 대구 군공항 이전건의서 검토 위한 국방부–공군–대구시 협의체 구성
2014.08.25.	국토교통부, 영남권 항공수요 조사 연구 결과 발표
2015.01.19.	영남권 5개 시 · 도지사협의회 때 신공항 유치 경쟁 않기로 합의
2015.06.	국토부, ADPi에 신공항 사전타당성 연구용역 의뢰
2016.06.21.	중앙정부, 신공항 건설 백지화, 김해공항 확장 방안 최적안으로 결론 5개 시도 즉각 반발, 1주일 이후 부산시 결론 수용
2016.07.11.	박근혜 대통령, K–2군공항 · 대구국제공항 통합이전 발표
2016.07.25.	대구시, 대구공항 · K–2 통합이전 전담 '공항추진단' 신설
2016.08.	국방부, 포스코엔지니어링 컨소시엄에 대구 · 경북 시 · 군을 상대로 군사작전 및 공항입지 적합성 등 예비이전 후보지 선정 용역
2016.12.20.	국방부 조사연구용역 결과, 대구 달성군, 경북 의성군, 군위군, 고령군, 성주군 이전 적합지 발표
2017.03.14.	국방부, 대구 군공항 이전후보지 경북 군위군 우보면 일대 및 경북 의성군 비안면–군위군 소보면 일대 2곳 압축 선정 · 발표
2018.	제7회 전국동시지방선거 당시 더불어민주당 오거돈 후보, 가덕신공항 건설 공약
2018.09.05.	대구광역시의회 통합신공항건설특별위원회 제1차 정례회
2018.12.26.	부울경 공동 김해신공항 반대 공식 표명
2019.03.18.	대구광역시의회 통합신공항건설특별위원회 제1차 임시회
2019.06.	국토교통부 항공교통본부, 「제6차 공항개발종합계획('21~'25)」(한국교통연구원 총괄 수행 / (주)유신 기술 부분) 수립 착수
2019.12.06.	국무총리실 주관, 검증위원회 신공항 타당성 검증
2019.12.15.	시민단체 '가덕신공항 추진본부' 발족식 및 창립총회
2019.12.20.	부산광역시의회 동남권 관문공항 추진 TF, '가덕신공항 추진 전략 정책 토론회' 개최
2020.01.21.	주민투표 시행
2020.01.22.	군위군 단독후보지(우보면 일대)를 유치 신청, 의성군 공동후보지(비안면 일대) 유치 신청

출처: 관련 기사 및 인터뷰 내용 정리.

계자가 참여하는 ADR 제도에 의한 개입 제의가 용이하나, 지자체 간 갈등의 경우 이해관계자 범위, 전문가 선정, 갈등해결 결정방식 등에 합의하기가 쉽지 않다. 선호시설 관련 갈등은 이를 통해 반사적 이익을 얻기 위한 지방정부 간 대립의 틀로 접근한다(고경훈, 2003: 29). 전문가들은 같은 선호시설일지라도 갈등 관련 지방정부의 수준이나 시설 특유의 기대효과에 따라 갈등요인의 영향력은 개별 사례마다 각기 다르게 나타남을 지적해 왔다(강재호 · 김상구 · 우양호 · 조정현. 2005: 61). 2000년대 중반부터 이어 온 영남권 신공항 갈등은 이러한 공공갈등의 대표적 사례가 되었다.

2) 갈등 진전

김해국제공항은 부산광역시 강서구 대저2동에 위치한 군 · 민 공용의 국제공항이다. 이는 동남권에 위치한 대표 공항으로 해당 지역 국제공항으로서 관문 기능을 수행하고 있으며, 공군 제5공중기동비행단이 주둔해 있다. 2019년 기준 인천국제공항[7]이 'Sky Trax World Airport Awards'에서 선정하는 올해의 공항 랭킹 3위에 오른 것과 비교하여,[8] 김해국제공항은 규모와 성장률에서 한계를 나타내고 있다.

---

7) 2019년 공시된 인천국제공항은 2017년 여객 이용률 기준 순위에서 19위에 랭크되었다(Airports Council International, "Passenger Traffic 2017 FINAL (Annual)" https://aci.aero/data-centre/annual-traffic-data/passengers/2017-passenger-summary-annual-traffic-data/ (검색일: 2020.1.11.)

8) Sky Trax World Airport Awards, "World's Top 100 Airports for 2019," https://www.worldairportawards.com/worlds-top-100-airports-2019/ (검색일: 2020.1.11.)

해외여행 인구의 급증과 저가항공(Low Cost Carrier) 등으로 전 세계적으로 항공 이용수가 급증하는 시류에 맞추어 부산시는 1990년대부터 신공항 준비를 진행해 왔다. 부산시는 노무현 정권 시기부터 본격적으로 신공항 필요성을 부각시켰으며, 제17대 대통령 선거 당시 이명박 후보의 대구 방문 유세 이후 주변 지자체가 본격적으로 신공항 유치에 참여하며 갈등이 노골화되었다. 이명박 후보는 2008년 5월 21일 대구광역시에 방문해 "대구 · 경북 지역이 이제 하늘이 열리고, 물길이 열리고, 이제는 경쟁력도 있는 도시로 변하게 될 것"이라며 대운하와 신공항에 대해 언급했으며, 정권 출범 이후 2008년 신공항에 대한 국토연구원의 타당성 연구조사가 시작됐고, 지역마다 신공항 유치 경쟁이 격화되었다.[9] 처음에는 대구 지역의 관심이 적었으나 신공항 밀양 유치 시 K2군 공항 이전, 부동산 개발 등이 가능하게 되자 신공항 밀양 유치에 적극적으로 나서면서 두 지역 간 경쟁이 격화되기 시작했다. 강희천 부산시 허브공항유치기획팀장은 "정치화됐다는 것은 합리적인 논리성이 개입될 여지가 없으며, 오로지 지역의 자존심을 걸게 된다"면서 우려를 표하기도 하였다.[10] 공항 유치 경쟁은 시민단체의 참여로도 이어졌으며, 지역 간 갈등이 격화된 2011년경 밀양은 175개, 부산은 600여 개 시민단체가 참여하게 되었다.[11]

---

9) Huffpost, "국민을 '신공항 최면'에 걸리게 했던 주범들," https://www.huffingtonpost.kr/impeter/story_b_10602564.html (검색일: 2020.1.11.)

10) 국립중앙도서관, "지식정보 DB, 326상업, 교통, 통신 [전 공익사업]," http://www.nl.go.kr/ask/search/view.jsp?fclassVal=&mclassVal=&lclassVal=&recKey=5793859 (검색일: 2020.1.11.)

11) MBC PD수첩, "[생생이슈] 파기된 공약(公約) – 동남권 신공항 백지화 논란,"

3) 갈등 심화

5년간 지역 간 극한 대립을 촉발했던 영남권 신공항 문제는 2016년 6월 21일 국토부 용역 결과에 따른 김해공항의 확장안, 즉 '김해 신공항' 건설로 결정되었다. 이때 부산시는 이의 방안을 수용하였으나, 나머지 시 · 도는 이를 받아들이지 않은 상태에서 결정안이 진전되었다. 이어 박근혜 정부가 K-2 · 대구공항을 통합이전 발표로 대구시와 경북도는 공항 이전 사업을 추진해 왔으며, 2017년 2월 대구통합공항 예비이전 후보지로 경북 군위군 우보면과 의성군 비안면 · 군위군 소보면 2곳이 선정되었으나, 후보지 간 선정 절차와 기준을 두고 갈등을 빚어 왔다. 2019년 12월 국방부가 이전 부지 선정 계획을 공표하였으며, 같은 달 주민 투표 발의가 공고되었다. 2020년 1월 22일 단독 후보지인 군위군 우보면, 공동 후보지인 의성군 비안면과 군위군 소보면 3곳에 대한 주민 투표에서 의성 비안이 1위로 결정되었으나 이에 대한 불복 선언 등이 이어지며, 영남권 일대 공항 확장 혹은 이전 문제는 다시 갈등 이슈로 부각되었다.

4) 갈등 이슈화

공항 입지는 항공조건, 운영용량, 기상조건, 인접 공항과의 간섭, 개발계획, 접근성, 부지활용성, 지형지질, 공공지원 시설, 환경 등의 기술, 환경, 부대입지 조건 등에 관한 타당성 검토로 진행되어야 한다. 하지만 영

---

http://www.imbc.com/broad/tv/culture/pd/vod/?kind=image&progCode=1000836100487100000&pageNum=1&pageSize=10&cornerFlag=1&ContentTypeID=1&ProgramGroupID=0 (검색일: 2020.1.11.)

남권 신공항 문제는 새로운 정부가 시작될 때마다 정치적 이슈화를 겪으며 지역 간 첨예한 갈등이 진행되었으며, 장기화되었다. 영남권 신공항 갈등 이슈화 단계는 총 3단계로 구분된다. 첫째, 2003년 동남권 신공항 건설 추진~2011년 국토해양부 신공항 백지화 발표 단계, 둘째, 2011년~2016년 6월 김해공항 확장안 발표 단계, 셋째, 2016년~현재 가덕신공항 및 대구경북통합신공항 독자 추진 단계이다.

1차 시기 중 전반기에는 부산시가 주장하는 신공항 건설의 필요성 정도가 논의된 데 반해, 2007년 17대 대선 중 이명박 후보의 신공항 대선공약 및 2008년 대구 방문에서 이명박 대통령의 신공항 필요성 제기 등에 의해 입지 갈등이 노골화되었다. 양측 지역에서는 각각 (사)김해공항가덕이전시민추진단(신공항시민추진단), 신공항밀양유치 결사추진위원회 등 관련 시민단체가 집결하였으며, 각각의 지역을 연고지로 둔 국회의원 등 정치인들은 신공항 유치에 사활을 걸고 활약하였다. 2011년 3월 30일 국토해양부의 신공항 두 개 후보지 모두 타당성 검토에서 여건 부적합 결론을 내리자, 양측은 이를 수용하지 않고 극렬한 반대에 나섰다. 국토해양부와 대통령까지 나서 사과 기자회견을 열었지만, 지역 간, 정치권 간의 갈등은 극에 달하였는데, 특히 당시 박근혜 의원은 신공항 재추진을 주장하여 이후 정권에까지 해당 문제가 이어지는 계기를 만들었다.

2012년 박근혜 후보의 대선 공약에 영남권 신공항 건설이 포함되며 다시 한번 입지 선정의 갈등 이슈화가 진전되었다. 정권 출범 이후 2013년 4월 대구 지역에 주둔하고 있는 「군 공항 이전 및 지원에 관한 특별법」이 제정되어, 대구 · 경북 입지에 신공항 건설 가능성을 열게 되었다. 영남권 신공항 문제는 5년간 지역 간 첨예한 갈등을 야기했던 영남권 신공항 문제는 2015년 1월 19일 5개 시 · 도 합의를 통해 기술 · 환경 등 국토연구원의 용역 결과를 수용하는 데 합의하며, 더 이상 해당 문제에 대한 경쟁을 진행하지 않기로 하였다. 하지만 2016년 6월 21일 정부가 새로운 입지 신공항을 백지화하고 김해공항의 확장안을 발표하자, 부산시는 처음에는 수용 불가 방침이었다가 약 일주일 후 정부방침 수용을 공표하였으며, 대구 · 경북은 불수용 의사를 개진하였다.

이후 2016년 7월 박근혜 대통령은 K-2군공항 · 대구국제공항의 통합 이전을 발표하였으며, 이어 대구시는 이를 전담할 '공항추진단'을 신설하였다. 이어 8월 국방부는 포스코엔지니어링 컨소시엄에 대구 · 경북 시 · 군을 상대로 군사작전 및 공항 입지 적합성 등 예비이전 후보지 선정 용역을 발주하였으며, 12월 연구용역 결과 대구 달성군, 경북 의성군, 군위군, 고령군, 성주군 이전 적합지로 발표하였다. 부산에서는 전국동시지방선거 제6회 무소속, 제7회 더불어민주당 소속의 오거돈 후보가 가덕신공항 건설 공약을 제시해 왔다. 부산시장으로 선출된 이후 오거돈 시장은 영남권 신공항에 대한 재검토를 제의해 왔으며, '가덕신공항' 추진을 위해 국무총리실 검토를 제의하였다. 2020년 11월 '가덕신공항 건설 적정성 검토 용역비' 20억 원이 통과되었으며, 향후 이의 집행을 통해 적정함이 판정되면, 7조 5천억 원의 전체 예산으로 이어질 수 있는 초대형 예산 배정의 국가 프로젝트가 진행될 전망이다. 부산시 신공항추진본부 관계자에 따르면, "가덕신공항으로 예산의 부대조건을 못박지 못했지만, 용역비를 사용하는 데는 전혀 문제가 없을 것"이라며, 가덕신공항 특별법이 통과되면, 이번 예산을 시작으로 공항 건설사업이 가속력을 낼 수 있을 것이라 하였다. 또한 2021년 2월 19일 국회 국토교통위원회에서 가덕신공항 건설을 위한 「가덕신공항 특별법안」이 의결되었다. 「가덕신공항 건설을 위한 특별법」은 물류 · 여객 중심의 복합 기능을 가진 신공항 건설을 명시하는 내용으로 ▲가덕 입지 확정 ▲예비타당성 조사 면제 ▲김해신공항 백지화 근거 명시 ▲국가의 행정적 · 재정적 지원 ▲신공항 주변 지역 개발사업 ▲지역기업 우대 ▲부담금 감면 ▲신공항 건설사업의 원활한 추진을 위한 '신공항 건립추진단'(국토교통부) 구성 · 운영 등을 담고 있다.[12)]

이와 같이 신공항 유치 갈등은 입지 선정의 대표적 공공갈등으로서 장기간 갈등을 양산하며, 복합갈등의 전형적 사례가 되었다. 이의 사례에 관한 선행연구는 크게 세 가지 부류로 구분할 수 있다. ① 이를 전형적인 입지갈등, 공공갈등의 사례로 접근한 연구, ② 신공항 유치를 둘러싼 갈등의 집단화, 정치옹호연합의 형성에 관해 집중한 연구, ③ 해당 갈등의 해결 방안을 모색한 연구이다.

첫째, 신공항 유치에 관하여 전형적인 입지갈등, 공공갈등의 사례로 접근한 연구는 대표적으로 이윤수의 "끝나지 않은 딜레마: 영남권 신공항 선정 갈등"을 들 수 있다. 이윤수는 영남권 신공항 부지 선정은 의사결정자인 중앙정부에게 딜레마 상황을 조성했음에 집중하며, 밀양과 가덕도라는 선택지를 합칠 수 없고(분절성), 두 선택지 모두 고를 수 없으며(상충

12) 뉴시스, "부산시 "가덕신공항 특별법 통과되면 2024년 착공 · 2029년 완공""
https://newsis.com/view/?id=NISX20210221_0001346214&cID=10811&pID=10800 (검색일: 2021.3.11.)

성), 두 선택지가 비슷한 결과가치가 있으며(결과 균등성), 결정을 제한된 시간 내에 내려야 하기(시간 제약성) 때문임을 강조하였다(이윤수, 2019: 131). 또한 이진수 · 이혁재 · 조규혜 · 지상현은 "갈등의 공간적 구성: 동남권 신공항을 둘러싼 스케일의 정치"에서 신공항 유치 갈등을 사례로 갈등이 구성되는 공간적 방식을 분석하였다. 동남권 신공항을 둘러싼 갈등의 공간적 스케일을 분석한 결과, 실제 신공항 입지에 따른 이익과 손해의 공간적 범역과 갈등의 주체가 되는 공간적 단위는 상이하였으며, 사업의 진행 과정에서 갈등의 주체들은 이합집산을 통해 자신들의 이해관계를 관철시킬 수 있는 공간적 단위를 구성해 가는 다양한 스케일의 정치를 보여주고 있다고 지적하였다(이진수 · 이혁재 · 조규혜 · 지상현, 2015: 474).

둘째, 신공항 유치를 둘러싼 갈등의 집단화, 정치옹호연합의 형성에 관해 집중한 연구로는 정지원 · 박치성의 "정책옹호연합모형을 통한 동남권 신공항 입지 갈등 사례의 정책변동과정 분석"을 들 수 있다. 대형국책사업의 입지갈등을 정책옹호연합모형(Advocacy Coalition Framework)을 활용하여 분석하며, 2002년부터 10여 년에 걸친 동남권 신공항 입지갈등 사례의 정책 변동과정을 분석대상으로 지배집단의 변화를 포함하는 중앙정부의 정책 변화, 여론의 변화, 정책지향 학습 등 이차적 신념체계를 파악하였다. 또한 지방정부들을 중심으로 하는 옹호연합 간의 갈등이 커지면서 상호 악의적 왜곡으로까지 갈등상황이 증폭되면서 중앙정부는 정책 결정에 있어 '합의된 동의'를 추구하는 정책 결정보다는 정책 결정에 있어서 책임과 비난을 회피하려는 행태를 고찰하였다(정지원 · 박치성, 2012: 1). 또한 이윤경은 "동남권 신공항의 정책변동에 관한 연구: 정책옹호연합모형과 양면게임이론의 결합모형을 중심으로"에서 동남권 신공항의 정책 결정의 갈등양상과 원인을 정책 추진과정에서의 다양한 정책옹호집단과 이해관계자들 간의 상호작용 측면에서 다루었다. 이외에도 동남권 신공항 정책의 외부적 환경에서 이루어진 각종 정치 일정으로 인해 중앙 정치인 및 해당 지역 정치인들의 '정부지원금 획득정치(pork barrel politics)'적 행태가 강하게 나타나면서, 양 옹호연합이 상대 옹호연합의 수용 범위를 고려하기보다는 자체의 의견만을 반영해 윈셋을 축소 및 고정하는 경직된 행태를 취함으로써 갈등을 심화시켰음을 제시하였다(이윤경, 2014: 59).

셋째, 신공항 유치 갈등의 해결 방안을 모색한 연구로는 대표적으로 이호용의 "공공갈등 해결을 위한 국가공론위원회법 제정에 관한 연구"를 들 수 있다. 이호용은 프랑스 갈등관리기구인 '국가공공토론위원회(CNDP)'를 모델로 신공항 유치 갈등의 해결 방안을 독립성과 중립성이 확보된 사회적 갈등을 해결하는 합리적인 갈등관리시스템 모델로 제시하였다(이호용, 2013: 705). 나아가 김현조 · 허철행 · 이수구 · 박영강은 "동남권 신공항의 정책 목표와 새로운 접근방법: 역내 주민과 지방의원에 대한 설문조사 결과를 중심으로"에서 설문조사를 통해 신공항 유치 갈등의 해결 방안을 제시하였다. 또한 부 · 울 · 경 주민들과 영남 5개 시 · 도 광역 및 기초의원에 대한 설문조사결과를 토대로 동남권에 거주하는 주민들과 지방의원들은 공통적으로 신공항의 바람직한 목표가 역내 균형 발전보다는 경쟁력 향상이 중요하다는 인식을 제시하였다(김현조 · 허철행 · 이수구 · 박영강, 2013: 7).

5) 시기별 · 쟁점별 이해관계자 입장과 이해

중앙정부(국토교통부)는 기본적으로 공항 업무에서 인천국제공항 중심의 정책을 개진하고 있으며, 이외 지역의 신공항 건설에 대해서는 주도적인 정책 전략을 펼치지 않아 왔다.

> 국토교통부의 모든 정책 포커스가 인천공항에 집중되어 있다 보니까, 지방에서 아무리 주장을 해도 관심을 기울이지 않습니다. 2018년 이후 김해신공항 확장안의 문제점을 여러 번 국토교통부에 의뢰했는데도, 기존 계획을 고수하고 있거든요. 그렇기 때문에 부산시에서는 상위 부처인 국무총리실에 타당성을 검증받는 것으로 결정했거든요.
>
> (OOO 부산광역시 신공항추진본부 과장 인터뷰 내용 중)

2019년 6월 연구용역이 시작된 「제6차 공항개발종합계획('21~'25)」에 대해 국토교통부는 연관 산업 활성화, 일자리 창출, 지역 주민 항공교통 편의 향상 등 지역 균형 발전을 위한 핵심 기반시설로서, 공항의 가치가 보다 다양화될 것이라 밝혔다.[13)]

> 일반적으로 다른 국가의 제1공항과 2위 도시의 공항은 일반적으로 100:50~60의 수준이 되거든요. 하지만 인천공항과 김해공항을 비교하면 100:20 정도라 하겠습니다. 우리는 인천공항에 자원을 집중하는 정

---

13) 국토교통부 항공교통본부, "「제6차 공항개발종합계획」 수립 착수 및 공항정책포럼 발족," http://www.molit.go.kr/atmo/USR/N0201/m_36515/dtl.jsp?id=95082483 (검색일: 2020.1.11.)

책을 고수하고 있어, 현재도 4단계 확장 정책으로 활주로 신규 건설이 진행 중에 있습니다.

(OOO 부산광역시 신공항추진본부 과장 인터뷰 내용 중)

공항정책에 관한 중앙정부의 개발계획은 이와 같이 인천공항 중심으로 확고한 가운데, 지역공항에 관한 문제에는 소극적 대처로 일관해 왔다. 정권교체기마다, 영남권 신공항 문제가 가시화될 때마다 중앙부처로서 지역 간 갈등을 조정 · 중재하거나 신속한 결정을 내리기보다는 관련 시도의 자발적 의견 수렴을 관망하는 입장을 취해 왔다. 공항부지 결정 기간이 지정되면, 용역을 시행하여 결과를 발표하는 방식을 취해 지역 간 갈등에 개입하지 않는 자세를 유지해 왔다.

부산광역시는 영남권 신공항 관련 이해관계자 중 가장 중요한 역할을 담당하고 있다. 애초에 부산시는 영남권 신공항의 필요성을 제기한 당사자의 입장이다. 1990년대 후반부터 폭증하는 항공 수요를 김해공항 시설만으로 감당하지 못할 것이라 예측하고 신공항의 건설 추진을 주장해 왔다. 영남권 신공항 관련 연구용역을 이행해 온 부산발전연구원에 따르면 김해공항은 다음과 같은 한계가 있다. 첫째, 김해공항은 북측의 장애물로 정밀계기 이착륙이 불가능하여 안전 문제와 활주로 용량 부족 등 제약이 많다는 점, 둘째, 급증하는 국제선 항공수요를 처리하지 못하여 2025년에 용량 초과가 예측되며, 셋째, 소음문제로 민원발생 및 비행시간 제한(06시~ 23시)으로 장거리 직항로 개설 곤란한 점, 넷째, 김해공항은 이러한 한계로 동남권 항공수요를 처리하지 못하여 지역 주민의 불편과 경제적

표 V-7 영남권 신공항 입지 선정 시기별 이해관계자 입장과 이해

시기	이해관계자	입장과 의견
1차 시기 (2003~2011)	중앙정부	인천국제공항 집중 정책, 동남권 신공항 지역 의견 수렴 결과 기다림 → 용역 결과: 백지화
	부산시	가덕신공항 건설
	대구시, 경북, 경남, 울산시	밀양신공항 건설
2차 시기 (2011~2016)	중앙정부	인천국제공항 집중 정책, 영남권 신공항 지역 의견 수렴 결과 기다림 → 용역 결과: 김해신공항(확장안) 제시
	부산시	가덕신공항 건설 → 정부용역 결과 수용
	대구시, 경북, 경남, 울산시	밀양신공항 건설 → 정부용역 결과 반대
3차 시기 (2016~현재)	중앙정부(국토교통부, 국무총리실)	- 국토교통부: 기존 결정한 김해신공항(확장안) 고수 - 국무총리실: 상위 기관으로서 지자체 요청을 받아 김해신공항 타당성 재검토
	부산, 울산, 경남	가덕신공항
	대구, 경북	대구경북통합신공항 추진, 가덕신공항 반대(김해신공항 유지)

출처: 연구팀 정리.

손실이 심각한 상황이라는 점이다. 부산시는 영남권 신공항 입지 선정 3차 과정 내내 가덕신공항 건설 입장을 고수해 왔으나, 갈등해결을 위한 대안의 제시를 통해 협상을 진행한 바가 있다.

> 2016년 6월 21일 영남권신공항 입지 선정 결과 발표 2주 전, 당시 서병수 부산시장은 대구시에 비공식 제의를 진행했습니다. 제안 내용은 부산은 가덕신공항 추진하고, 대구 · 경북은 독자적 통합신공항을 추진하며, 비용은 전체 7조 원 중 대구 · 경북 측 3조 원, 가덕신공항 4조 원과 부족한 부분에 대한 민간투자 유치로 진행하는 것에 대한 구체적 안을 제시한 것입니다. 부산시는 주호영 국회의원(대구 수성구 을)을 통해 당시 권영진 대구시장에 제안 내용이 전달되도록 진행했습니다.
>
> (OOO 부산광역시 신공항추진본부 과장 인터뷰 내용 중)

하지만 부산시의 협상안에 대해 대구시는 거절의사를 밝혔다고 한다. 2020년 현재 대구경북통합신공항이 추진되며, 부산시에서는 가덕신공항의 재검토가 진행되고 있는 상황을 감안하면 해당 협상안은 갈등이 극한 대립으로 치닫던 당시 양 당사자 간 이해관계에 최적으로 부합하는 안이라 판단할 수 있다.

연구자 질문: 대구가 거절한 이유는 무엇이라 판단하십니까?

▸ 대구 · 경북은 아무래도 밀양신공항 결정을 낙관하고 있지 않았나 생각됩니다. 당시 정치권의 영향력이 밀양 쪽으로 유리하게 진행되고 있다고 부산시에서도 판단했고, 그렇기 때문에 상대가 수용할 만한 합의안을 제시할 수도 있었던 것이구요.

(OOO 부산광역시 신공항추진본부 과장 인터뷰 내용 중)

2016년 6월 21일 국토부가 진행한 ADPi에 신공항 사전타당성 연구용역 진행 결과, 신공항 건설은 백지화되고 기존 김해공항의 확장 방안이 최적안으로 발표되었다.

연구자 질문: 부산이 2016년 타당성 검토 결과(김해신공항 확장안)를 받아들인 이유는 무엇입니까? 검증의 타당성을 인정하여 수용하신 건가요?

▸ 아니죠. 검증의 타당성은 받아들일 수 없었습니다. 시에서도 수차례 전문가 검토를 했고, 결정과정에서 시의 의견이 충분히 받아들여지지 않았으니까요. 그래서 발표가 난 즉시 부산시는 반발했었습니다. 하지만 일주일 후 서병수 시장은 이를 수용한다는 발표를 하게 됩니다.

> 김해신공항 확장안을 수용하지 않으면, 2011년 때와 같이 어떤 것도 남지 않고 다시 백지화될 테니까요. 갈등의 지속으로 지역 내 피로감이 쌓여 있었고, 현실적으로 거부한다면 김해공항 유지밖에 남지 않아 그나마 밀양신공항 확정보다는 차선책이라 판단하였습니다.
>
> (OOO 부산광역시 신공항추진본부 과장 인터뷰 내용 중)

부산시는 동남권 관문공항으로 가덕신공항을 재추진하기 위해 2019년 12월 국토교통부와 지자체의 상위기관인 국무총리실에 신공항 타당성 검증위원회를 조직하여 이를 수행해 줄 것을 건의하였으며, 현재 검증과정이 진행 중에 있다.

대구광역시와 경상북도는 2000년대 초중반 부산시가 본격적으로 신공항 건설 유치를 추진할 시기에는 입지 선정에 관심을 두지 않았으나, 2007년 대권 후보였던 당시 이명박 서울시장의 신공항 건설 공약, 2008년 이명박 대통령의 대구 방문 시 교통인프라 연계성 강조 등에 힘입어 밀양신공항 안을 적극 제시하였다. 이러한 과정에서 밀양과 대구 · 경북 간 접근성, 연계성 등을 고려하여 종합적인 개발계획도 세우게 되었다. 2011년 신공항 건설이 백지화된 이후, 도시 중심에 자리한 K-2군 공항의 이전을 위한 준비를 진행했으며, 2013년 4월, 「군 공항 이전 및 지원에 관한 특별법」이 제정되었다.

2차 시기 대구 · 경북은 군 공항 이전 계획과 더불어 울산광역시, 경상남도와 공동으로 밀양신공항 유치를 개진하였다. 하지만 2016년 6월 21일 '김해신공항 안' 결과에 대해 대구 · 경북은 즉각 반발하였으며, 이후 대구경북통합신공항 건설을 추진해 오고 있다.

연구자 질문: 2016년 당시 대구 · 경북이 불수용한 궁극적 이유는 무엇이라 생각하십니까?

▶ 대구 · 경북 또한 결과 발표 즉시 불수용 의사를 밝혔습니다. 불수용의 표면적 이유는 김해신공항이 확장되더라도 3,800만 여객처리 능력을 갖춘 거점 국제공항이 될 수 없을 것이라는 것이었구요. 궁극적인 이유는 대구 · 경북이 독자적으로 통합신공항 추진을 하기 위한 단계였다고 판단됩니다.

(OOO 부산광역시 신공항추진본부 과장 인터뷰 내용 중)

3차 시기 2016년 7월 25일 대구시는 대구공항 · K-2 통합이전을 전담할 '공항추진단'을 신설하였으며, 8월 국방부는 포스코엔지니어링 컨소시엄에 대구 · 경북 시 · 군을 상대로 군사작전 및 공항 입지 적합성 등 예비 이전후보지 선정용역을 의뢰하였다. 12월 국방부 조사연구용역 결과는 대구 달성군, 경북 의성군, 군위군, 고령군, 성주군을 공항 이전 적합지로 발표하였으며, 2017년 3월 14일 다시 국방부는 경북 군위군 우보면 일대 및 경북 의성군 비안면-군위군 소보면 일대 두 곳을 압축하여 후보 입지로 선정하였다. 2018년 9월 대구광역시의회는 통합신공항건설특별위원회를 구성하여 정례회를 개최하였다. 이후 2020년 1월 21일 부지 선정에 관한 주민 투표를 시행하였으며, 22일 군위군 단독후보지(우보면 일대)와 의성군 공동후보지(비안면 일대) 유치 신청이 진행되었다.

대구는 현재 가덕신공항에 대해 이의를 제기하지 않을 수 없는 상황이거든요. 부산시에서는 대구가 이제 통합신공항 입지 선정까지 진

> 행되었으니, 가덕신공항에 대해 반대 의견을 내지 말 것을 권하고 있으나, 대구의 입장은 그렇지 않습니다. 대구시는 통합신공항에 대해 대규모 시설(활주로 3,500m/1,000만 명 여객처리 규모)을 정부에 요구하고 있는데, 가덕신공항이 건설된다면 수요가 이쪽으로 빨려올 수 있거든요. 그렇게 되면 대구경북통합신공항이 적자가 나고 유령공항이 될 우려가 있으니까 이를 염려하여 가덕신공항에 대해 반대 의사를 가지고 있습니다.
>
> (OOO 부산광역시 신공항추진본부 과장 인터뷰 내용 중)

이와 같이 대구 · 경북은 2016년 이후 통합신공항 건설 추진에 매진하며, 가덕신공항 신규 추진에는 반대 의사를 분명히 하고 있어 새로운 갈등이 진전되고 있다. 울산시와 경남은 1 · 2차 시기 밀양신공항 유치 측이었으나, 3차 시기 가덕신공항 입지에 찬성하고 있다.

> 현재는 부 · 울 · 경이 뭉쳐서 정부에 '김해신공항'안의 부적절함을 제의하고, 신공항 안 유치를 건의하고 있지만, 이전 시기 박근혜 정부까지만 하더라도 부산시와 울산, 경남, 대구, 경북이 1:4로 대립하는 구도였습니다. 2016년 6월 결정 이전까지 1:4 구도의 갈등관계는 첨예화되었었는데, 이후에 2017년 정권이 교체되고, 2018년 제7회 전국동시지방선거에서 부 · 울 · 경이 민주당 소속 기관장이 되면서 각 시도의 입장이 바뀌게 된거죠.
>
> (OOO 부산광역시 신공항추진본부 과장 인터뷰 내용 중)

3차 시기 신공항 건설 갈등은 부산, 울산, 경남 3개 시도와 대구, 경북

2개 시도 간 3:2 구도로 찬반 양상을 띠고 있으며, 국토교통부는 기존 김해신공항(확장안)을 고수하고 있다. 이에 2019년 12월부터 진행되고 있는 국무총리실의 결정이 제시되면 또 다른 유형의 공공갈등이 진정될 것으로 관망된다.

4. 탈원전: 월성 1호기 원전 조기 폐쇄 결정 사례

원전 월성 1호기 조기 폐쇄 사례에 대한 심층 면접 인터뷰 대상자는 강창호((주)한국수력원자력 새울1발전소 원자력기술사 겸 노조위원장, 이외에도 SRI, SRM 등 원자력 자격 관련 10개 기술면허 보유) 위원장이다. 2020년 8월 25일, 스타벅스 해운대 달맞이 DT점에서 3시간(15:00~18:00)에 걸쳐 진행되었다.

1) 사례 개요

탈원전 갈등은 국가가 신규 원전 전면 중단을 선언하고 건설 계획을 백지화하는 등 점진적으로 원자력발전의 비중을 축소한다는 것으로 독일의 원전 폐쇄 결정이 대표적이다. 또한 최근 한국이 추구하고 있는 행복한 삶과 녹색경제와 맥을 같이하고 있으며 후쿠시마 원전사고와 같은 대참사, 그리고 방사성폐기물의 처리 문제를 큰 과제로 여기고 있다. 정부는 '재생에너지 3020정책'에서 2030년까지 재생에너지 발전량 비중을 20%로 늘리겠다고 발표했다. 반면 탈원전 반대 측에서는 국가 에너지 정

표 V-8 월성 1호기 폐쇄 결정 사건 경과

시기	주요내용
2017.6.19.	대통령: 월성 1호기 '가급적 빠른 폐쇄 필요, 설계수명이 다한 원전'
2017.10.22.	신고리 5 · 6호기 공론화 결과 발표, 원전 축소 권고안 발표
2017.10.24.	국무회의 탈원전 로드맵, 월성 1호기 조기 폐쇄할 예정. 산업부 공문->한수원 신고리 5 · 6호기 공론화 결과 관련 협조 요청
2017.12.29.	2018년 전력수급기본계획 발표, 월성 1호기 공급 제외
2018.1.18.	한수원 이관섭 사장 사임
2018.1.31.	제8차 전력수급기본계획 취소 소송 원고: 원자력 정책연대 외 217명 피고: 산업통상부 장관
2018.3.	한수원 자체 월성 1호기 경제성 3707억 원으로 평가
2018.4.5.	한수원 정재훈 사장 취임
2018.5월 초	삼덕회계법인 월성 1호기 경제성 1,778억 원으로 평가
2018.6.11.	삼덕회계법인 월성 1호기 경제성 224억 원으로 최종평가
2018.6.15.	한수원 이사회 월성 1호기 조기 폐쇄 결정
2018.8.	한수원 이사장 경영성과협약서 산업부 제출: 월성 1호기 조기 폐쇄
2019.10.1.	국회감사원 감사청구: 조기 폐쇄 및 경제성 적절 여부
2019.12.24.	원안위 월성 1호기 폐쇄 승인
2019.12.28.	감사원 월성 1호기 감사 결과 2개월 연장

출처: 강창호 위원장 일요서울 인터뷰 제공 자료 (2020.3.6.) 재구성.

책은 최소 5~10년 이후를 내다보고 수립되어야 하는데 한국이 탈원전 정책을 적극적으로 추진한다면 5년 뒤 우리 경제의 에너지 수급에 큰 차질이 불가피하다고 주장한다.[14]

14) 매경프리미엄, 백승진, "촛불정부의 성공을 위한 고언-탈원전 정책", https://www.mk.co.kr/premium/special-report/view/2019/01/24643/ (검색일 2020.8.26.)

2) 갈등 전개 과정

월성 1호기는 국내 최초 가압중수로형 원자력발전소로, 1982년 11월 21일 가동을 시작하고, 1983년 4월 22일 준공돼 상업운전을 개시했다. 2012년 설계수명이 다하면서 2015년 원자력안전위원회로부터 계속운전 승인을 받아 2022년까지 가동될 예정이었다. 그러나 한국수력원자력 이사회는 고장, 설비 결함 등으로 가동률이 떨어지면서 경제성이 낮다고 판단, 2018년 6월 월성 1호기를 조기 폐쇄하기로 결정하고 2019년 2월 원안위에 영구 정지를 위한 운영 변경 허가를 신청했다. 이에 원안위는 2019년 12월 24일 열린 112회 전체회의에서 월성 1호기 영구 정지 내용이 포함된「월성 1호기 운영변경 허가안」을 심의 · 의결했다. 원안위의 결정으로 2017년 6월 영구 정지가 결정된 고리 1호기에 이어 월성 1호기가 국내에서 두 번째로 영구 정지가 결정된 노후 원전이 됐다.[15)]

예정대로 월성 1호기의 영구 정지 절차가 진행되면 최종 해체까지는 총 15년 이상이 소요될 것으로 예측된다. 한편, 월성 1호기는 정부의 탈원전 정책에 맞춰 한수원이 경제성을 축소했다는 의혹이 제기되면서 감사원 감사가 진행 중이다.

현재 국내 원자력발전은 24기 중 11기가 운전 중이다. 2020년 9월 현재 한울원전, 월성원전, 한빛원전, 새울원전, 고리원전 총 5개 지역 23,250MW 원자력 설비 용량 중 12,945MWe 원자력발전량을 운영하고 있으며, 이는 전체 이용률 70.6%, 가동률 71.0%에 해당한다(〈표 V-9〉 참조).

---

15) 네이버 지식백과, "월성 원자력 발전소 1호기"

표 V-9 국내 원자력발전소 현황(2019년 기준)

발전소	설비 용량(MWe)	발전량(MWh)	이용률(%)	가동률(%)
24기	23,250	143,947,021	70.6	71.0

고리원전

월성원전

한울원전

한빛원전

출처: 한국원자력산업협회, "원전 현황", https://www.kaif.or.kr/?c=nws&s=5 (검색일: 2020.8.25.)

원자력 관련 법체계는 2011년 7월 「원자력법」의 분법제정으로 「원자력진흥법」, 「원자력안전위원회법」, 「원자력안전법」으로 세분화되었다. 분법 이전, 「원자력법」의 단일 법체계는 원자력산업의 초기 진행 단계에 적합한 입법 형태로서 법체계는 통합적 관리가 편리하다는 장점이 있었으나 한국의 급속한 원자력발전으로 교육과학기술부 소관의 「원자력법」 내 원자력진흥과 원자력안전이 공존하여 원자력안전을 관리하기에 적합하지 않다는 지적이 나왔다. IAEA 또한 진흥과 규제를 분리해야 한다고 권고하였고 이에 따라 2010년에 정두언 의원, 권영길 의원 등이 원자력진흥과 원자력안전 분야의 분법과 함께 독립된 기구로 원자력안전위원회를 강화해야 한다는 입법을 발의했다. 그러나 정부의 추진 유보와 여야 합의 실패로 법제화되지 못하였다가 2011년 3월 후쿠시마 원전사고로 인하여 원자력 안전에 대한 국민의 우려가 커지고 원자력진흥과 안전을 분리하여 안전관리를 엄격히 해야 한다는 여론이 강화되자 교육과학기술부가 분법 및 원자력안전위원회 강화를 위한 입법발의를 추진하게 됨으로써 2011년 7월에 국회본회의를 통과하게 되었다(국회입법조사처, 2012: 16). 먼저 방사성폐기물관리 관련 법령에 대한 제정이 진행되었고 2008년 3월 「방사성폐기물관리법」이 방사성폐기물의 체계적이고 통합적인 관리를 위해 제정되어 2009년 1월 1일부터 시행되었다. 「방사성폐기물관리법」, 「방사성폐기물관리법 시행령」, 「방사성폐기물관리법 시행규칙」 및 지식경제부 고시 등의 4단계로 구성된다. 2011년 7월 정부는 IAEA의 권고 및 국제적 추세를 수용하기 위해 기존 「원자력법」을 원자력의 이용에 관한 사항을 규정하는 「원자력진흥법」(전부개정, 법률 제10909호)과 안전관리에 관한 사항을 다루는 「원자력안전법」(제정, 법률 제10911호)으로 분법하였다.

2011년 10월까지 진흥과 안전을 통합한 「원자력법」하에서 업무가 수행, 「원자력법」의 분법으로 2011년 10월 26일부터는 원자력안전위원회에서 원자력안전 부분에 대한 업무만 전담하게 되었다. 원전의 건설과 운영 및 규제체계는 원자력안전위원회, 지식경제부, 교육과학기술부, 한국수력원자력 등이 각각 연계체계를 이루고 있으며, 각 원전에 대한 안전규

표 V-10 부처별 원자력안전 행정체계 역사

기관	담당	내용
원자력원	국무위원급 원자력원 (1959~1967)	기획관리실, 법무관, 사무국(총무과 · 조사진흥과 · 관리과 · 시설과), 원자력연구소(1과8실), 방사선의학연구소(1과4실),방사선농학연구소(1과4실)로 구성
원자력청	차관급 원자력청 (1967~1973)	기획관리관, 행정관리담당관, 법무관, 공보관, 사무국(총무과 · 조성과 · 기술협조과 · 원자력발전과 · 시설과), 원자력연구소(1과8실), 방사선의학연구소(1과8실), 방사선농학연구소(1과5실)로 구성 ※ 본청 69명 · 원자력연구소 217명 · 방사선의학연구소 52명 · 방사선농학연구소 56명 등 총 394명
과학기술처	과학기술처 원자력국 (1973~1979)	원자력국(1심사관 5실): 안전심사관 · 기획과 · 방사선안전과 · 원자로1과 · 원자로2과 · 핵연료과 ※ 이와 별도로 상공부전력국에 원자력발전과 신설(1976.4.) 동력자원부 발족에 따라 상공부전력국을 이관(1978.1.)
	원자력국을 개발국, 안전국으로 분리 (1979~1981)	원자력개발국: 기획과 · 원자력개발과 · 원자력협력과 원자력안전국: 원자력안전과 · 원자로심사과 · 원자로검사과 · 안전심사관 · 현장 주재관으로 구성 ※ 2국, 1심사관, 6과 ※ 고리원전 1호기의 준공과 관련, 원자력발전소 주재관제도 도입(1978.4.)
	원자력국으로 통합 (1981~1991)	원자력국: 원자력정책과 · 원자력개발과 · 원자로과 · 방사선과 ※ 1국, 1심사관, 4과 – 안전심사관: 전규세담당 · 해외협력담당 · 현장주재관
	원자력실로 확대 (1991~1998)	원자력실: 원자력정책과, 원자력개발과, 원자력협력과, 원자력안전과, 원자력검사과, 원자력통제과, 방사선안전과, 주재관 ※ 1실, 2국장(정책관, 1심의관), 7과 – 원자력정책관: 원자력이용개발정책의 총괄 · 조정 – 안전심사관: 원자력안전규제업무 및 원자력통제업무 원자력위원회(9~11명): 위원장이 장관에서 국무총리로 격상(1996)
과학기술부	원자력실 (1998~1999)	원자력안전위원회 신설(1999, 7~9명, 위원장: 과학기술부장관)
	원자력국으로 조정 (1999~2008)	원자력국: 원자력정책과, 원자력협력과, 원자력안전과, 방사선안전과, 원자력방재과(2001), 원자력통제팀(2005), 핵대응팀(2007) ※ 1국, 1심의관, 5과, 2팀 (총 정원 68명)
교육과학 기술부	원자력국 (2008.2~ 2011.2.24.)	원자력국: 원자력정책과, 원자력협력과, 원자력안전과, 방사선안전과, 원자력방재과, (원자력통제팀) ※ 1국, 4과, 2팀 (총 정원 59명)
	원자력안전국 (2011.2.25.~ 2011.10.25.)	원자력안전국: 원자력안전과, 방사선안전과, 원자력방재팀, 원자력통제과 ※ 1국, 3과 1팀 (총 정원 46명)
원자력안전위원회 (2011.10.26.~)		기존 자문위원회 성격에서 대통령 직속의 중앙행정기관(예산 및 회계법상의 단위기관)으로 승격 원자력안전위원회 위원(상임 2, 비상임 7) 위원장(상임위원), 부위원장(상임위원) 사무처 – 안전정책국: 안전정책과, 원자력안전과, 안전기준과 – 방사선방재국: 방사선안전과, 방재환경과, 원자력통제과 – 기획홍보과, 운영지원과 ※ 1처, 2국, 8과(총 정원 82명) *현재 조직개편으로 1처, 2국, 8과, 2팀(총 정원 95명) ※ 원자력안전위원회 설치 이후 교과부에 잔류한 원자력 업무는 진흥분야 연구개발(원자력기술과)과 국제협력(원자력우주협력과) 분야이며, 그 외 모든 원자력 업무는 위원회로 이관됨

출처: 원자력안전위원회, 2010.

제는 원자력안전위원회 공무원이 발전소에 상주하면서 실행하였다(국회입법조사처, 2012: 21).

3) 갈등의 심화

2000년대 초기부터 정치, 사회 전반에 걸친 민주화의 진전과 환경 지속가능성에 대한 관심 고조 등이 원인이 되어 탈원전을 옹호하는 연합체가 조직화되기 시작하였다. 님비시설인 원자력발전소가 위치한 지역 내 주민과 환경단체 등으로 구성된 탈원전 옹호집단은 해외의 반핵정책 사례 수집 및 원자력에너지에 관한 과학 · 안전기술을 토대로 반원전연합의 세력을 확산시켜 나아가기 시작하였다. 하지만 2011년 이전 시기 원전 반대 담론은 시설 설치 갈등 등이 주된 관심이었으며, 전력 비중 30%에 달하는 원자력발전의 완전한 포기, 탈원전 방향성을 지향하지 못하였다. 원전 반대 단체들은 2011년 3월 후쿠시마 원전사고 이전까지는 원전사고의 위험성을 뚜렷이 주지시킬 만한 전략이 부재하였다. 이들은 빈번하지 않은 위험성을 강조하거나, 미래세대 형평성을 강조하는 전략을 취해 왔기 때문에 국민 설득에 취약했던 것이다.

연구자 질문: 에너지는 에너지 정책에만 국한되지 않고, 경제, 산업, 환경 등 정책 전반에 걸친 문제를 고려하지 않을 수 없을 텐데요.

▸ 에너지기본정책은 국무회의를 통과해야 하구요. 에너지와 유관한 전 분야와의 관계를 고려합니다. 3차 에너지기본계획이 수립되어 있고, 전력수급기본계획 매 2년마다 갱신, 현재 9차까지 수립되어

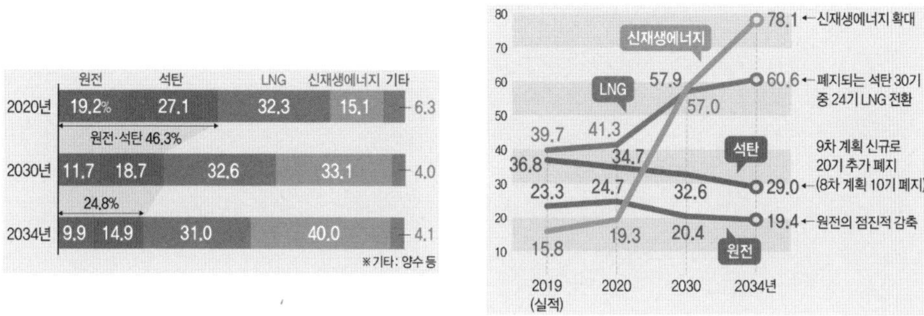

단위: GW

(a) 발전원별 설비 비중 전망　　　　(b) 발전원별 설비 용량 전망

그림 V-1 제9차 전력수급 기본 계획 초안

출처: 연합뉴스, "제9차 전력수급기본계획 초안", https://www.yna.co.kr/view/GYH20200508000600044 (검색일: 2020.10.1.)

있습니다. 전력~계획은 산업부 소관이고, 국회 동의를 받아서 행정 계획으로 발표가 됩니다.

현 정부의 에너지 계획은 (〈그림 V-1〉 참조) 이 방향성으로 가고 있습니다. 박근혜 정부 때 7차 전력수급 2차 에너지 계획과 비교하면 원자력진흥법, 전기사업법, 원자력안전법 등 법을 개정하지 않고 이 상태가 된 거예요.

〈표 V-11〉의 원자력에너지 혹은 발전소 관련 갈등 사례에 관한 기존의 연구는 님비시설로서 해당 발전소를 기피하거나, 발전소 혹은 폐기물 처리시설 유치에 따른 지역 내 부가 이익을 좇아 시설을 유치하고자 하는 핌피 등의 현상을 연구하는 데 집중되어 있다.

해당 시기까지만 해도 국내에서는 독일 등 유럽 사례와 같이 본격적인 녹색생태주의 혹은 녹색낭만주의의 정치화로 연계되지는 않았으나, 서서

표 V-11 자력시설 관련 갈등 사례 선행연구

저자(연도)	대상 사례	갈등 원인	분야	분석 방법
김도희(2001)	울산 원자력발전소	님비	원자력발전소	단일사례연구
김용철(1998)	전남도청	핌피	행정사법 및 국가안전시설	비교사례연구
	영광 원자력발전소	님비	원자력발전소	
최진식(2007)	경주시 방폐장	님비	폐기물처리시설	양적연구(설문조사)
채종헌(2009)	신원전 건설	님비	원자력발전소	양적연구(네트워크)
최성두(2009)	고리 원자력발전소	님비	원자력발전소	단일사례연구
이민창(2010)	방폐장	님비	폐기물처리시설	다중사례연구
정지범(2010)	경주시 방폐장	님비	폐기물처리시설	비교사례연구
채경석(2010)	경주시 방폐장	님비	폐기물처리시설	비교사례연구
심준섭(2011)	고리 원자력발전소	님비	원자력발전소	언어네트워크
심준석 외(2011)	고리 원자력발전소	님비	원자력발전소	언어네트워크
이주연(2012)	삼척 원자력발전소	님비	원자력발전소	단일사례연구
박보식 외(2012)	방사성폐기물입지선정	님비	폐기물처리시설	비교사례연구
	천안아산역	핌피	철도	
	시화호 정책개발과정	가치갈등	치수시설	

출처: 박치성 · 정지원, 2015: 170.

히 제도권 정치에 영향을 미치는 정책으로 이슈화를 진전시켜 나갔던 것이다(임석준 · 김현정, 2018: 40).

연구자 질문: 이전에는 에너지에 관한 관심을 가진 사람이 흔하게 없었어요. 후쿠시마 사고가 나서 일반 사람들도 의견을 가지기 시작하고, 정치권에서도 의견이 나눠지기 시작했잖아요. 그러면 정치권에서 당연히 원전의 경제적 가치에 대해서 알고 있고, 정부 여당의 입장에서 더욱 경제적 가치에 주안점을 가질 텐데, 오히려 현 정부가 이를 반대하는 이유는 무엇이라 생각하십니까. 대선 공약의 주요 리스트 안에 원전과 관련한 공약이

들어가기 시작한 것이 2012년 지난 18대 대선 때부터라고 생각되거든요. 이 때부터 원전이 정치 전면에, 그러니까 정치 이슈화가 된 게 아닌가 생각되는데요.

▸ 경향성이라고 생각합니다. 22년까지 원전은 늘어가요. 전기 사용 경향성에서 (도표를 보며) 이렇게 늘려 가려 했던 것을 줄여 가는 거죠. 원전에 관한 정치 이슈가 득표에 유리해서 현 정권이 재집권만을 고려하여 결정한 거라 보거든요. 차기 대선까지 전기 사용 측면에서 크게 차이가 나지 않거든요.

지금 현재 한전이 적자 구조를 감당하면서 유지하고 있는데요. 어쨌거나 한전도 기업이고 이러한 구조가 계속해서 유지될 수는 없거든요. 결국은 탈원전으로 인한 에너지 가격 상승이 전기요금에 반영될 수밖에 없을 것이고, 기업이 탈한국하게 되고 국민이 현실을 직시할 상황이 온다는 거죠.

4) 갈등 진전 및 주요 이슈

일본 후쿠시마 원전사고의 경우 사고로 인한 피해액이 220조에 달한다는 조사 결과가 있으며 이는 1980년대 체르노빌 사태와 더불어 원전의 위험성에 대한 충분한 경고이다. 정부는 신고리 5 · 6호기 건설 여부에 대해 2017년 시민 500여 명이 참여해 토론을 벌인바, 공론화위원회를 통해 숙의(熟議)민주주의를 일정 부분 실현시켰다는 점에 긍정적인 평가를 할 수 있으나 여전히 수많은 사람들이 경제성의 문제 등으로 탈원전의 대원칙에 반대하여 갈등으로 존재하고 있다.

강창호 위원장은 2020년 2월 27일 한국수력원자력(이하 한수원) 새울1

발전소 운영실 발전운영부 노심관리파트 과장직에서 직위 해제되었다. 한수원 측은 직위 해제의 사유로 "지난 2월 6일 사장 해임 촉구 기자회견, 2월 8일 업무포털 사내 이메일로 다수의 직원들에게 협박성 이메일을 전송해 회사와 사장을 포함한 경영진의 명예를 손상시켰다"는 점을 들었다.[16] 당시 강 위원장은 한수원의 '강제 인사이동'에 반발해 정재훈 한수원 사장을 해임할 것을 촉구했다. 강 위원장은 정재훈 한수원 사장을 포함해 월성 1호기 원전의 조기 폐쇄를 의결한 한수원 이사들을 배임 혐의로 고발하는 등 정부의 탈원전 정책에 대해 반대하고 있다.

2011년 3월 후쿠시마 원전사고는 전 세계 원자력발전 사업 및 원자력을 발전 동력으로 이용하고 있는 수많은 국가들에 영향을 미쳤다. 해당 사고는 국내 반원전 집단이 세력을 확장하는 데 심대한 영향을 미쳤다. 대지진이나 쓰나미 등으로 해안에 위치한 원자력발전소가 예기치 못한 사고에 노출될 수 있다는 경각심이 사회 전반을 각성하게 한 것이다. 실제 2011년 동일본 대지진 이후 후쿠시마 원전사고를 계기로 독일은 탈핵 선언과 함께 이에 대한 조치를 단행해 나아갔다. 해당 시기의 탈원전 관련 여론의 확산은 해당 이슈가 정치화되는 계기가 되었다. 원전 관련 이슈는 이전 시기까지 산업 및 과학 영역에 속하였으며, 한때는 원전 관련 행정비리로 오명을 쓰는 위치에 있었다. 하지만 2011년 결정적 사태 발생 이후 그동안 투명하지 않게 원자력발전 산업을 운영해 온 결과에 더해

---

16) 주간조선, "한수원서 직위해제된 강창호 노조위원장", https://weekly.chosun.com/client/news/viw.asp?nNewsNumb=002600100013 (검색일 2020.8.27.)

내 · 외부 이해관계자를 충분히 포섭하지 못한 원전 찬성 측은 탈원전 옹호 단체와 극단적으로 대립하게 된다.

후쿠시마 원전사고 이후 주요국들은 원자력 정책에 주요 변화를 가져왔다. 원전 보유국 중 탈원전 정책 방향성을 선택한 국가는 독일, 스위스, 태국, 필리핀, 말레이시아 등이 있으며, 원자력 정책을 고수하는 국가는 미국, 중국, 프랑스, 영국, 러시아, 카자흐스탄, 브라질, 남아프리카공화국, 브라질, UAE, 폴란드, 터키, 케냐, 베트남, 칠레, 말레이시아 등이 있다. 원전 재검토를 선택한 국가는 멕시코, 일본, 인도, 이탈리아, 요르단 등이다. 한국은 정부가 탈원전 정책 방향성을 제시하였으나, 원전기술 장려 및 해외수출 문제와 맞물려 정책 간 충돌에 처한 상황이다.

앞서 살펴본 바와 같이 2011년 후쿠시마 원전사고는 전 세계적 탈원전 시류와 함께 국내 원전 정책에도 심대한 영향을 미쳤다. 탈원전 정책을 옹호하는 집단적 움직임이 정치적으로 이슈화되기 시작하였으며 후쿠시마 원전사고 이듬해인 2012년 시행된 18대 대선 내 핵심 이슈에서도 원전 관련 정책은 정치 전면에 부각되었다. 탈원전 연합을 이끄는 핵심 행위자로 더불어민주당(18대 대선 당시 민주통합당)이 부각되기 시작하였으며, 이와 같은 더불어민주당의 탈원전 정책 행보는 타 당의 정책과 뚜렷한 차이를 나타냈다.

18대 대선 이전 대선과 총선 공약에서는 원전 관련 사항이 주요 정책 이슈로 등장하지 않았다. 이전 선거에서 지역구 내 원자력 발전소가 위치해 있을 경우를 제외하고 핵심 이슈에 에너지 관련 공약이 포함되지 않았다. 하지만 18대 대선에서부터 원전에 대한 찬성과 반대 의견에 대한 질

표 V-12 후쿠시마 원전사고 이후 주요 국가들의 반응

구분	국가	관련 내용	성향
원전 운영 국가	미국	원자력 발전 정책 유지, 원전 안전점검 시행	○
	프랑스	해외 원전기술 수출 규제 강화, 프랑스전기공사(EDF) 원전 건설계획 고수	○
	영국	기존 원자력정책 고수	○
	러시아	원전계획 예정대로 추진	○
	중국	원전 승인 보류 및 안전점검 실시, 원전건설계획을 유지할 것으로 전망	○
	독일	노후 원전 7기 3개월간 중단, 전력회사 RWE 소송 제기	×
	스위스	원전정책 변화 움직임	×
	카자흐스탄	기존 원전건설 계획 추진	○
	브라질	원전 건설계획 지속 추진	○
	남아공	원자력 및 신재생에너지 확대 등 발전원 다변화 추진	○
	멕시코	일본 사태로 원자력발전소 건설 재검토	△
	일본	'에너지 기본계획' 재검토	△
	인도	신규원전 건설을 포함한 원전정책 재검토	△
원전 도입 추진 국가	UAE	원전 기공식 계획대로 시행	○
	이탈리아	원전 신규건설 계획 1년간 일시적 중지	△
	폴란드	신규 원전건설 예정대로 추진	○
	터키	원전 프로그램 예정대로 추진	○
	케냐	IAEA, 케냐 원자력프로젝트 승인	○
	베트남	원전건설계획 국회 승인(예정대로 추진)	○
	태국	원전계획 재검토	×
	필리핀	원전계획 재검토	×
	베네수엘라	원자력개발 프로그램 중단	×
	칠레	원전 도입을 위한 프랑스와의 협력협정 등 준비 구체화	○
	요르단	7월 말까지 연기	△
	말레이시아	원전건설 예정대로 추진	○

주: ○ 원전 지지, △ 원전 재검토, × 원전 폐지
출처: 이석호, 2011.

문이 각 후보자에게 주어졌으며, 대권 주자들은 원전 정책과 연계된 신재생에너지 발전 전략, 전기요금 문제 등을 포괄적 계획안으로 제시하게 되었다. 에너지 정책에서 원전 사용에 대해 긍정적 입장을 고수해 온 18대 대선 당시 새누리당의 박근혜 후보는 원전 증설 및 가동 연장에 관한 사항을 공약 내에서 모호한 채 남겨 두었다. 그의 표현은 "국민안전을 최우선으로 신중하게 결정"한다거나 "가동 연장 여부도 면밀히 검사한 후 판단"하겠다는 등의 문장으로 결정을 미루는 듯한 입장을 취하였다. 이에 반해 당시 민주통합당 문재인 후보는 신고리 5 · 6 · 7 · 8호기 및 신울진 3 · 4호기 추진의 중단 그리고 고리 1호기와 월성 1호기 수명 연장을 중단하고, 건설 중인 원전은 진행할 것이라 공약하였다. 당시 문재인 후보는 명확히 중단할 대상과 계속 건설할 대상을 구분하여 정책을 명확히 하였다. 2011년 이전 원전 지지세력은 별다른 견제 없이 과학과 기술 영역에서 발전하고 있었으나, 일본의 원전사고 이후 원전 지지세력과 탈원전 지지세력은 대등한 정도로 부딪히고 있었다. 오히려 국민의 안전이라는 규범적 차원의 정책당위성을 확보한 탈원전 지지세력은 빠르게 정당성 및 지지세력을 확산시켜 나아갔다. 이러한 점은 19대 대선에서 명확히 드러난다.

2017년 5월 시행된 19대 대선에서는 5명의 대선 후보가 에너지 및 탈원전 그리고 기후 분야 정책 공약을 각각 제시하였다. 2017년 5월 1일 5명의 대선 후보가 발표한 '19대 대선 후보자별 에너지-기후변화 공약 비교' 내 탈원전 관련 정책 내용은 〈표 V-14〉와 같다. 당시 문재인 후보(더불어민주당), 안철수 후보(국민의당), 심상정 후보(정의당)는 신규원전

표 V-13 18대 대선 후보의 에너지 이슈에 관한 입장

이슈＼후보	박근혜	문재인	안철수
원전 증설 및 가동 연장	–국민안전을 최우선으로 신중하게 결정 –가동 연장 여부도 면밀히 검사한 후 판단	–신고리 5 · 6 · 7 · 8 및 신울진 3, 4호기 추진 중단 –고리 1호기와 월성 1호기 수명연장 중단 –건설중인 원전 진행	–신규 원전 건설 중단 –설계수명 다한 원전과 화력발전소 가동 중단 –유럽 수준의 강력한 안전도 검사 실시
재생 에너지 확대 전략	–신재생에너지 최대한 활성화 –목표수치는 내년 제2차 국가에너지기본계획 수립 때 결정	–2030년까지 신재생에너지 발전 비중 20%로 확대 –새만금을 대표 신재생에너지 단지로 육성	–2017년까지 신재생에너지 발전 비중 6%로 높이고 관련 일자리 5만 명 창출 –2030년까지 신재생에너지 발전 비중 30%로 확대
전기료 인상 필요성	–요금체계 개편 필요 –에너지빈곤층과 서민을 위한 구체적 배려 포함 –요금개편 구체적 내용 공약발표 시 결정	–에너지 과소비 조장하는 산업용 전기요금 즉각 시정 검토 –일반인 참여 등 전기 가격 결정 기구 개편	–산업용 전기요금 적정성 검토 후 현실화 추진 –중장기 인상계획 밝혀 가격신호 통해 기업들의 예측 가능성 높일 것

출처: 국민일보, "[대선후보 공약 검증] 원전 · 에너지 정책,
http://news.kmib.co.kr/article/view.asp?arcid=0006600938 (검색일 2020.9.5.)

건설 백지화에 공통 입장을 보였다. 유승민 후보(바른정당) 역시 미착공 원전계획은 중단하되, 건설 중인 원전 중에서 신고리 5 · 6호기는 재검토하겠다고 밝혔으며, 문재인, 안철수, 심상정 후보는 월성 1호기 폐쇄를 명시했고 원전 수명 연장 금지 원칙, 유승민 후보는 중수로에 대해서 수명연장을 불허하겠다고 밝혔다.[17]탈핵으로의 정책 방향성 전환에 대해 당시 홍준표 후보(자유한국당)를 제외한 4명 후보는 동의하였다. 탈원전 완료 기간이나 탈원전 이후 상승할 전기요금을 충당할 방식 등 세부안에서 각각의 후보는 약간의 차이를 나타내었다. 구체적으로 원전 폐쇄 기한을 정확히 명시한 후보는 심상정 후보뿐이었으며, 그가 제시한 기한은

17) 환경운동연합, "19대 대선 후보자별 에너지–기후변화 공약 비교", http://kfem.or.kr/?p=177423 (검색일 2018.4.5.)

표 V-14 19대 대선 후보의 에너지 이슈에 관한 입장

문재인	안철수
–신규 원전 재검토, 노후 원전 수명 연장 금지: 월성 원전 안전성 검토 –저탄소에너지 체제로 전환: 석탄발전 제한 및 LNG발전 활용 확대 –현실적인 전기요금 도입 –2030년 재생에너지 사용 비율 20%	–석탄발전 비중 축소 통해 미세먼지와 온실가스 해결 –신재생에너지 확대, 전기요금 현실화 추진 –기재부, 산자부 기후변화 업무를 환경부로 이관 –2030년 재생에너지 사용 비율 20% –원전 및 석탄발전 축소 –석탄발전 건설 유보

홍준표	심상정	유승민
–신규 원전 건설 지양 –신재생에너지 중심의 에너지 정책 수립 –2030년 재생에너지 사용 비율 20% –발전 비중 수정	–2040년까지 원전 모두 폐쇄 –신재생에너지 2040년까지 40%로 확대 –수요관리 강화, 기후정의세 제정 –석탄발전 축소	–미착공 원전 유보, 석탄발전 가동률 하향 –가스발전 확대, 현실적인 에너지 정책 구성 –전력요금 개편, 환경비용 반영 –2030년 재생에너지 사용 비율 20% –원전 및 석탄발전 축소

출처: 유진투자증권 리서치센터, 2017: 8-9.

2040년이었다. 또한 5명 후보 전원이 신규원전 건설에 관해서는 부정적 입장을 견지하였다. 이전 환경운동연합의 질문에 명확히 답변하지 않았던 홍준표 후보가 당시 탈원전 분위기에 압도되어 '신규 원전 건설 지양' 공약을 포함하였다. 재생에너지 사용 비율 부분에서 심상정 후보는 40%의 공약안을 제시하였고, 나머지 4명 후보는 2030년 내 사용 비율 20%를 제시하였다.

〈표 V-15〉 내, 원전 위치 혹은 영향권 내 지역의 지자체장, 국회의원의 원전 관련 공약 및 입장은 2016년 4월 당시 국제환경단체인 그린피스(Greenpeace)가 이들 5명에게 에너지 정책 질의서에 대한 답변 발표 내용을 참조하였다.[18] 조사 당시는 20대 총선운동 기간으로 그린피스는 전

18) 해당 조사는 총 60명의 후보 중 원내정당인 새누리당, 더불어민주당, 국민의당, 정의당 소속 46명의 후보들을 대상으로 실시되었음.

표 V-15 (신)고리 원전 지자체 및 해운대구 국회의원의 원전 찬반 의견

서병수(부산시장)	오규석(기장군수)
–신고리 5 · 6호기 건설 중단 촉구(공론화 이전) –'핵연료세' 신설 대책 –클린에너지 정책관 도입 –신재생에너지 산업의 구조 고도화 통해 2030년 신재생에너지 보급률 8% 달성. 2020년까지 약 2,000가구를 대상으로 50억 원 규모의 공동주택 태양광 대여사업 추진. 2020년까지 공공시설 200개소에 신재생에너지를 보급. 강서구 18.9MW 규모의 바이오 열병합 발전소를 건설. '해운대 수소연료전지발전소' 준공 –'원자력안전위원회'의 부산 이전	–2012년 4월 착수한 '수출용 신형연구로 개발 및 실증사업'[19]의 건설허가 촉구 –원전해체연구센터 기장군 유치 목표 –문재인 정부의 탈원전 정책 지역에 대한 정책적 · 경제적 지원 요구 –기장 해수담수화 공급 반대 –원전 부지 내에 고준위방폐물 저장시설 설치의 신규설치 불가 –원전 내 보관중인 사용후핵연료에 대해 정당한 보상안 요구 등 원전 소재 5개 지역단체장과 공동행동

하태경(해운대구 갑 국회의원)	배덕광(해운대구 을 국회의원)	윤상직(기장군 국회의원)
–'원자력시설 해체산업 진흥법안' 발의 –신규 원전 건설 반대 –친환경에너지 사용에 세재 혜택 –산업용 전기 요금 혜택 축소 –에너지 업무의 환경부 이관	–노후 핵발전소 폐쇄와 폐로산업 육성 –신재생에너지 연구 및 개발단지 조성	–감(減)원전 정책 –2025년부터 탈원전 논의 시작해야 함. –(산업통상자원부 장관 재임 시절) 신고리 5 · 6호기 건설 포함 원전 확대 정책 수립

출처: 임석준 · 김현정, 2018: 44.

체 후보자에게 질의하였으며, 이들 중 31명의 후보들이 답변하였다고 밝히고 있다. 조사대상 후보자 중 90%(28명)가 신고리 5 · 6호기 추가 건설에 반대하였다. 2016년 당시 새누리당과 정부가 적극적으로 원전 확대 정책을 추진하였고, 전기사업계획에서 원전의 비중을 30%까지 확대하고자 하는 에너지 정책을 입안해 있었음을 감안할 때, 여당 후보자들의 '탈원전' 공약은 매우 이례적인 사안이라 할 수 있으며, 이는 부산 시민들에게

19) '수출용 신형연구로 개발 및 실증사업'은 부산시 기장군 장안읍 소재 '동남권 방사선(원자력) 의 · 과학 특화단지' 내에 20메가와트(MWt)급 연구용 원자로 1기와 동위원소 생산시설 등을 건설하는 대형 국책사업임(원자력신문, "오규석 기장군수 "다시 한번" 원안위 1인 시위", http://www.knpnews.com/news/articleView.html?idxno=13989 (검색일 2018.5.1)

원전 이슈가 중요한 사안임을 보여준다.[20]

〈표 V-15〉 내 5명 중 무소속인 오규석 기장군수를 제외한 4인은 당시 여당인 새누리당 소속이지만 원전 지역구 선출직으로서 당 정책과 배치되는 선택을 하였다. 당시 서병수 부산시장(현 부산진 갑 국회의원)과 오규석 기장군수(현재 동일 지역구 3선 군수)는 신고리 5 · 6호기 건설 찬반에 대한 공론화 추진 이전부터 이의 추가 건설을 반대하는 입장을 표명해 왔다. 오 군수는 "지진에 대처하기 위해서는 월성 원전과 고리 원전 주변 양산 일광단층을 중심으로 연구한 활성단층 지도와 지진위험 지도 확보가 필요하다"고 주장하며,[21] 원전 부지 내 고준위 방폐물 저장시설 설치의 신규 설치 불가 의사를 중앙정부에 적극 호소해 왔다. 해운대구 갑 하태경 국회의원(현재 동일 지역구 3선)은 총선 공약에 신규 원전 건설 반대 및 원전 규모의 축소 정책을 포함하였다. 이에 앞서 하 의원은 2015년 '원자력시설 해체산업 진흥법안'을 발의하였으며, 바른미래당으로 당적을 옮긴 이후 더욱 적극적으로 탈원전 정책을 지지해 왔다. 반면 윤상직 기장군 국회의원(현재 법무법인 율촌 고문)은 산업통상자원부 장관을 재임(2013년 3월~2016년 1월)하였으며, 장관 재임 시기 원전 확대 에너지 정책을 주도한 바 있다. 이에 그는 기장군 국회의원으로 선출된 이후에도 원전 정책 및 신고리 5 · 6호기의 건설 계속을 지지하였으며, 탈원전 정책은 우리 사

---

20) 그린피스, "원전 문제, 부산 지역 총선의 주요 현안으로 부상", http://m.greenpeace.org/korea/mid/news/press-release/climate-energy/2016/Busan-survey-result-20160404/ (검색일 2018.5.1.)

21) 에너지경제, "오규석 기장군수 "원전주변 활성단층 정밀조사 해야" 야당 찾아 호소", http://www.ekn.kr/news/article.html?no=244022 (검색일 2018.5.1.)

회에서 2025년 이후 장기적으로 논의되어야 할 이슈라 주장하였다.

앞서 언급한 바와 같이 문재인 대통령은 18대, 19대 대선 공약에서 신규 원전 건설을 포기하는 탈원전 정책 방향성을 제시하였으나, 건설 중인 원전은 진행할 것이라 구분하여 공표하였다. 문재인 정부의 탈원전 정책 및 관련 세부 정책안은 정부 출범 초기 제시한 '국정운영 5개년 계획' 100대 과제 내 주요 정책으로 포함되었다.

구체적으로 문재인 정부가 제시한 '국정운영 5개년 계획' 100대 과제 내 지역공약 중 탈원전 관련 정책은 〈표 V-17〉과 같다.

문재인 대통령은 18대, 19대 대선 공약에서 이미 탈원전 정책 방향성에 관한 뚜렷한 생각을 제시하였다. 2017년 5월문재인 정부 출범 이후 신고리 5 · 6호기 건설 진행 여부는 우리 사회 내 탈원전 정책 찬반 여론이 집약된 형태로 나타났다.

따라서 2017년 5월 출범한 신정부가 해당 기간에 건설 중인 신고리 5 · 6호기에 대해 명확한 판단을 내리기 어려운 상황이었다. 이에 정부는 공론조사 과정을 도입을 통해 신고리 5 · 6호기 건설 여부를 결정하고자 하였으며, 이의 과정이 원전옹호연합과 탈원전옹호연합 간 정책중개자로서 기능할 수 있을지 기대를 모으게 되는 상황이었다.

신고리 5 · 6호기 건설 중단측 및 재개측(이하 중단측, 재개측)은 소통협의회를 구성하여 공론조사 내 일반 시민 참여자에 대한 교육과 설득을 담당하였다. 중단측과 재개측은 공론조사에 대해 다음과 같은 문제 제기를 하였다. 이들 집단 간 갈등은 시민 숙의과정 시기인 9월 중 결과도출 이후 극에 달하게 된다. 중단측은 공론화위원회의 편향적 절차 이행, 시

표 V-16 문재인 정부 국정운영 5개년 계획 내 탈원전 정책

탈원전 정책으로 안전하고 깨끗한 에너지로 전환 (산업부 · 원안위)

■ 과제 목표

- 탈원전 로드맵 수립을 통해 단계적으로 원전제로시대로 이행
- 에너지가격체계의 합리적 개편 및 분산형 전원 보급 확대

■ 주요 내용

- (탈원전 로드맵 수립) 원전 신규 건설계획(추가 6기) 백지화, 노후 원전 수명 연장 금지 등 단계적 원전 감축계획을 전력수급 기본계획 등에 반영
  - 공론화를 통해 사용후핵연료정책을 재검토하고, 고리 1호기 영구 정지를 원전 해체 산업을 육성하는 계기로 활용
- (원자력 안전규제 강화) 원안위 위상 및 독립성 강화*와 안전관리체제를 정비하고 원전의 내진설계기준 상향 조정 검토
  *원안위를 대통령 직속으로 변경하고 위원 구성의 다양성 · 대표성 확보
- (에너지가격체계 개편) 사회적 비용을 반영해 발전용 연료 세율체계를 조정하고, 산업용 전기요금체계 개편*을 통해 전력 다소비형 산업구조 개선
  *산업용 경부하 요금 차등 조정('18년), 단계적 요금 현실화를 위한 '전기요금 체계 개편 로드맵' 마련('19년)
- (분산형 전원 확대) 분산형 전원(신재생, 집단에너지, 자가발전)의 인허가, 연료 구매, 요금 설정 등 전 과정에 대한 체계적인 지원 강화
  - 원전 및 석탄의 지속적 축소를 통해 LNG를 포함한 분산전원의 활용 확대

■ 기대효과

- 안전하고 깨끗한 에너지로의 에너지 패러다임 전환
- 원전 안전규제 체계의 혁신으로 원전사고 걱정 없는 나라 실현

출처: 국정기획자문위원회, 2017: 94.

표 V-17 문재인 정부 국정운영 5개년 계획 내 지역공약 중 원전 관련 정책

지역	발전 비전 및 공약
부산	신규 원전 건설 중단 · 노후 원전 수명 연장 금지로 원전 안전성 확보
울산	원전 안전성 확보
경북	현장 중심 지진 · 원전안전대책 강화

출처: 국정기획자문위원회, 2017: 166.

표 V-18 신고리 5 · 6호기 공론조사 과정 설계

위원회 설치 및 구성	• 구성: 위원장 포함 9인의 공론화위원회 구성 위원장하, 중립적 입장의 전문가 8인[인문사회, 과학기술, 조사통계, 갈등관리 각 2인] 구성 • 법적 근거: 총리훈령하 위원회 구성을 포함한 세부 방식의 공론화 과정 법적 근거를 마련하고 공론화위원회를 구성 • 학술적 근거: 정치학자 피쉬킨 교수가 개발한 '공론조사(Deliberative Polling)'를 공론화의 주요 수단으로 선택
공론조사 방식	• 2만 명이 넘는 국민 대상 무작위 설문조사 시행 ⇨ 이들 가운데 시민(대표)참여단 500명을 추출(최종 471명) 이들에게 다양한 정보와 학습 기회, 질의응답과 논의 기회를 제공 ⇨ 마지막 2박 3일간 합숙을 마친 후에 4차 설문조사를 실시함 • 조사 결과, 건설 재개(59.5%)가 건설 중단(40.5%)을 압도하게 되고, 공론화위원회는 그 결과를 정부에 보고함. 대통령은 담화를 통해 신고리 5 · 6호기 건설 재개와 원전축소 천명하면서 3개월 공론화는 일단락됨

출처: 다음 문헌 내용을 토대로 연구팀 작성: 신고리5 · 6호기공론화위원회.
http://www.sgr56.go.kr/npp/index.do (검색일 2017.12.21.)

민행동 활동 방해를 지적하며, 공론조사가 탈원전 정책 과정에서 신고리 5 · 6호기 건설을 재개하기 위한 목적으로 도입되었다고 주장하였다. 재개측은 정부가 공론조사 진행 시기에도 지속적으로 탈원전 정책에 관한 국민 홍보를 진행하여 국민의 알 권리를 방해하였다고 주장하였다.

양측 간 갈등이 유지되는 가운데 각 정치권은 공론조사 결과에 대해 다음의 〈표 V-19〉와 같이 대응하였다.

공론조사 발표 직후, 주요 5개 정당 중 정의당을 제외한 4개 정당이 신고리 5 · 6호기의 건설 재개에 대해 찬성 의사를 밝혔다. 2017년 대선 투표 전후로부터 초미의 갈등 대상이었던 신고리 5 · 6호기 공사 재개 여부에 관한 일단의 갈등을 해소하게 된 것이다. 그러나 원자력발전 축소에 관한 공론화위원회의 권고안에는 각 정당의 반응이 다시 나뉘게 된다. 더불어민주당과, 바른정당, 정의당은 이에 찬성하였으나, 자유한국당은 정부여당이 에너지 정책 근간을 뒤흔들고 있다고 지적하였다.

표 V-19 신고리 5 · 6호기 공론조사 결과에 관한 각 정당 입장

공론조사 결과	더불어민주당	바른정당
신고리 5 · 6호기 건설 재개	찬성	찬성
원자력 발전의 축소	찬성	찬성
사회 갈등 조정에 관한 의견	공론위가 권고한 지속적 원전 축소 방향에 대해서도 에너지 정책 전환에 앞장설 것을 약속. 당정청 회의를 통해 후속 대책을 더욱 면밀히 검토할 것	이번 권고안을 반영해 국민 모두가 동의할 수 있는 장기적 에너지정책 방안을 제시해야 함. 우리 사회 구성원 누구도 더 이상 갈등을 유발하는 행동을 자제해야 함
자유한국당	**국민의당**	**정의당**
찬성	찬성	반대
반대	부분 찬성	찬성
신고리원전 5 · 6호기 중단으로 빚어진 사회적 갈등 비용, 경제적 손실 정부의 책임	공론조사 3개월은 손실. 신고리 5 · 6호기는 법적 근거 없는 공론화위원회 뒤에 숨은 형국	공론화할 정부정책과 후속대책은 듣지 못하고, 팽팽하게 맞서는 찬반단체 논리와 토론에만 맡겨 공론화를 서둘러 마무리한 것은 매우 아쉬운 일

출처: 임석준 · 김현정, 2018: 50; 미디어스, "한국당 · 국민의당의 원전연대? 공론화위 정치 공세", http://www.mediaus.co.kr/news/articleView.html?idxno=105480 (검색일 2018.5.1.)

공론조사의 과정이 정책중개와 갈등조정은 가능케 하였으나, 공론조사에 관한 각 정당의 시각은 제각각이었다. 여당과 바른정당이 위원회 권고안을 존중하고 사회갈등이 억제되었다고 평한 데 반해, 자유한국당은 공론조사로 인해 사회적 갈등과 경제적 손실이 발생하였다고 평하였다. 국민의당은 위원회의 법적 근거에 대해 지적하였으며, 정의당은 반대의 의미에서 공론화를 통해 신고리 5 · 6호기 공사가 재개된 데 대한 아쉬움을 논평하게 된다.

연구자 질문: 신고리 5 · 6호기의 운명을 결정한 숙의민주주의제도, 이른바 공론화 과정에 대해서 위원장님은 어떻게 판단하고 계신가요.

▸ 한마디로 책임 전가, 정당성 부여를 위한 책임 전가라고 평가하고 있습니다. 정부의 입장에서도 원자력 이슈화가 너무 되고 있거든요.

2026, 27년이 되면 전기 문제가 노골적으로 드러나게 되어 있어요. 그때의 대선이 되면 엄청난 문제가 될 거예요.

올해 또 다시 멕스터 공론화[22)]문제가 불거졌습니다. 멕스터가 사용후핵연료 임시적으로 보관하는 용기인데요. 이걸 멕스터 공론화에 붙여서 증설 문제를 해결했거든요. 여기는 세 가지 법이 얽혀 있어요. 원자력진흥법, 원자력안전법, 방사성폐기물법 이 법들에 근거하면 이것은 공론화의 대상이 아닙니다.

부안 사태, 굴업도 사태와 같은 방사성폐기물 저장소, 경주에 지을 중간저장 처분장을 만들면서 이게 갈등이 되었을 때 관련법이 완성됐어요. 이렇게 입법화된 법이 있는데도 사용후핵연료 보관과 관련한 사항을 또 다시 공론화에 떠넘긴 상태거든요.

5) 강 위원장 주장 요지: 원전의 안정성

일반적으로 알려진 것과는 달리 원전은 기후변화, 오존층 산성비, 대기오염, 고압전선파손, X선 노출 등의 문제로부터 안전하다는 전문가들의 의견이 이미 상당히 존재합니다. 본인은 직접 후쿠시마 지역을 방문 측정한 결과 언론에 보도된 것과는 달리 위험성이 낮은 것으로 판단하였습니다. 한국은 영화 〈판도라〉(2016) 등의 영향으로 원전의 위험성이 드라마틱하

---

22) 7월 24일 사용후핵연료 관리정책 재검토위원회와 월성원전 지역실행기구는 맥스터 증설 여부에 대해 의견수렴 결과 증설 확정을 발표하였다(머니투데이방송, "셧다운 위기 넘긴 월성원전… 멕스터 증설 확정, 이달 중 착공"). https://news.mtn.co.kr/newscenter/news_viewer.mtn?gidx=2020082013375147858

게 과장되어 있다고 봐요. 실제 진도 7.0지진 발생 시 원전은 파워가 자동으로 꺼지게 되어 있는 안전 정지지진 시스템이 내구화되어 있습니다.

한국은 원전 폐쇄 여부 문제가 이미 상당히 정치화되어 있습니다. 현 정부의 탈원전 정책이 만들어질 때 정책 결정 과정에서 탈원전을 주장하는 인사와 시민단체의 영향이 상당히 컸다고 봅니다. 또한 「원자력진흥법」은 현재 탈원전에 대한 국민들의 찬반 여부에 관계없이 그대로 존재하고 있습니다. 현재 원자력진흥법 등 8개 법안에 반대되는 결과의 공론화 부분은 어떻게 할까요. 행정권력이 개입될 것이 아니라 법의 지배가 되어야 합니다.

월성 1호기 폐쇄 결정 과정에는 민주적 절차가 결여된 면이 있는데, 탈원전의 결정과정은 친정부 인사의 영향력이 작용했다고 봅니다. 본인의 견으로는 결정과정에서 정부 주도의 위원회가 구성되었고 원전 전문가 쪽은 배제된 면이 있어요. 탈원전 결정과정은 원자력에너지에 대한 공론화 과정으로서 정치적 흥정의 대상이 아닙니다. 탈원전 갈등의 성격은 타협의 대상이 되기에는 너무나 필요한 에너지라고 생각합니다.

원자력산업은 에너지산업으로 이전 이명박 · 박근혜 정부에서는 에너지의 30~40%를 원자력으로 하겠다는 계획이 있었습니다. 원자력은 태양광보다 훨씬 비용이 덜 듭니다. 독일은 원전 폐쇄 결정 이후 가구당 전기 가격이 3배 가까이 올랐습니다. 에너지 전환포럼에서 GS, SK 등의 대기업이 신재생에너지 등을 사업으로 추진하면서 그들의 의향을 정부 정책에 포함시키기 위해 많은 홍보를 했다고 봅니다.

VI. 조정, 참여적 의사결정, 사전예방적 갈등관리의 적용

Ⅵ. 조정, 참여적 의사결정, 사전예방적 갈등관리의 적용

1. 국내 사례에 대한 조정 적용

본 연구에서 사례를 통해 본 사회적 갈등관리의 주요 기제는 대체적 분쟁해결(Alternative Dispute Resolution, ADR)로서의 조정(Mediation), 참여적 갈등관리방안 및 분쟁의 사전예방(preventive)적 접근의 적용으로 분류된다.

대체적 분쟁해결(Alternative Dispute Resolution)에 대한 연구는 소송에 의하지 않는 대체적(Alternative) 분쟁해결 제도인 협상(Negotiation), 조정(Mediation), 중재(Arbitration)로 미국을 비롯한 서구를 중심으로 발전해 왔다. ADR은 소송이 아닌 비소송적 분쟁해결수단이라는 측면과 당사자 중심의 자율성, 갈등당사자와 중립적인 제3자와의 협상 및 조정과정을 중요하게 생각한다. 특히 공공갈등은 갈등당사자나 이해당사자가 다수인 경우가 많은바, 조정은 소송 등의 해결 방안과는 달리 갈등의 이해당사자 일방의 승패를 가리지 않고 갈등당사자 모두의 상생을 위한 방안을 추구한다. 즉, 조정으로 인해 각각의 이해당사자가 갈등 이전보다 나아지고, 이해당사자 그 누구도 일방적으로 손해를 보지 않으며, 최대한의 공존 공생의 결과가 나온다면 그 조정은 성공한 것으로 보아야 한다. 따라서 구속력 있는 중재와는 달리 조정자는 갈등의 이해당사자들에게 대화와 협상을 강요하거나 합의안을 토대로 갈등을 종결시킬 수 있는 권한이 없다. 이를 보완하기 위해 특히 한국의 공공갈등의 경우, 합의안에 이른 후 감정적인 측면의 증대로 결렬될 확률 등을 감안한다면 조정의 절차에 추가하여 합의안에 구속력을 부과하는 조정-중재 (Mediation-Arbitration)의 활용도 감안할 필요가 있다. 또한 갈등의 이해당사자들이 제3자 전문 조정인의 도움을 받기보다 외부의 도움 제안을 수용하는 경우도 있는데, 이 또한 ADR의 전통적이고 협의의 조정에서 확장된 광의의 조정으로 볼 수 있다(장현주, 2018).

즉, 조정에서 중립적인 제3자는 갈등의 이해당사자들이 자발적, 자율적으로 합의에 이를 수 있도록 상호작용을 촉진하여 갈등의 실체적 이슈를 넘어 갈등당사자 간의 신뢰를 구축하는 것이다. 제3자 조정인(Mediator)은 일단 이해당사자와 해결해야 할 갈등이 결정되면 갈등해결의 합의안 결정자(Decision Maker)가 아니라 갈등해결의 합의안을 도출할 수 있는 촉진자(Facilitator)로서 역할을 담당하여 당사자들의 협상을 도모하거나 화해를 촉진하고 다수 이해당사자가 공감할 수 있는 공동의 해결안을 도출할 수 있도록 장려하고 인도하는 역할을 하여야 한다.

선행연구들에 의하면 대체로 경제적 이해가 연관된 이해갈등이 공공의 기본적 가치관 차이 등으로 빚어진 가치갈등에 비해 조정에 의한 합의도출의 가능성이 높다는 사실을 확인할 수 있다. 대부분의 공공갈등이 복합갈등의 성격을 갖는다는 점에서 이익의 충돌 쟁점을 중심으로 단계적으로 조정을 적용하고 이후 중재에서처럼 합의안의 법적 구속력을 보장하는 것도 한국형 조정기제로 고려해 볼 필요가 있다. 중립적인 제3자 조정인의 역할은 갈등당사자들이 자발적 합의에 이를 수 있도록 상호 소통을 촉진하는 것과 당사자들에게 충분한 의견 개진이다. 이를 보완하기 위해, 제3의 조정자가 개입하여 갈등당사자 간 감정 대립을 완화하여 대화와 협상을 재개하는 데 도움을 주고 합의안의 구속력을 보장하는 조정-중재도 활용할 수 있다.

장현주(2018)에 의하면, 한국은 정부가 갈등당사자일 경우 권력의 불균형으로 인해 일방적인 정책 집행을 할 가능성이 높아지고, 민간당사자 또는 주민들은 집단행동 등을 할 가능성이 높아지면서 당사자 간 불신은 더욱 심화된다. 한국의 공공갈등은 갈등 유형에 따라 이익갈등이 가치갈등에 비해 조정과 합의 도출의 가능성이 높기 때문에 이익갈등에 조정을 적용하거나 복합갈등에서 경제적 이익의 충돌에서 비롯된 갈등쟁점을 중심으로 조정을 단계적으로 적용할 수 있다. 이를 위해 중앙정부와 지방자치단체 간 정책갈등 또는 공공갈등 중 이익갈등부터 조정을 자발적으로 요청할 수 있도록 하고 적용 영역을 점진적으로 확대할 필요가 있다. 또한 조정의 한계인 합의안의 미비한 법적 구속력을 보완할 수 있는 방법, 예를 들어 조정 이후 당사자의 합의로 중재(Arbitration) 단계로 넘어가 구속력 있는 합의안을 도출하는 방법도 생각해 볼 수 있다.

조정의 합의 형성에 영향을 미치는 조정인과 관련된 요인은 대체로 조정자의 조정 능력 요인으로 조정자의 중립성, 전문성, 위상, 조정의 기본 원칙(ground rule) 준수 등이 해당한다. 가장 중요한 요인은 중립성인데, 이는 조정자가 높은 중립성을 유지하면 조정과정과 결과에 대한 조정 대표들의 신뢰성도 높아질 수 있기 때문이다. 여기서 유의할 점은 한국적 공공갈등의 특징상 조정인의 완전한 중립성 유지는 현실과 동떨어진 것일 수 있다. 갈등당사자 간에 중대한 힘의 불균형이 있거나, 여론 등으로 한쪽에 심각한 권리 훼손 등이 있는 경우는 더욱 그러하다. 조정인은 한국 공공갈등의 특성상 어느 정도 맥락을 파악하여 융통성 있는 대응을 하면서도 조정인의 중립성 유지라는 기본 원칙을 벗어나지는 않는 균형 있는 태도가 필요하다. 또한 조정인의 전문성은 조정인이 조정의 기본원칙 및 대화와 협상 절차의 적절한 설계 역량 및 준수, 의사소통 기술, 갈등 사안 및 쟁점에 대한 이해도, 문제해결 역량을 갖춰야 한다는 것을 의미한다. 특히 조정인이 기본 원칙을 준수하지 않을 경우 갈등당사자들의 불신을 초래하여 이들이 나머지 조정과정을 따르지 않을 가능성이 높다. 이때, 조정인의 가장 중요한 역할은 갈등당사자들이 자율적으로 합의를 도출할 수 있도록 소통을 촉진하는 것이지만, 해당 갈등 분야에 대한 일정 수준의 전문지식을 갖춰 갈등사안과 쟁점에 대해 이해를 하고 있다면 합의 도출의 가능성이 높아지고 조정의 효과는 더욱 커질 수 있다.

본 연구에서 인터뷰한 네 가지 사례에서 제도화된 조정(Mediation)이 적극적으로, 제도적으로 활용된 사례는 제대로 보이지 않았다. 이는 ADR로서의 조정이 서구에서 비롯되어 한국에서는 초기 갈등조정관 제도 수준에 그쳐 신뢰받는 제도로 정착되지 않았기 때문일 수 있다. 그러나 한편으로 연구팀이 인터뷰에서 조정 개입의 유용성을 설명한바, 본 사례들의 민간과 정부 분야의 이해당사자들은 공통적으로 각각의 갈등에서 조정 전문가의 개입에 대해 긍정적인 반응을 보였다.

인터뷰 사례를 분석할 조정의 요소로는 정정화(2012), 임유진(2015),

표 VI-1 조정개입 시 성공적 합의안 도출의 주요 요인

요인	세부 요인	평가 기준
이해당사자 요인	이해당사자의 조정 인식 및 자율성	당사자들의 조정에 대한 인식, 조정을 통한 갈등 해결 의지, 조정에 대한 자발적인 요청 및 참여
	이해당사자의 문제해결의지	당사자의 조정 또는 중립적 제3자가 개입하여 합의안을 유도하는 데 긍정적
조정자 또는 중립적 제3자 요인	조정자의 중립성과 공정성	객관적이고 중립적인 조정자의 선정, 조정과정에서 독립성 유지
	조정자의 전문성	조정절차, 협상설계, 의사소통기술, 관련 사안에 대한 전문지식 보유
외부적 환경적 요인	갈등의 성격	이해갈등/가치갈등, 급진적/만성적
	외부의 압력	이해관련된 제3자의 개입, 언론, 정치인, 시민단체 등 조정 이외의 대안이 있는가

출처 : 정정화(2012); 임유진(2015); 장현주(2018) 연구 재구성.

장현주(2018) 등 최근 한국의 공공갈등에서 제도적인 조정 적용을 모색한 연구들을 참조하였다. 본 연구에서는 조정을 각 사례에 적용할 때 ① 갈등의 이해당사자 요인(갈등의 당사자가 조정의 존재와 필요성을 인식하고 있는가, 조정에의 적극적인 의지는 있는가, 조정에 대한 자발적인 요청과 참여가 있는가 등), ② 조정자 또는 중립적 제3자 요인(조정자 또는 중립적 제3자가 중립적이고 공정한가, 전문성을 지니고 있는가, 조정과정을 잘 이해 및 설계하고 독립적인가), ③ 외부적, 환경적 요인(이해갈등인가 가치갈등인가, 급진적인가 만성적인가, 편파적이고 영향력 있는 제3자 이해당사자(언론, 정치인 등)가 있는가, 조정 외 대안이 있고 실행가능한가)으로 구분한다.

1) 낙동강 수계 협상 사례와 조정 개입의 가능성과 전망

환경갈등으로서의 물 관련 갈등은 물이라는 희소한 자원의 이용을 둘러싸고 발생하는 갈등으로 수자원 이용이 수자원과 관련된 환경적 피해를 동반하는 동시에 이를 둘러싸고 나타나는 갈등 주체 상호 간의 대립적인 상호 작용이 존재하고 이것이 외부로 표출되어 해결되지 못한 상태이다(유영성, 2009: 11-12).

(1) 갈등 개입 방안 제시

중앙과 지역 양측의 위원회 구성과 운영의 효율화를 위해 이해당사자의 참여를 위한 권한, 책임의 문제를 분명히 해야 한다. 물관리위원회가 생기기 전까지는 지자체 간 갈등이 심화되어 이해당사자가 NGO, 관련 전문가까지로 확장되고 복잡화되었다. 이는 중앙부처의 갈등 조정 기능이 제대로 역할을 하지 못한 사례이다. 이에 국가물관리위원회가 2018년도에 제정된 「물관리기본법」에 따라 출범해 국가물관리기본계획과 물 관련 중요 정책 · 현안을 심의 · 의결하고 물분쟁을 조정하는 등의 역할을 수행하고 있다. 이해관계자인 부산 · 경남의 현안을 다룬 당사자의 참여가 필요하다. 또한 2019년 6월부터 시행된 물관리기본법에 따라 민 · 관 · 전문가 등이 참여한 낙동강통합물관리위원회와 낙동강정책협의회가 출범했다. 낙동강을 비롯한 물 관리는 그동안 수질(환경부)과 수량(국토부)으로 나뉘어져 있었으나 앞으로는 환경부로 일원화된다. 물관리기본법 시행에 따라 유역물관리시대를 앞두고 사회적 수용성이 높은 유역 물관리를 위해 '낙동강통합물관리위원회'(이하 위원회)를 가동하게 된 것이다.

국가물관리위원회와 지역위원회 사무국 내에 지원 조직이 설치되기는 하였으나 조직적, 기능적 독립성 보장을 위한 장치는 아직 미흡하므로 독자적인 기능을 수행할 수 있도록 법률의 개정이 필요하다. 또한 물관리기본법에 국가 및 유역 물관리위원회 안건이 분류되어 있으나 유역 문제를 어디까지 볼 것인지에 따라 국가위원회에 상정할 수 있으므로 유역위원회와 국가위원회의 관계를 정립하고 지방 권한위임 범위와 국가물관리위원회의 권한 범위에 대한 구체적 방안이 필요하다.

2) 부산의료원 민영화 사례: 가치갈등 해결에 가능성 부여

갈등은 기본적으로 분배적인 갈등(distributive conflict)과 근본적인 갈등(fundamental conflict), 가치갈등(value conflict)으로 구분할 수 있다. 공공병원의 민영화 사례에서는 저소득층의 기본적인 의료권리와 경제적 이슈가 부딪침으로써 근본적인 갈등, 즉 기본적인 가치 문제와 연결되는 갈등이 두드러졌다. 가치갈등의 경우에도 커뮤니케이션을 통해 해결하거나, 최선은 아니더라도 차선책은 찾을 수 있다고 보는 것이 오늘날 공공갈등 연구자들의 의견이다(김영욱, 2015: 237-271). 기본적인 가치가 충돌하는 사안들도 사안을 어떻게 규정하는가에 따라 문제의 실마리를 발견할 수 있다. 정치적인 프레임이 씌워질 수 있는 사례에도 복지 우선과 경제 발전의 시각으로 사안을 중립적으로 보는 것이 해결의 첫 번 째 단계이다. 결국 갈등 해결은 문제를 커뮤니케이션으로 풀려는 의지의 유무와 어떻게 사안을 보느냐에 달려 있는 것이다. 시민단체, 노조, 의사협의회, 병원경영전문가들이 만든 시민중재단의 공정한 사안의 분석은 일종의 중립적 제3자의 역할도 같이 수행했다고 볼 수 있다. 풀기 힘든 가치 갈등으로 진전되기 전에 사안을 중립적으로, 감정과 사안을 분리하여 조정자의 시각으로 본 것은 사건 해결의 결정적 계기가 되었다고 보인다.

3) 영남권 신공항 유치 갈등 개입 방안 제시

신공항 입지 선정 갈등은 30년 가까이 시도 및 중앙정부, 다양한 시민단체가 개입된 공공갈등의 대표 사례가 되었다. 해당 문제는 기존의 공공갈등이 나타낸 전형적인 문제점들을 고스란히 안고 있다. 첫째, 갈등 협상을 위한 제도가 미비한 점, 둘째, 갈등 이슈가 불명확한 채 확산되어 갈등의 영향, 크기, 분포 파악이 어려운 점, 셋째, 당사자 간 관례정립이 비체계적이며 협상전략이 예측 불가능한 점, 넷째, 협상기간과 비용이 비례적이지 않으며, 협상당사자 간 비용과 이익이 비대칭적임, 다섯째, 협상참여자는 일방적인 경우가 많으며 다자간협상은 더욱 복잡 · 예측 불가능한 점, 여섯째, 요구조건이 불합리하다는 점을 들 수 있다(은재호 · 채종헌 · 임동진, 2011: 273). 신공항 입지 선정 과정에서도 시도 간 협의체가 구성되었으나 갈등 협상을 위한 제도화된 구성이라기보다 회의를 통해 입장을 전달하고자 하는 과정에 불과하였다.

> 신공항 입지 선정과정에서 가장 아쉬웠던 점은 중앙정부의 역할이 상당히 제한적이었다는 점입니다. 공항 관련 사업은 국토교통부가 전적인 결정권을 가지고 있습니다. 지자체 간 합의를 유도하거나, 기술적인 연구용역 결과를 적용하면 될텐데… 2016년도에 5개 시도와 국

토부 간 회의 진행 시에도 중앙정부 입장에서 적극적인 갈등해결에 임하기보다 시도가 합의해 올 것을 종용하며 방관하는 자세로 일관해 왔습니다. 현재도 마찬가지입니다. 지금도 조정 · 중재하기보다 시도 간 합의에 의존하고 있습니다.

(OOO 부산광역시 신공항추진본부 과장 인터뷰 내용 중)

또한 지역 간, 시도 간 공공갈등 사례의 경우 이미 시도 내 시민에 대한 공론과정을 거쳐 내부의 의견은 일치된 상황에서 중앙정부, 관련 지자체, 각 지자체 시민이 참여하는 이해관계자 복합참여의 공론화 과정은 또 다른 갈등 전개를 초래할 것이라 하였다. 이에 가장 적합한 지역 간 공공갈등 사례 해결 방안은 정치 이슈화 방지와 충분한 활약을 기대할 수 있는 정부주도형 추진위원회의의 제도화 방안이라 하겠다.

공항 건설 문제와 같이 기술 · 경제적 측면에서 해결해야 할 문제에 대해 정치 이슈화가 가장 피해야 할 점이라 판단됩니다. 대권 시기마다 정책 공약에 신공항 문제가 포함되다 보니 정치적 편향에 의해 좌우되며 문제는 장기화되었습니다.

또한 2011년, 2016년 두 차례 결정 당시 정부 차원 전문가 의견 수렴 과정을 거쳤지만, 정부 차원 평가위원회 구성 시, 평가위원이 오랜 기간 해당 문제에 집중한 전문가가 아니라 2박 3일 정도 자료 검토만으로 진행, 지역의 의사를 개진할 기회가 없어 결정이 비합리적이라 판단할 수밖에 없었습니다.

(OOO 부산광역시 신공항추진본부 과장 인터뷰 내용 중)

공항정책 자체가 인천공항에 집중되고 있으므로 지역 여건이나 배경을 고려하지 않은 상태에서 공공갈등은 결정권자의 방치하 지자체 당사자 간 권한이 없는 영역에 대한 협상이 진행되고 있는 셈이다. 이러한 점을 개선하기 위해서는 지방 공항에 대한 분산정책과 더불어 공항 운영에 지자체가 일부 지분이라도 참여할 수 있도록 시비를 투입할 수 있는 제도적 마련이 필요하다는 지적이다. 즉 공공갈등의 핵심은 중앙정부와 지방정부 간 제도적 · 구조적 문제점에서 기인하며, 이러한 탓에 갈등이 발생하면 각 지자체는 정치력 영향력에 기대어 이를 해결하려다가 문제가 이슈화되어 증폭 · 장기화되는 과정을 거치게 된다는 것이다.

4) 탈원전 정책

공론조사는 일반 시민의 숙의과정을 통해 대부분의 국민과 이해당사자가 조정 결과를 수용할 수 있는 성숙한 민주적 자세를 갖도록 하는 데 목적이 있다. '신고리 5 · 6호기 공론화위원회'는 숙의과정 당시 신고리 5 · 6호기 건설 공사 재개 여부와 탈원전 정책 찬반, 이 두 가지 의견을 동시에 접근하는 상황에서 정교한 과정이 세팅되지 못한 점을 아쉬운 사항이라고 꼽았다. 하지만 실질적 이해관계자와 야당은 공론화 과정에 대한 지적이 아니라 공론화를 통한 정책 결정에 관해 반대하고 있다. 이들은 입법 사안에 위배된다는 점을 지적한다. 하지만 피면접인은 향후 법이 마련하여 공론의 장을 여는 데에 대한 질문에는 적극 찬성을 하며 자신이 생각하는 대안 또한 제시하였다. 이번 권고안을 토대로 에너지 정책 방향을 장기적으로 설정할 수 있도록 지속적인 정책 중개와 갈등조정이 필요할 것이다.

연구자 질문: 위원장님께서는 입법화된 법이 있기 때문에 해당 법을 따라서 결정하면 된다고 강조하셨지만, 법이 만들어질 시점에 인지하지 못했던 상황이 진전될 수도 있고 여러 사안이 검토될 수 있을 텐데요. 위원장님께서는 법에 일단 문제가 없던 것이라 판단하신 거고, 이후에 원자력 문제가 없다고 보시는 거죠.

공론화위원회를 지금의 방식이 아니라 탈원전 및 원전 전문가가 참여해서 동등하게 참여해서 진행한다면 찬성하실 의향이 계신가요.

▸ 현재 각종 탈원전 관련 위원회의 위원 초이스를 행정관료들이 다 하는 거니까요. 풀을 구성하는 데 대한 문제가 있다고 봅니다. 전문심의위원회 자체를 일방적으로 구성하니까 공론화 과정 자체가 성립이 안 되는 거죠.

이제 시간이 지나고 일반 시민들의 입에서 전기요금 문제, 환경 문제 등이 일상적으로 문제를 뱉어낼 때 진정한 공론화가 진행될 수 있는 기회가 오지 않을까 생각하고 있습니다.

연구자 질문: 참여형 의사결정 과정이 얼마나 효율적인가. 멤버 구성에서의 문제점 지적해 주셨는데 매우 중요한 포인트라고 판단됩니다. 만약에 중립적인 제3자, 조정인이 갈등이 있을 때 어느 한 측이 너무 큰 힘을 가지고 있을 때 이를 조정해 준다면, 그러니까 분쟁시스템디자인 방법 등으로 원전 문제를 디자인, 즉 모든 부분을 투명하게 디자인한다면 받아들이실 의향이 계신가요.

▸ 초기 조건이 너무나 당사자 간의 화해할 수 없는 상황입니다. 이게

100:0의 상황이라고 봐야 합니다. 전기사업법 등의 존재 목적은 이 산업 분야의 경쟁을 촉진하여 국민 삶의 질 향상시키는 목적을 수행하는 것입니다. 특정 행정권력이 영향을 주어 이러한 법을 무시하는 형태가 되면 안 된다고 봅니다. 즉, 법은 많은 과정을 거쳐서 입법된 것인데, 현재 행정권력이 이를 준수하지 않고 있는 것이라고 봅니다.

연구자 질문: 충족될 수 있는 제3안, 대안이 없을까요. 이를테면 100년 이상, 인간생존연령 이상의 탈원전 기간을 고려하여 아주 천천히 퇴출시키는 방안을 설계할 수 있지 않을까요.

▸ 이게 탈원전 문제는 현재 양측이 뭔가를 나눠 가질 수 있는 구조가 아닙니다. 100:0 아니면 0:100 상황인 거죠. 그렇지만 원자력 전문가인 저의 입장에서 신재생은 유치원생 십여 년, 이십 여 년을 키워야 사회에서 역할을 할 수 있는 상태이고, 원자력은 한참 일하는 청년이라는 거죠. 지금 현재 가장 활동적으로 잘 쓰일 수 있는 에너지원을 충분히 논의도 없이 퇴출한다는 게 납득이 안 되는 겁니다.

연구자 질문: 현재 한수원 산하 원자력발전소 소속 직원들도 많을 거구요. 특히 영구 정지가 결정된 발전소의 소속 직원은 어떻게 되나? 탈원전되면 직원들의 처우는 어찌 되나요?

▸ 현재 12,000여 명의 원전 종사자가 있는데요. 탈원전 정책으로 추가 인원을 제대로 뽑지 않으면 2030년이 되면 8,800명 정도로 줄어듭니다.

원자력은 그동안 정부의 비호를 받으며 성장했고, 원전 비리까지 터져 나왔던 게 사실이거든요. 하여 원자력 부분 이해관계자들은 전투력이 없어요.

연구자 질문: 원자력발전소 직원의 고용안정성, 직업의 안정성도 중요

한데 이런 부분에 대해 이슈화하실 의향이나, 회사 내에서 그런 분위기는 없으신가요? 최근에는 에너지 전환 시 공정 전환에 관한 사회적 여론 수렴을 중요하게 생각하고들 계신데요.

▸ 제 개인적인 의견이지만, 이런 부분을 언급한다는 것은 오히려 저항을 받을 수 있다고 생각합니다. 같은 연차 비교 연봉도 높은 편이고, 이런 노사 관계 이외에도 여러 관점이 있으니까, 다른 부분의 이슈를 다루는 게 낫다고 생각합니다.

물론 탈원전 과정에서 여러 공론화가 계속 일어나야 한다고 생각하고 있습니다. 많은 부분이 조명되어야 하구요. 행정권력에 의해 양측이 같은 주장을 동등한 입장에서 하는 게 아니라, 기울어진 부분이 있는데 공론화가 많이 일어나야 여러 부분이 드러날 것이지요.

연구자 질문: 한전 운영 등에서 소액주주 등 적자구조 기업 운영에 대한 소송이나 항의 등이 진행된 바는 없으신가요?

▸ 지금 한전 사장, 산업부 장관이 다 이런 문제로 법적분쟁 대상이 되어있는 상황입니다.

현재 감사원장님도 원전 문제에 걸려 계시죠. 지금 제가 국회와 함께 작년 10월 감사원에 감사 청구를 진행했습니다. 월성 1호기 경제성 평가[1] 관련이구요. 감사 결과가 지난 2월 29일에 발표되었어야 하는 상황인데 현재까지 공표가 안 되고 있는 상황이에요.

---

1) 2020년 10월 현재 월성 1호기 조기 폐쇄 관련 감사원 감사는 지난해 9월 국회가 감사를 요구한 지 1년 1개월째이자 지난 2월로 종료된 시한을 넘긴 지 8개월째이며, 감사원은 21대 총선 전인 지난 4월 9일에도 감사위원회에서 결과를 확정하려 했지만, 같은 달 10일과 13일에 추가로 회의를 연 끝에 보완 감사를 하기로 하고 지금까지 조사를 이어온 바 있다(에너지경제, "감사원, 15일 에너지 국감 전엔 '월성 1호기 감사' 결론 낼까", http://www.ekn.kr/news/article.html?no=527645 (검색일: 2020.10.11.)

탈원전 정책에 있어서, 사법권력이 행정권력의 영향을 받는 상황이라고밖에 저는 달리 판단할 방법이 없구요. 아마도 정치적 개입과 압박이 들어가고 있는 상황일 거다 미루어 생각하고 있습니다.

월성 1호기 감사 결과를 발표 못하고 있는 것 자체가 탈원전의 위법성이 드러나기 때문에 감사 결과가 공표되지 않는다고 판단하는 게 합리적이죠.

인터뷰에서 언급된 월성 1호기 감사 결과에 대한 감사원의 발표는 2020년 10월 20일에 실시되었다. 국회가 2019년 9월 30일 감사를 요구한 지 무려 386일 만에 감사 결과가 전격 발표된 것이다. 감사 내용은 월성 1호기 조기 폐쇄 결정 타당성에 관한 내용으로 주요 내용은 이용률, 판매단가, 비용에 관한 〈표 VI-2〉와 같은 평가다.

표 VI-2 월성 1호기 조기 폐쇄 결정의 타당성

경제성 평가	
이용률	ㅇㅇ회계법인, 산업부 및 한수원과 회의 후 이용률 시나리오 낙관 80% / 중립 60% / 비관 40% → 불합리하다고 단정하기 어려움
판매단가	2017년 기준 한수원 전망단가(55.08원/kWh)는 실제 판매단가(60.76원/kWh)보다 9.3% 낮음 → 판매단가를 보정하지 않고 사용해 계속가동 시 전기판매수익이 낮게 추정됨
비용	즉시 가동중단 인건비와 수선비 등 비용의 감소 규모 → 관련 지침이나 고리 1호기 사례 등 고려할 때 감소 비용 추정이 과다한 측면 있음
조기 폐쇄 결정 과정	
산업부 관련	– 산업부, 외부기관의 경제성 평가 결과가 나오기 전에 월성 1호기 조기 폐쇄 시기 결정 – 한수원 이사회가 즉시 가동중단 결정을 하는데 유리한 내용을 평가결과가 나오도록 평가과정에 관여
자료삭제	– 2019년 11월 감사원 감사 대비 월성 1호기 관련 자료를 삭제 또는 삭제하도록 지시

출처: 연합뉴스, "감사원 월성1호기 감사 결과 보고서 공개", https://www.yna.co.kr/view/GYH20201020001500044 (검색일: 2020.10.20.)

하지만 앞선 '신고리 5 · 6호기 공론화위원회' 활동 당시와 유사하게 이번 월성 1호기의 경우도 감사 결과가 나왔지만, 갈등은 증폭되는 양상이다. 탈핵시민행동은 감사원이 '경제성'만을 평가하고 타당성 전반에 대해서는 판단을 유보한 것과 관련해 "애초에 한계를 갖는 감사"라며 "월성 1호기는 제대로 안전성 평가 · 심사를 했다면 수명 연장이 불가능했을 것"이라고 발표 결과에 대해 저항하였다. 바른사회시민회의는 "감사 결과는 조기 폐쇄 의사결정 과정에서 한국수력원자력 이사들이 고의 또는 중대한 과실로 경제성 평가를 잘못해 국가적인 손실을 초래했다는 의미"라며 "후속 조치가 신속히 진행돼야 한다"고 했다.[2] 장기적 정치 이슈화된 사례들이 전문가 조사, 감사, 안전성 · 경제성 평가를 받은 이후 양측이 더욱 격한 갈등에 치닫게 되는 것이다.

연구자 질문: 위원장님은 공론화에 동의하시면서, 과정에서의 공정성이 담보되어야 한다고 생각하시는 상황으로 이해했는데 맞으시죠? 국민 모두가 참여할 수 있는 방안을 제안하신다면 어떤 방식이 있을까요.

▸ 프랑스 사례가 아주 좋습니다. 저도 글을 읽은 바가 있는데요. 프랑스는 원전 70%까지 사용하면서 국민 수용성이 아주 높은 편인데 이것이 어떻게 가능하냐면 정보 공개와 투명한 운영에 있는 거거든요.

프랑스는 '원자력 정보 공개 및 안전법' 위원회[3]에 의해 모든 자료

---

2) 연합뉴스, "'월성1호기' 감사결과에 "폐쇄 정당"vs"책임 물어야"(종합)", https://www.yna.co.kr/view/AKR20201020124551004?input=1179m (검색일: 2020.10.20.)

3) 인터뷰 이후 확인 결과, '원자력안전의 투명성과 정보에 관한 고등위원회(Haut Comité pour la transparence et l'information sur la sécurité nucléaire, HCTISN)'이었다.

표 VI-3 원자력안전의 투명성과 정보에 관한 고등위원회 구성 및 역할

위원 구성	–국민의회 의원(député) 2인 –상원(Sénat)에 의하여 임명되는 상원 의원(sénateur) 2인 –지역정보위원회(Commissions locales d'information) 위원 약간 명 –환경보호단체와 공중보건법전(Code de la santé publique) 제L1114–1조에 규정된 단체 대표 약간 명 –원자력 활동 책임자 약간 명 –대표적 근로자 노동조합 조직 대표 약간 명 –과학·기술·경제·사회적 능력을 이유로 또는 정보통신 분야에서 선발된 약간 명(이 가운데 3인은 의회의 과학기술평가 사무국('Office parlementaire d'évaluation des choix scientifiques et technologiques)에 의하여 임명되고, 1인은 과학아카데미(Académie des sciences)에 의하여 임명되며, 1인은 윤리·정치학 아카데미(Académie des sciences morales et politiques)에 의하여 임명됨)
임기	고등위원회 위원의 임기는 6년이고, 위원장은 위원 가운데 임명되는데, 국회의원인 위원이나 지역정보위원회 소속 위원 또는 전문가로 임명된 위원 가운데 위원장을 맡게 됨.
임무	원자력 안전의 투명성을 확보하기 위하여 원자력안전의 투명성과 정보에 관한 고등위원회는 의견을 제시하고 투명성 확보를 위한 요청을 받아 이에 대한 조치 –원자력 관련 모든 영역에서 의견을 발표 –원자력 안전 관련 정보에 대하여 정보접근권을 보장하기 위하여 원자력안전의 투명성과 정보에 관한 고등위원회는 관련된 청구를 받으며, 투명성 확보를 위한 모든 조치를 제안할 수 있음. –원자력안전 관련 장관, 국민의회와 상원의 관련 상임위원회 위원장, 의회의 과학기술평가 사무국('Office parlementaire d'évaluation des choix scientifiques et technologiques)의 장, 지역정보위원회 위원장, 원자력 안전과 통제와 관련된 정보에 관한 모든 문제와 관련하여 원자력기본시설(Installations nucléaires de base)의 개발자가 청구할 수 있음.

출처: (전학선, 2015: 39–41).

가 공개되도록 되어 있거든요.

저희 회사는 저희 자료들이 영업비밀이라는 이유로 비공개되고 있거든요. 이런 것들이 물음표들을 만들고, 탈원전단체들에 이용되어서 마치 범죄단체 불신대상이 되었거든요.

원자력안전법 개정이 정보공개와 투명성에 집중해서 진행되어야 한다고 생각합니다. 원전이 국민 신뢰성을 얻기 위해서, 이러한 점을 헌법학회 교수님들과 개정에 관한 내용 논의를 한 적도 있습니다.

원전감독법이라 알려진 법의 원 이름이 「원전비리 방지를 위한 원자력발전사업자등의 관리 · 감독에 관한 법률」이에요. 법 이름에 아예 비리 방지라는 문구가 들어가 있는 거죠. 원전이 그동안 원전마피

아 혹은 내부 정보 미공개 등 신뢰를 잃을 만한 행동을 많이 한 탓이겠죠. 원전 유지 측과 탈원전 측이 대등하게 갈등을 조정해 나아가기 위해서는 무엇보다 신뢰 회복이 중요할 듯합니다.

2. 참여형 의사결정 적용 사례

1) 참여적 의사결정 내용

참여적 의사결정은 일방적인 의사결정 또는 소수의 대표 간 합의를 통한 갈등 해결이 아니라, 이해당사자 다수의 의견을 반영하여 협의를 이루는 방식이다. 숙의민주주의가 참여적 의사결정의 핵심 원리라 할 수 있는데, 이는 BOTTOM-UP 방식으로 모든 이해당사자들의 의견을 청취하여 공론화할 수 있는 이상적인 면이 있는 반면 구체적인 시스템이 없는 것이 문제였다.

참여적 의사결정 방식에서 가장 중요한 공론화는 주로 찬반이 첨예하게 대립하는 사회적 사안을 고려하는 과정에서 갈등의 이해당사자, 전문가, 정부, 일반 시민 등이 모여 숙의과정을 거치고 민주적 절차에 따라 의견을 수렴하여 공적 여론을 형성하는 것으로서 이는 대의민주주의를 보완하는 숙의민주주의의 한 방법이다(김대길 · 전일욱, 2019: 56). 김대길 · 전일욱(2019)은 공론화의 원칙으로 참여에 대한 대표성과 포괄성, 정보 공개 여부에 대한 객관성과 투명성, 참여자에 대한 평등성과 성찰성, 그리고 숙의의 정도를 꼽았다. 공론화의 첫 번째 원칙인 대표성과 포괄성은 '공론화에 참여를 희망하는 자는 누구나 참여할 수 있도록 하는 기본 원칙'으로서 임의 선발이 아닌, 이해집단의 대표자 참여를 요청하거나 대표성을 가진 참여자를 추출해야 하는 원칙이다. 두 번째로 정보 공개의 투명성과 객관성 원칙은 공론화를 진행하는 동안 해당 의제 및 안건에 대한 객관적인 자료를 투명하게 공개하는 것으로, 입장에 따라서는 상호 대립되는 정보가 존재할 때에는 어느 것이 사실인지를 확인하고 사실만을 제공하여 대립하는 집단들 모두가 객관적인 정보를 확인해야 한다. 공론화 절차, 의사결정 방법과 시기, 내용 등은 물론 각종 조사 결과 등을 투명하게 공개하는 것은 물론이고 공론화 종료 이후에도 대중이 확인할 수 있는 웹사이트를 보존해야 한다. 세 번째, 평등성과 성찰성 원칙은 공론화를 진행하는 동안 해당 안건 및 의제에 참여하는 사회적 위치, 성, 연령, 인종, 계층 등으로부터 차별없이 평등하게 진행될 것을 요구한다. 네 번째, 숙의성의 원칙은 모든 갈등의 이해당사자들이 이해하고 토론할 수 있는 시간을 가지며 지지자들과 반대자들의 설명을 듣고 숙의할 수 있는 시간과 활동이 제공되었는가를 요구한다.

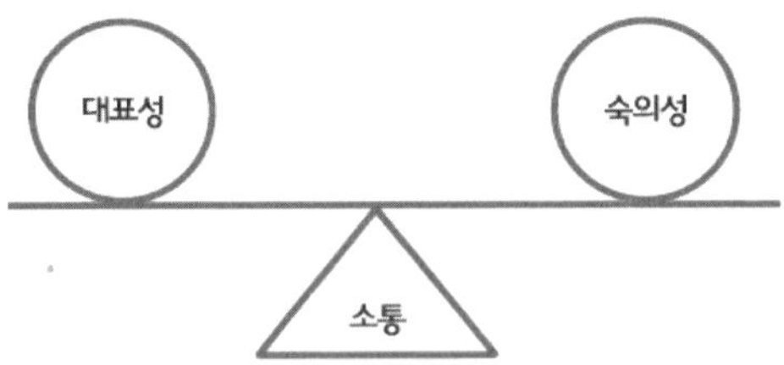

그림 VI-1 시민참여형 공론조사 개념도

출처: 신고리 5 · 6호기 공론화위원회, 2017: 97.

최근 구체적인 방안으로 '참여적 거버넌스'[4]가 등장하였다. 다양한 참여자가 자발적으로 참여하고, 수십 차례 토론을 진행하면서 공동의 의견을 만들어 가는 형태이다. 거버넌스 집단이 구성되면, 거버넌스 구성원 간의 토론뿐 아니라, 일반 당사자들의 의견을 모을 수 있는 협의체를 함께 운영하는 추가 방안도 등장하고 있다. 2019년 9월에 출범한 낙동강 수계 갈등 문제 해결을 위한 '낙동강유역물관리위원회'가 참여적 거버넌스로써 출범하였다. 위원회뿐만 아니라 '낙동강유역정책협의회'를 구성하면서 상시 지역 주민과 기업들과의 대화를 통해 새롭게 발생하고 있는 문제점들을 공유하며 참여적 의사결정 방안의 현실적인 시스템을 구축하고 있다.

갈등관리 선진국은 참여적 의사결정 방식을 운영할 수 있는 독립된 시스템을 구축하여 다양한 사례에 적용할 수 있는 일반화된 제도를 규정

표 VI-4 선진국의 공론장 제도화 사례

국가	내용
미국	국가이슈포럼(NIF: National Issue Forum 1981): 공공숙의에 기초하는 정책 형성과 집행을 위해 30개 주, 33개 시민단체가 공동으로 주요 현안에 대한 이슈 북을 제작, 공공토론을 진행
프랑스	국가공공토론위원회(CNDP: Commission National du Débat Public 1997): 법적 독립기구(독립 행정위원회)로서 대규모 사업 계획 확정 전(前) 숙의토론을 통해 사업에 대한 사회적 공감대를 형성, 갈등 예방과 최소화에 기여
덴마크	기술위원회(DBT: Danish Board of Technology): 논란 가능성이 있는 과학기술정책의 도입 단계에서 시민들과의 숙의과정을 거쳐 갈등을 예방하거나 합리적 대안 도출

출처: 신고리 5 · 6호기 공론화위원회, 2017.

4) 김정인(2018)은 숙의민주주의의 방안으로 시민배심원제(citizen juries), 합의회의(consensus conference), 공론조사(deliverative polls), 시민의회(citizen assembly), 국가이슈포럼(national issue forums) 등을 들고 있다.

하였다.

반면에 우리나라는 위와 같은 참여적 의사결정 방식의 존재를 인정하고 제도로 규율하고 있지만, 절차적인 요소와 적용할 수 있는 시스템이 부재하다. 우리나라의 법적 제도는 다음과 같다. 한국에서 참여형 공공갈등관리 방안의 법적, 제도적 근거는 '공공기관의 갈등 예방과 해결에 관한 규정' 제6조와 제15조에서 그 근거를 찾을 수 있다. 제6조의 참여와 절차적 정의에 의하면 '중앙행정기관의 장은 공공정책을 수립 · 추진할 때 이해관계인, 일반, 시민, 전문가 등의 실질적인 참여가 보장되도록 노력해야 한다'라고 되어 있다. 또한 제15조의 참여적 의사결정 방법의 활용에서는 '중앙행정기관의 장은 제13조 제5호에 따른 갈등영향 분석에 대한 심의결과 갈등의 예방, 해결을 위해 이해관계인, 일반 시민 또는 전문가 등의 참여가 중요하다고 판단되는 경우, 이해관계인, 일반 시민 또는 전문가 등도 참여하는 의사결정 방법을 활용할 수 있다'고 제시되어 있다. 이렇게 제도와 정의만 있었던 참여적 의사결정 방법이 최근 2017년 있었던 '신고리 5 · 6호기 공론화' 사례에 적용되었다.

반면에 조기 폐쇄 결정된 월성 1호기, 신고리 5 · 6호기 공론화 사례와 상반된 결론이 도출되어 신고리 사례는 더 큰 의미를 가지게 되었다. 연구팀이 인터뷰한 강창호 위원장도 '행정권력 일변도의 정책 결정에 대한 해법으로서 공론화 과정은 하나의 바람직한 과정이라고 볼 수 있다'는 의견을 내었다.

2) 신고리 5 · 6호기 공론화 사례와 월성 1호기 조기 폐쇄 사례 비교

월성 1호기는 국내 최초 중수로형 원전으로서 캐나다 원전 기술(가압관식 중수형 원자로)로 캐나다 원자력공사가 설계 · 시공했다. 중수로는 원전에서 원자로를 식히는 냉각재와 감속재로 일반 물을 사용하는 경수로와 달리, 물 중에서 중수소와 삼중수소를 사용한다. 우리 기술로 개발한 한국형 원전(APR1400)은 모두 경수로형이고 경수로에 비해 고장이 잦고 사용후핵폐기물 등이 많다는 게 단점이다. 월성 1호기는 지난 30년간 39회 고장으로 발전이 정지됐는데, 성윤모 산업통상자원부 장관은 지난 7월 국회 대정부 질문에서 "중수로 원전은 경수로 원전에 비해 10배 이상의 삼중수소가 발생하고 사용후핵연료도 4~5배가량 많이 나온다"며 월성 1호기의 취약한 안전성을 지적한 바 있다.[5]

연구팀에서 인터뷰한 강창호 전 한수원 노조위원장은 예상대로 강경하게 월성 1호기의 조기 폐쇄에 반대하였다. 행정적 권한만으로 결정되고 민주적 참여가 결여된 결정이었다는 주장이다. 강 위원장에 의하면 한국수력원자력은 2018년 월성 1호기 계속 가동 시 1,380억 원의 이익이 나고, 즉시 멈추면 398억 원의 손실이 발생할 것으로 추산했다. 이에 따라 월성 1호기 계속 가동과 중단에 따른 손실액을 합쳐 1,778억 원의 경제성이 있는 것으로 분석했으나 동년 3월 산업통상자원부와의 회의 이후 최종 보고서에서 224억 원으로 줄어들어 있었다는 주장이다.

---

5) 파이낸셜 뉴스 , "탈원전 갈등의 중심 '월성 1호기 그 논란의 역사'", https://www.fnnews.com/news/202010201358573406 (검색일 2020.10.20.)

문재인 정부가 출범 직후 '탈원전'을 선언하면서 신고리 5 · 6호기 건설 중단(2017년 10월 재개 결정)과 함께 찬반 논란은 가열됐다. 2017년 10월 정부는 국무회의에서 '월성 1호기 조기 폐쇄'가 포함된 에너지전환(탈원전) 로드맵을 의결했다. 다음해 6월 한수원은 경제성 부족을 이유로 월성 1호기 폐쇄를 전격 결정했다.

2018년 6월, 정재훈 한수원 사장은 "월성 1호기의 경우 여러 가지 강화된 안전기술이라든가, 계속해서 운전하는 것이 경제성이 바람직하지 않기 때문에 조기 폐쇄 결정을 하게 된 것"이라고 설명하면서 "천지, 대진 원전의 경우 경영상의 불확실성을 빨리 없애고 지역 주민과의 관계 등 여러 가지 관계를 고려해 사업을 종결하기로 결정했다고" 설명했다(이재용, 2018: 35-37). 이어서 "월성 1호기의 경우 조기 폐쇄 결정으로 운영변경 허가가 신청될 것이고 2년 정도가 걸릴 것"이라고 하였다. 한수원은 월성 1호기 수명 연장에 관한 경제성 검토를 지난 2009년에도 진행하고 그 당시 계속 보완 작업을 했었으나 후쿠시마 원전사고 이후로 1차 대책 안전조치를 하고, 이후 경주 지진까지도 이어져 안전조치가 한층 강화되었다. 정재훈 한수원 사장에 의하면 "2009년의 경제성 판단과 2018년 이후 경제성 판단은 다르다. 지난해 연말 기준 발전원가가 120원이었으나 판매단가는 60원 정도이므로 2배의 차이로 이미 월성 1호기는 적자 상태로 들어갔다"라고 밝힌 바 있다. 후속조치로서 사업의 원만한 종결을 위해 매입된 부지의 지정고시 해제를 신청하고 토지매각을 추진할 것이라고 밝혔다.

이러한 월성 1호기 조기 폐쇄의 이사회 결정에 한수원 노조는 강하게 반발하고 나섰다. 월성 1호기는 노후 설비 교체 및 안정선 강화비용으로 5,600억 원을 투입해 원안위로부터 계속 운전을 승인받았으며 IAEA와 NRC로부터 안전성을 평가받았고 후쿠시마 원전사고 이후 새로 도입된 테스트를 거쳐 안전성을 재확인한 원전이라고 주장했다(이재용, 2018: 35-37). 국회원전수출포럼과 원자력정책연대는 2018년부터 합동 기자회견과 성명서 등을 내고 한국수력원자력이 첩보 작전 하듯이 이사회를 개최하고 원전 조기 폐쇄와 신규원전 사업 종결을 결정했다며 비난의 수위를 높여 갔다. 특히 신규원전 사업종결에 따른 원전 생태계의 붕괴로 인한 원전 핵심 전문가들의 대량 해외유출을 우려하고 막대한 일자리의 상실이라는 비난을 해왔다. 또한 원전 발전을 축소하면서 100% 수입에 의존하는 가스 발전을 늘리는 것은 발전원가가 3배가 높기에 전기 요금 인상은 불 보듯 뻔한 결과라고도 했다. 연구팀이 만난 강 위원장도 연구책임자가 "독일의 경우 막대한 투자를 받아 건설한 바텐팔을 비롯한 전국의 원전 폐쇄를 결정하고 입법화된 지 10년"이라는 질문에 "독일의 가구당 전기료도 3배 이상 인상되었다는 연구 결과가 있다"라고 응답했다.

이후 논란은 더 커졌다. 한수원이 판매단가를 고의로 낮게 책정하는 등 경제성을 조작했다는 의혹이 제기됐고, 탈원전 갈등은 걷잡을 수 없이 확대됐다. 논란 끝에 2019년 12월 원안위가 월성 1호기 영구 정지를 최종 확정했다.

월성 1호기 감사는 국회가 2019년 10월 1일 '한국수력원자력의 월성 1호기 조기 폐쇄 결정의 타당성 및 한수원 이사들의 배임행위에 대한 감사'를 요구해 이뤄졌다. 그리고 1년이 지난 2020년 10월 국정감사 결과에 의하면 "월성 1호기를 계속 가동했을 때의 경제성을 너무 낮게 평가했다"는 것과 이런 경제성만으로 조기 폐쇄가 타당했는지 아닌지는 판단하기 어렵다는 결론이다. 착수 1년여 만에 내놓은 감사원 감사의 핵심은 월성 1호기를 계속 가동했을 때의 경제성을 저평가했다는 것으로 폐쇄 결정 당시, 한수원이 월성 1호기의 계속 가동 판매단가를 전년도 실제 판매단가인 킬로와트시(kw/h)당 60원 정도가 아니라, 55원으로 낮춰 계산했다는 것이다.[6] 이런 잘못된 계산이 나왔던 데엔 백운규 전 산업부장관의 책임이 크다고도 지적하고, 경제성뿐만 아니라 안전성과 지역 수용성까지 함께 따져서 결정한 건데, 이번 감사는 경제성만 들여다봤다는 것이라 했다. 나아가 최재형 감사원장은 국감에서 "'문재인 정부 탈원전 정책 감사니', '정권의 외압이 작용했느니' 하는 정치권 주장들은 근거가 없으며, 전혀 핍박이나 압력으로 생각하지도 않았고, 그러한 것이 저희들의 결정에 어떤 영향을 미친 바도 없다는 점을 분명히 말씀드립니다"라고 했다.

본 연구팀과 강 위원장 인터뷰에서 강 위원장이 주장한 부분 즉, 월성 1호기 폐쇄 결정의 과정은 민주적 과정이 아니고, 탈원전의 결정과정은 친정부 인사의 입김이 많이 작용했다고 본다는 부분은 본 연구팀이 진위를 가릴 연구 대상은 아니다. 강 위원장과 탈원전을 반대하는 쪽의 주장, 즉 결정과정에서 정부 주도의 위원회가 구성되었고 원전 전문가 쪽은 배제된 면이 있다는 취지의 주장도 그 진위 여부는 본 연구의 대상은 아니

---

6) MBC 뉴스, "월성 1호기 결국 해체 수순, 경제성 평가는 문제", https://imnews.imbc.com/replay/2020/nwdesk/article/5947304_32524.html (검색일: 2020.10.20.)

다. 다만, 이 주장의 한 축을 구성하는 '한 쪽 이해당사자의 의사가 반영되지 않았다'는 점은 이 주장을 하는 갈등 이해당사자의 시각에서 본다면 참여적 공공갈등 관리의 최근 추세와 신고리 5 · 6호기의 공론화 과정에 비추어 오늘날 민주적 참여를 중요시하는 공공갈등 관리의 중요한 이슈이다. 본 월성 1호기 조기 폐쇄 사건은 아직 진행 중이고, 그 폐쇄 여부가 다시 공론화되거나 숙의되어질 일은 없으나 원자력발전소 수명연장 문제는 공공갈등으로서 탈원전 측, 원전 수명연장 측, 지역사회, 그리고 전문가의 의견 반영이 있었다면 더욱 합리적인 합의에 이를 수 있었으리라고 본다.

강 위원장의 주장과는 반대되는 쪽의 주장도 쉽게 들을 수 있다는 면은 더더욱 다수의 이해당사자 참여가 공공갈등의 해결에 필수적임을 알 수 있게 한다. 즉, 지역사회에서는 이미 수년 전부터 월성 1호기에 대한 수명 연장이 위험하다는 불안감과 함께 반대 의견을 가지고 있었으며, 지역사회와 합의되지 않는 일방적인 수명 연장 가동은 이루어질 수 없다는 입장을 밝히며 갈등이 나타나기 시작한 바 있다. 이는 후쿠시마 원전사고가 발생한 이후 원전 자체의 안전성에 대한 의구심과 고리원전 1호기 관련 각종 사고가 일어나자 월성 1호기에 대한 지역 주민들의 불신은 커지게 되었고, 계속 가동에 대한 반대가 지역 주민사회에서 심화된 바 있다(유한별 · 김인수, 2016: 165-176).

탈원전 결정이 내려지면서 원전 찬반 갈등이 해소될 수 있었던 월성 1호기 사례는 갈등 해결 과정에서 문제가 발생하면서, 또 다른 갈등이 생겼다. 반면 신고리 5 · 6호기 사례는 긍정적인 평가를 받고 있다.

19대 대선에서는 시민사회의 목소리에 영향을 받아 유력 후보 다섯 명 중 네 명이 탈원전 정책을 내걸었고 그때부터 탈원전 정책은 논란의 중심으로 진입했다. 2017년 문재인 정부가 출범한 이후 100대 국정과제를 선정하였고 그중 몇몇 핵심 과제 중 하나가 에너지 정책으로, 이른 바 탈원전 에너지 전환 및 친환경, 신재생에너지 정책이었다. 신고리 5 · 6호기 건설과 재개 여부에서부터 탈원전 정책에 이르기까지 논쟁과 공방이 우리 사회를 뜨겁게 달구었다. 신고리 5 · 6호기 건설을 전면 백지화하기에는 종합공정률이 28.7%에 이르게 되어 건설 중단의 찬반 입장이 사회적, 정치적으로 첨예하게 대립하는 상황으로 치달았다. 신규 원전 건설 계획 백지화, 노후 원전 설계수명 연장금지, 월성 1호기 빠른 시일 내 폐쇄를 약속하면서 건설 중인 신고리 5 · 6호기에 대해서는 안정성, 공정률, 투입 비용, 보상 비용, 설비 비율 등을 종합 고려해 빠른 시일 내 사회 합의를 도출하겠다고 제안했다. 건설 중인 신고리 5 · 6호기를 구분해서 접근할 필요를 제기하고 사회 공론화를 통해 풀어 나가자는 것이었다. 첫 원자력 발전소인 고리 1호기의 영구 정지 선포식이 2017년 6월 거행되었고, 건설 진행 중인 신고리 5 · 6호기에 대해서도 원점에서 재검토하겠다고 발표하였다. 이와 함께 공사를 일시중단하고 공론화위원회를 구성하여 여론 수렴을 거쳐 시민배심원단의 결정을 통해 최종 결정을 내리는 것으로 결정하였다.

2017년 7월 24일부터 3개월 동안 공론화위원회를 출범시켰다. 공론조사의 전체 설계와 추진을 이끌어 갈 공론조사위원회는 위원장을 포함, 인문사회, 과학기술, 조사통계, 갈등관리라는 4개 분야의 위원으로 구성되었다(정형안 · 이윤석, 2020: 31-35). 공론조사위원회를 근간으로 분과위원회와 자문위원, 그리고 검증위원회와 이해관계자 소통위원회가 구성되어 본격적으로 신고리 5 · 6호기 공론조사가 시작되었다. 총 471명의 시민참여단을 구성해서 숙의의사결정 방식을 거쳐 신고리 5 · 6호기 건설재개라는 결과를 도출하고 이를 국정에 반영했다. 고도의 전문성이 요구되는 원자력 이슈 논의를 단 3개월이라는 짧은 기간 동안 공론화하는 것이 형식에 그칠 수 있다는 점, 대통령 공약과 관련된 정치적 선호에 따른 정치적 이슈로 볼 수도 있다는 점은 본 사례의 공론화의 숙의성을 낮출 수 있다는 비판의 근거가 되기도 했다. 그러나 이전에 원전에 무관심했던 일반 시민 역시 언론과 공개 토론회 등을 통해 해당 이슈에 대해 적극적인

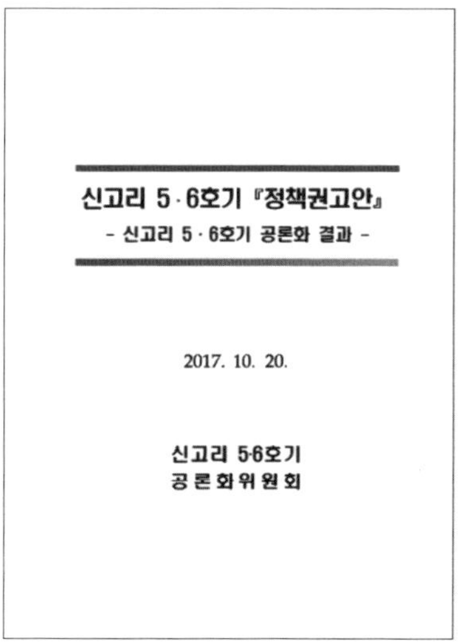

신고리 5 · 6호기 『정책권고안』

- 신고리 5 · 6호기 공론화 결과 -

2017. 10. 20.

신고리 5·6호기
공론화위원회

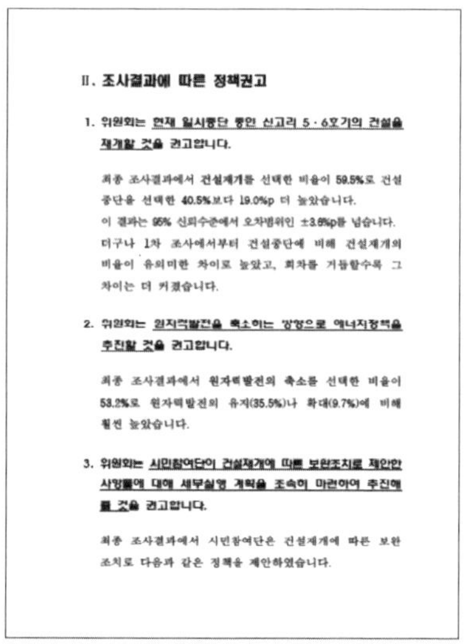

II. 조사결과에 따른 정책권고

1. 위원회는 현재 일시중단 중인 신고리 5 · 6호기의 건설을 재개할 것을 권고합니다.

최종 조사결과에서 건설재개를 선택한 비율이 59.5%로 건설중단을 선택한 40.5%보다 19.0%p 더 높았습니다.
이 결과는 95% 신뢰수준에서 오차범위인 ±3.6%p를 넘습니다.
더구나 1차 조사에서부터 건설중단에 비해 건설재개의 비율이 유의미한 차이로 높았고, 회차를 거듭할수록 그 차이는 더 커졌습니다.

2. 위원회는 원자력발전을 축소하는 방향으로 에너지정책을 추진할 것을 권고합니다.

최종 조사결과에서 원자력발전의 축소를 선택한 비율이 53.2%로 원자력발전의 유지(35.5%)나 확대(9.7%)에 비해 훨씬 높았습니다.

3. 위원회는 시민참여단이 건설재개에 따른 보완조치로 제안한 사항들에 대해 세부실행 계획을 조속히 마련하여 추진해 줄 것을 권고합니다.

최종 조사결과에서 시민참여단은 건설재개에 따른 보완조치로 다음과 같은 정책을 제안하였습니다.

그림 VI-2 신고리 5 · 6호기 정책권고안-공론화 결과문

출처: 신고리 5 · 6호기 공론화위원회, 2017: 122, 126.

관심을 갖는 계기가 되었다. 공론화위원회의 최종 결정은 〈그림 VI-2〉와 같다.

가장 괄목할 만한 점은 신고리 5 · 6호기 공론화에서 시민참여단의 숙의효과가 전문가가 아닌 시민이 원자력 발전 폐쇄 여부라는 전문적 의사결정을 하기 위한 정보 습득과 교육과정을 통해 더욱 분명하게 나타났다. 시민참여단은 한 달 동안 신고리 5 · 6호기 건설 재개와 중단에 관한 자료집 학습, TV토론회 시청, 강좌수강, 인터넷 정보 검색, 공개토론회, 홈페이지 질의 등을 통해 다양한 숙의 프로그램을 활용해 전문지식을 습득하고 의사결정의 토대를 쌓아나간 것이다. 결국 시민 471명이 깊이 고민해 신고리 5 · 6호기의 건설 재개가 결정됐다. 이는 새로운 원전을 통해 또 한번 원자력발전시대를 열게 된 것으로, 달리 말하면 신고리 5 · 6호기의 수명이 다하는 2082년까지 '탈원전'은 불가능해졌다고도 할 수 있다.

건설 재개를 선택한 시민참여단은 그 이유로 전력공급 안정성 문제에 대한 우려를 가장 많이 꼽았다. 전력 공급 안정성에 문제가 생길 것 같아서 건설 재개를 지지한다는 의견은 1차, 3차, 4차 조사에서 각각 39.6%, 41.0%, 39.6%로 가장 높았다(신고리 5 · 6호기 공론화위원회, 2017: 270). 일자리 감소 및 원전 수출기회 상실 등 경제에 악영향이 우려된다는 이유도 4차 조사에서 33.1%로 높았다. 반면 원전 건설이 중단될 경우 2조 8천억 원의 피해비용이 발생해서 건설 재개를 지지한다는 의견은 5.7%로 가장 낮았다. 건설 중단을 선택한 시민참여단은 핵폐기물의 위험성과 세계적인 탈원전 정책 추세를 중단의 주요 이유로 꼽았다. 핵폐기물은 인류생존을 위협해서 건설 중단을 지지한다는 의견은 33.7%, 탈원전 · 신재생에너지 정책은 세계적인 추세여서 건설 중단을 지지한다는 의견은 31.8%였다. 반면 원자력은 핵폐기물 처분과 폐로 등 비용을 감안하면 비싼 발전 방식이기 때문이라는 응답은 5.3%로 가장 낮았다. 다시 말해 건설 재개 또는 중단 선택 시 비용 문제는 핵심 고려사항이 아니었음을 알 수 있다.

여기서 중요한 것은 그 과정이다. 공론화 과정 자체를 일부에서는 '국민의 승리'라며 긍정적으로 평가하지만, 한편으로는, 대의제 민주주의를 우회한 '여론 정치'란 비판도 존재한다.

신고리 5 · 6호기 공론화 과정에 상당한 외부적 어려움도 있었다. 공론화위원회가 출범하고, 신고리 5 · 6호기 건설에 대한 공론화가 본격 추진되면서 위원회의 활동 중지 가처분신청이 제기되었다(신고리 5 · 6호기 공론화위원회, 2017: 64). 2017년 8월 1일 한수원 노조, 서생면 주민 및 원자력공학 교수 등 총 6명은 에너지위원회의 심의를 거치지 않은 공론화 위원회 운영계획은 절차상 하자가 있다고 주장하였다. 위원회는 정부법무공단을 소송대리인으로 선임하고, 8월 25일 관할법원인 서울행정법원에 답변서를 제출하였다. 해당 가처분신청은 위원회의 활동이 대외적 구속력을 갖지 않는다는 점에서 신청인의 법률상 이익이 있다고 할 수 없으며, 피신청인인 위원회 또한 민법상의 권리 능력이 없다는 점이 주요 내용이었다. 법원은 위원회의 의견을 받아들여 9월 6일 본 가처분신청을 각하하였다. 이후 신청인들은 법원의 각하 결정에 대해 즉시 항고하였으나, 10월 20일 위원회의 최종 권고안 발표 이후 이를 취하함으로써 위원회 활동중지 가처분신청은 9월 16일 자로 각하가 확정되었다. 한편, 공론화위원회의 구성행위 및 훈령에 대한 취소소송과 집행정지 신청이 국무총리를 대상으로 제기되었으며, 위원회가 구성되기 전에는 한국수력원자력의 신고리 5 · 6호기 건설 일시중단에 대한 이사회 결의가 무효임을 구하는 소송이 제기되기도 하는 등의 외부적 저항이 있었다.

또한 신고리 공론조사는 대통령 공약사항이라는 점에서 정치적 이슈로 이해되기도 했으며, 이에 따라 정치권의 다양한 문제 제기들이 있었다(신고리 5 · 6호기 공론화위원회, 2017: 180). 국회의 공식적인 자료 요청이 빈번하게 있었고, 대정부 질문에서도 주요 이슈로 다루어졌다. 또한 공론화 추진 부처인 국무조정실과 신고리 5 · 6호기 문제를 비롯한 에너지 정책의 소관 부처인 산업부를 대상으로 한 국정감사에서도 몇몇 논란이 진행되었다. 국회에서는 국가의 주요 정책을 국민의 대표 기관인 국회에서 논의하는 것이 아닌 여론에 기대어 결정하는 것은 대의민주주의와 상반되는 것이라는 주장이 제기되었다. 또한 6월 27일 국무회의를 통해 공론화 추진을 결정한 것에 대해서도 절차상 하자가 있었다는 의견이 제기되었으며, 46억 원의 공론화 추진 비용과 약 3개월간 이루어진 신고리 5 · 6호기 건설 일시중단으로 인해 소요된 약 1,000억 여 원의 비용에 대한 문제 제기도 있었다. 이에 대해 지원단은 국회의 자료 요청에 대해 적극 협조하였고, 국무조정실과 산업부를 비롯한 관계 부처는 대정부 질문, 국정감사 등을 통해 제기된 쟁점들에 대해 성실히 답변하였다. 특히 김지형 공론화위원회 위원장은 국정감사 기간 중 2017년 10월 31일 진행된 원자력안전위원회 종합감사(과학기술정보방송통신위원회)에 직접 증인으로 출석하여 공론화 과정에 대한 쟁점에 대해 상세히 답변하기도 하였다.

윤순진(2018)에 의하면, 3개월간 진행된 공론화 과정은 에너지 정책의 역사를 새로 쓴, 민주주의의 새로운 실험이었다. 이제껏 소수의 전문가와 기술관료들에게 맡겨져 닫혀 있었던 원전 정책 결정과정에 일반 시민이 참여할 수 있는 창이 열린 것이다. 이전의 단순한 시민참여 방식들과는 달리 이번 공론화 과정에서는 시민들에게 정책결정권을 실질적으로 부여함으로써 참여적 갈등관리, 즉 공론화의 새로운 장이 도래했다는 점도 괄목할 만하다.

반면 한계도 드러났는데, 선거를 통해 선출된 국민의 대표자들에게 부여한 결정권을 다시 유권자에게 돌린다는 이른바 외주화의 문제이다. 다수가 숙의하여 공론을 수렴하는 것은 좋으나 공론 조사라는 시민대표단에게 정부가 모든 의사결정을 위임하는, 즉 원래의 대의민주주의를 훼손할 우려를 간과할 수 없다. 정책결정권을 위임받는 국회가 아니라 대표성이 100% 보장될 수 없는 시민참여단이 결과를 내고 정부는 따르겠다고 했을 때 여전히 남는 문제는 있기 때문이다. 또한 시민대표단의 59.5%가 신고리를 건설해야 한다고 한 결정은 현재 세대의 이기적 선택, 즉 원전이 산출하는 에너지가 지금 한국에는 필요하다는 결론을 낸 것은 아닌지 생각해 볼 수도 있다. 후쿠시마와 체르노빌을 완전히 남의 나라 일로 무시한 결정이 아닌지 말이다. 주목할 만한 점은 시민참여단의 53.2%가 향후 원전을 축소해 나가야 한다고 대답했다. 즉 원전은 우리 세대에는 꼭 필요하나 미래 세대에 이번 세대의 책임을 남기고 싶어 하지 않는 모습일 수도 있을 것이다. 참여적 갈등관리로서 숙의민주주의, 그리고 공론조사는 정답을 내리는 과정은 아닐 것이나 하나의 실험으로서 이전보다 나은 숙의 민주주의로 행했다는 기록이 남을 것이다. 비판도, 긍정도 모두 수용하여 신고리 공론화의 선례가 앞으로 유사한 공공갈등이 일어났을 때 보완되고 개선되어 더 나은 참여형 갈등관리를 탄생시켜야 할 것이다.

3. 사전예방적 갈등관리 적용

1) 다양한 갈등 및 시민 요구도의 예측 필요성

사람은 다양한 욕구와 잠재력을 가지고 있고 그것은 자신이 처하게 되는 상황과 시기, 장소에 따라 달라질 수 있다. 또 환경이 달라질 때마다 새로운 욕구를 발견할 수 있다. 하나의 그룹 혹은 조직이나 사회 내에서 비슷한 유형의 갈등이 계속적으로 발생할 때 이를 유형화하여 갈등을 선제적, 예방적으로 방지하는 시스템을 디자인할 수 있다(Cho Min Sang & Kim Won Ki, 2017: 58). 미국 등의 갈등 전문가들이 한 조직 또는 기관의 갈등관리를 시스템이라는 측면에서 고찰하기 시작한 것은 1980년대 후반부터이다. 그 이전에는 갈등 사례들을 독립적으로 다루면서 어떤 절차와 방법으로 갈등을 해결해야 하는지에 초점을 맞추었으나 점차 한 기관에서 반복적으로 빈번하게 발생하는 동일한 유형의 갈등들을 체계적으로 해결해야 할 필요성을 느끼게 되었고 갈등비용을 줄이고자 한 것이 분쟁시스템디자인 혹은 '갈등 시스템 설계(DSD: Dispute Systems Design)'이다. 전문가들은 하나의 기존 갈등해결기제들을 변형시키거나 완전히 새로운 절차들을 도입하는 것만으로는 갈등 해결이 잘 되지 않는다는 것을 관찰하고, 갈등당사자들이 효율적인 절차들을 활용할 동기(motivation),

절차에 대한 지식과 절차의 활용에 필요한 역량(skills), 그리고 새로운 절차의 활용을 위한 인적, 재정적, 행정적 자원(resources)을 갖추어야 한다고 주장한다(김동영, 2020: 9-12).

갈등이 일어나는 지역 또는 환경에 소속된 주민인지, 직장인인지, 주체인지에 따라 갈등을 해결하고 싶은 방향이 각자 다를 수 있다. 이런 점을 미루어 보아, 갈등 해결을 위해서는 선제적으로 이해당사자들의 요구를 선제적으로 예측하여 갈등 전략을 다양화할 필요가 있을 것이다. 사업을 주관하는 당사자는 지역의 특성과 대상의 차이를 고려할 수 있는 능력과 당사자의 범위를 넓혀 각 당사자의 갈등 원인을 분석하고 그에 필요한 대응책을 미리 마련하는 것이다.

해외 사례와 달리, 한국의 이해당사자들은 사업의 존재 여부나 시행 여부를 사업과정 후반부에 인지한다. 크게 사업 단계를 입지 선정 단계, 실시계획 승인 단계, 용지확보, 사업 착수로 나눌 수가 있다. 입지선정 단계, 실시계획 승인 단계는 사업자와 사업 승인을 해주는 기업 또는 중앙정부 지방자치단체 간의 합의에서 끝나게 된다. 이미 사업의 승인이 결정되고 사업자 측은 경제적 비용 · 행정 절차의 과정을 모두 끝난 상태이지만, 입지로 선정된 지역의 주민들이나 다른 이해당사자들은 갑자기 자신에게 문제가 발생한 상황이 된다. 결국 용지를 확보하는 단계에서 이해당사자들과의 충돌이 일어나게 되면서 입지 선정 단계에서 같이 논의했다면 협의할 수 있는 문제가 서로 양보할 수 없는 위치에서 갈등이 발생하게 된다. 주민들의 집회와 항의로 사업은 진행할 수 없게 되고, 다른 이해당사자들은 계속 자신의 권리를 지키기 위한 집회를 이어가면서 해결되지 않는 공공갈등이 되어 간다. 이러한 점에서 사전에 주민들과의 협의와 이해당사자와의 협상 과정이 있었다면, 갈등이 최소화할 수 있을 것이다. 합의 과정을 통해 서로의 요구와 특성을 파악할 수 있어 추후 발생할 수 있는 갈등의 유형도 예측할 수 있었을 것이다.

2) DSD 갈등 시스템 설계 원칙

DSD 이론에서 규정하고 있는 갈등관리 시스템은 효과적인 갈등을 예방하고 그 해결 절차의 설계 또는 구축할 뿐만 아니라 그 절차가 제대로 작동하도록 하는 동기부여가 있어야 한다. 그리고 갈등당사자들의 인적 · 행정적 · 재정적 · 정보 자원과 같은 인프로 구축이 동시에 서로 영향을 줄 수 있는 체계를 구축해야 한다. 각각의 요소 간의 체계적인 진단이 이루어지고 종합적으로 같이 개선될 때에만 실질적인 갈등관리 시스템의 개선이 이루어진다고 주장한다(김동영, 2020: 39-41).

갈등관리가 개선되었다고 판단하는 기준에는 네 가지가 있다. 첫 번째 요소는 비용적 요소이다. 갈등 해결의 과정에는 당사자들이 부담하는 여러 비용이 있다. 소송, 시위 등을 진행하기 위해서는 경제적 비용이 필요하다. 갈등이 해결되지 않아 발생하는 비용, 육체적·물리적 손상으로 인한 비용, 갈등 해결에 집중하면서 놓친 기회비용 등이 있다. 정신적인 손해도 분명히 있지만, 이는 정량적인 분석이 어려워 이 부분은 배제한다. 두 번째 요소는 결과와 절차에 대한 만족도이다. 갈등이 해결되었다고 해도 해결된 결과에 반드시 갈등당사자들이 만족하는 것이라고 볼 수 없다. 효율적인 시스템이었다고 판단하기 위해서는 결과에 대한 만족도가 중요한 결정 기준이 된다. 갈등 해결에 있어서 만족도는 당사자의 이해관계를 얼마나 만족시켜 주었는가, 더불어 갈등해결 절차가 얼마나 공정하였는가가 그 지표가 된다. 세 번째 요소는 관계 개선과 신뢰도 회복이다. 갈등당사자 간의 관계 개선이 되지 않고 표면적으로 갈등이 해결되었다면, 추후 비슷한 갈등이 발생하였을 때 전보다 갈등을 해소하기 어려운 상황이 발생할 수 있다. 갈등 관계는 언제든 발생할 수 있다. 신뢰의 형성과 관계 개선은 당사자 간의 협력이 원활하게 진행될 수 있도록 하기 때문에 이는 매우 중요한 요소이다. 네 번째 요소는 지속성이다. 합의안이 도출되었다면 집행까지 이어질 수 있도록 지속성을 유지해야 한다. 집행되지 않는다면 갈등이 해결되지 않고 새로운 갈등이 발생할 수 있기 때문이다.

갈등관리 시스템의 효율적인 운용을 위해 판단해야 하는 기준뿐만 아니라, 갈등당사자들이 갈등 시스템을 사용하고자 하는 동기, 갈등해결 절차의 운영에 필요한 지식과 문제해결 역량을 갖춘 인재, 경제적 · 행정적 지원, 유용한 정보 등 다양한 주변 자원들이 필요하다.

3) 인터뷰 사례 분석을 통한 DSD의 적용 시나리오

(1) 낙동강 수계 갈등 사례

① 효율적인 갈등관리 시스템 판단

부산 입장에서 낙동강은 상수원으로 맑은 물의 보존이 요구되고, 경상북도 지역에서 낙동강 수계는 경제 발전의 요충지로 중요한 역할을 한다. 이 두 주장은 상충되는 것으로 하나의 주장이 커지게 되면 상대방이 받게 되는 반작용은 더욱 심해진다. 예를 들면 부산에 맑은 물을 보급하기 위한 법안이나 정책이 시행된다면 기업의 환경 부담금, 처리비용의 부담이 커지면서 또 다른 갈등이 시작된다.

이러한 성격 때문에 낙동강 수계 갈등은 낙동강 유역에 포함된 지역에서 다양한 형태로 지속되어 왔다. 예를 들면 영풍 제련소의 환경오염으로 인한 갈등, 보현산댐 착공과 녹조 현상으로 인한 갈등, 4대강 사업에 따른 보 해체를 둘러싼 갈등, 반구대 암각화 문화재와 울산시민 식수 확보를 둘러싼 가치갈등 등이 있다. 그중 낙동강 수계 갈등에서 부산 시민의 식수와 직결된 문제를 인터뷰한 내용을 분석해보면 본 사례는 갈등이 불거지자마자 거의 곧바로 정치화되어 고질적인 지역 감정화로 번진 면을 볼 수 있다. 즉, 이해갈등의 단계에서 갈등해결기제가 시도되었다면 가치갈등화, 장기화되는 면을 상당 부분 방지할 수 있었을 것으로 본다. 1990년대 초반 대구-부산 간, 위천공단 간 갈등이 불거진 단계에서 중앙정부의 개입이 있었으나 중앙정부의 안은 부산-대구 어느 쪽도 만족시키지 못했다.

DSD의 시각으로 본다면 이 단계에서 중앙정부는 직접적인 해결안 제시보다 효율적인 갈등관리의 안을 마련해 주는 절차, 예를 들어, 중립적 조정자의 개입 등을 시도하여 일단 갈등의 진전을 막을 수 있을 것이다. 또 다른 예로 신고리 사례에서 보듯, 시민대표단을 선발하여 숙의민주주의와 공론조사를 대구와 부산의 지방정부가 주축이 되어 하는 등의 갈등해결기제를 제시하는 것도 가능할 것으로 보인다.

부산의 물은 '순수'라는 이름으로 낙동강을 상수도로 하여 부산광역시 전체 시민들이 식수원으로 사용하고 있다. 사실, 낙동강 수계 지역의 환경오염 문제로 물 관리 비용이 증가함에 따라 물 이용 부담금이 증가하고 이를 사용하는 시민들의 요금이 올라간다. 이에 대해서 부산의 시민단체들은 물 이용 부담금의 합리적 배분을 위하여 많은 활동을 하였다. 활동 끝에 국가물관리위원회가 출범하였지만 당사자임에도 불구하고 부산 지역의 위원은 위촉하지 않았다. 하지만 이러한 비용적인 문제뿐만 아니라, 식수원의 오염이 시민들의 건강에 직접적인 유해성을 준다는 것이 가장 큰 문제이다. 부산 시민은 직접적인 피해를 받고 있음에도 불구하고 위험성이나 피해에 대해서 인지하지 못하고 있다. 이처럼 직접적 이해당사자의 갈등해결 절차에의 참여는 DSD의 중요한 요소인 역량과 인적자원의 문제를 충족시킨다. 모든 당사자가 사전에 (갈등의 진전 이전에) 만나는 것으로 이는 또한 절차에 대한 만족도를 높인다.

• 비용적 요소

1991년도부터 낙동강 수계 지역은 경제 발전과 환경오염 사이에서 계속 갈등이 발생해 왔다. 구미 페놀방류 사건, 영풍 제련소의 중금속 유출 사건으로 인해 하류 지역의 지역 주민들과의 마찰이 있었고 이런 유사한 사건들은 4대강 사업으로 인해 더욱 증폭되었다. 이러한 공공갈등을 해결하기 위해 협상을 진행하고, 영풍 제련소 사건, 보현산댐 사건은 소송까지 이어지면서 막대한 사회적 비용이 발생하였다. 그리고 집회 및 환경단체와 기업과의 대립, 나아가 물 갈등이 이어지면서 중앙정부에 대한 요구들이 끊임없이 나타났다. 즉, 낙동강 수계 지역 갈등은 지속적인 사회적 비용을 소모하고 있다는 것이다. 1990년대는 갈등의 사회적 비용이라는 개념조차 생소하던 때였으므로 낙동강 갈등이 지자체 간에서 중앙정부와 지자체, 지자체와 시민 등으로 확산될 때에도 비용이 증가하고 있다는 인식이 없었다. DSD와 사전적, 예방적 갈등관리는 비용 효율을 위해 미리 최소한의 노력으로 갈등 발생 시 대비할 해결기제를 마련하는 것이 주목적이다.

• 결과 · 절차에 대한 만족도

낙동강 수계 갈등은 본 연구의 다른 인터뷰 사례에서도 공통적으로 나타나듯, 갈등이 발현하자마자 정치화된 사례이다. 이런 경우 갈등이 장기화하게 되고 새로운 절차가 마련되어도 만성적이고 반사적인 시각에서 갈등 자체의 해결보다는 각자의 입장 고수에 점점 더 고착되는 경향이 있다. 당시 중앙정부는 위계적인 상급기관으로서 해결책을 마련하기에 급급했으므로 성공적이지 못했다. 이는 한국사회 공공갈등의 고질적인 문제로 최근 국립서울병원 사례, 한탄강댐 사례, 신고리 공론화 사례에 이르러서야 제도화된 조정이 시도되고 숙의민주주의 형태의 참여형 공론조사가 이루어지게 되었다.

낙동강 수계 갈등 중에서도 낙동강을 상수원으로 하여 먹는 물을 공급받고 있는 부산 및 경상북도 일부 지역들의 먹는 물 문제는 국민건강과 직결된 문제로 해결이 시급하다. 이 문제로 경상북도, 부산 지역 시민단체 및 당사자들은 중앙정부와의 이해갈등을 해결하고자 노력하고 있다. 각종 이해관계와 갈등을 해결하기 위해서 2019년 8월 '국가물관리위원회'[7]가 출범하였다. 이는 중앙정부와 지역 시민단체 당사자들 간의 의견과 협의를 통하여 이룬 결과이지만 여전히 중앙정부 주도로 진행되고 있다는 점을 지적한다. 먹는 물 부산 시민네트워크 최소남 대표의 인터뷰를 보면 여전히 부산 지역은 그 물을 사용하고 먹고 있지만, 갈등이 전혀 해소되지 않은 상황이었다. 위원회가 갈등해결 결과로 제시되었지만, 총 인원 39인 중 부산 지역 위원은 한 명도 포함되지 않았다. 부산은 먹는 물 갈등의 해결책 1단계인 물관리위원회가 등장하였으나 다음 단계 해결에서는 실무적인 활동 및 참여가 불투명하게 된 것이다. 결과나 절차에서 부산 지역은 만족할 수 없고, 낙동강수계관리위원회 구성을 진행한 절차에 대해서 오히려 재구성해야 한다고 불만의 목소리를 내고 있다.

• 관계 개선과 신뢰도 회복

다양한 지역의 주체가 참여하는 권한 있는 국가물관리위원회가 출범한 것은 큰 의의가 있고, 관계 개선과 신뢰도를 회복할 수 있도록 독립적으로 이해관계를 논의할 수 있어 긍정적인 평가를 받고 있다. 하지만, 물관리위원회의 운영과정에서는 지역의 목소리가 제대로 반영할 수 있는 절차 및 운영진 구성, 역할 등이 중요하다. 부산 지역이 포함되지 않아 아직 갈등의 여지가 있다. 더불어 대부분 정부 주도로 이루어진다는 인터뷰 내용과 사실관계를 보았을 때, 정부와의 관계에서도 새로운 갈등이 발생할 수 있으므로 이를 개선할 수 있는 대책이 있어야 한다.

DSD와 사전적, 예방적 갈등관리의 가장 큰 장점은 갈등이 생기고 관리

---

7) 국가물관리위원회는 정부뿐 아니라, 학계, 물 관련 단체, 전문가 등을 구성하여 물 관리 계획을 심의, 의결하고 물 분쟁을 조정하는 물 관리 최고 책임기관이다. 2018년 정부조직법 개정에 따라 환경부와 국토부로 나뉘어 있던 물 관리 조직을 일원화하였다.

되고 나면 갈등의 이해당사자들의 관계가 여전히 좋거나 더 좋아질 수 있다는 점이다. 갈등의 해결당사자들이 모두 모이고, 단계별로 어떻게 효율적이고 공정하게 갈등관리를 할 것인가를 결정하는 절차에서 갈등의 이해당사자들은 서로를 새롭게 이해하게 되는 것이다. 낙동강 물 사례에서 충돌했던 경제 논리(대구)와 환경 논리(부산)는 사실 서로 충돌하는 이익이 아니라, 환경을 보호하면서 경제적 이익을 산출하는 같은 방향의 해법을 창조해 나갈 수 있다. 한쪽이 식수 오염문제를 타협할 수 없다면 공단에 식수와 환경 관련 기업들을 유치하는 것이 그러한 방법 중 하나이다.

② 새로운 갈등관리시스템 진단

오랜 갈등 끝에 물관리위원회가 구성되어 공식적으로 이해갈등을 협상, 조정할 수 있는 시스템이 생겼다. 중앙의 물관리위원회가 위계적인 역할을 지양하고 중립적이고 촉진적인 조정자의 역할을 하는 것이 바람직할 것이다. 위원회가 협상과 화해의 상징적인 기구가 될지, 실질적인 역할을 할지는 이후에 발생할 수 있는 갈등 사례를 예측하여 사전적 예방을 준비해야 한다.

• 낙동강유역물관리위원회의 대표성 문제: 참여형 의사결정

부산의 먹는 물 갈등은 시민단체만의 활동으로 해결할 사안은 아니다. 먹는 물의 실제 당사자는 부산에 거주하고 있는 부산 시민이다. 시민단체 또는 지방정부 차원의 대표가 물관리위원회의 위원이 된다고 해도, 실제 이해당사자의 의견을 모르고 활동하는 것은 대표성 문제의 비판을 피해

가기는 힘들 것이다.

부산 상수도 물과 관련해서는 시민들에게 공론화 과정을 통한 지자체 단위의 숙의민주주의는 가능한 해법이 될 수 있다. DSD의 시각에서 만약 이러한 참여적 갈등관리-공론조사 해결안을 제시한다면 시민들에게 낙동강 수계와 관련한 정확한 정보, 부산과의 관련성, 시민들의 건강과의 직접성을 알리고, 의견을 나누어 대표성과 절차적 정당성을 가져야 한다. 따라서 초기에는 참여형 의사결정 형태를 갖출 수 있도록 SNS, 유튜브를 통해 시민들의 입장을 수렴할 수 있는 플랫폼을 구상해야 한다. 네덜란드에서 있었던 물 갈등 사례는 지역 주민의 투표로 자신의 대표를 선정하여 중앙과 지방정부가 참여하는 물관리위원회를 구성하였다. 낙동강 수계 갈등에서 물관리위원회는 네덜란드 정도까지는 아니더라도, 공론화를 통하여 실제 당사자들의 참여가 필요할 것으로 보인다.

이러한 과정의 갈등관리시스템 초기 단계를 가진다면, 지역-지역 간의 갈등에서도 시민들의 지지를 통해 시민단체가 활동할 수 있고 정당성을 가질 수 있다. 그리고 우려했었던 시민단체와 시민 사이에 무지로 인하여 발생할 수 있는 새로운 갈등을 사전 예방할 수 있다.

- 낙동강유역물관리위원회를 통한 갈등조정시스템

낙동강유역물관리위원회는 공식적인 거버넌스 기관으로 물 관리를 위한 운영과정을 논의할 수 있는 기관이다. 낙동강 수계 갈등은 복합갈등의 성격이 강하기 때문에 이를 하나씩 풀어 가기 위해서는 DSD의 시각에서 공론과정, 협상과정, 조정과정에서 많은 대화와 당사자의 설정이 가장 중요하다. 그리하여, 공식적인 기관뿐 아니라 지역 주민, 시민단체, 기타 이해관계자들이 자신의 의견을 반영할 수 있는 민주적인 거버넌스 기관도 필요하다는 목소리가 있다. 관리 위원들이 각 지역의 지역 주민 및 이해관계자와 상시 소통할 수 있는 플랫폼을 구축하고, 위원회 회의가 있을 때 의견이 반영되어 운영과정을 결정할 수 있도록 한다면 DSD에 있어서 절차와 결과의 효율성과 공정성이 담보될 수 있을 것이다.

낙동강유역물관리위원회는 각 지역을 대표하여 위원들이 선정된다. 각 지역의 이익을 주장하다 보면, 위원 간의 분쟁 또는 갈등이 발생할 수 있고 지역 분쟁으로 커질 가능성이 있다. 이런 경우에는 정책적 · 전문적인 판단, 논의의 균형성, 경제성과 민주성 등 쌍방이 수용할 수 있는 결론이 필요하다. 게다가 다수결로 의결되기 때문에 지역의 이익에 따라 위원이 나뉘게 되면 갈등이 증폭될 수 있다. 합리적인 결정을 위해서는 객관적인 기준을 제시하는 제3자가 포함된 조정이나 중재를 적용한다.

(2) DSD 시각에서 본 탈원전 사례

① 효율적인 갈등관리시스템 판단

2011년 동일본 대지진으로 인해 후쿠시마 원자력발전소가 폭발하게 되면서, 세계적으로 탈원전이 이슈였다. 국내에서도 이 계기로 원전 문제가 공론화되었고, 이를 이용한 정치적 주장이 등장하면서 사회적 갈등이 되었다.

원자력발전소로 인한 갈등은 원자력발전소를 계속 가동할 것인가 탈원전을 진행할 것인가로 나뉘어서 발생한다. 하지만 이것은 갈등관계를 단편적으로 보는 것이다. 원전 갈등 또한 복합갈등이기 때문에, 이해 관계자들의 입장을 모두 파악해야 한다. 예를 들면 지역 주민들이 원전 짓는 것을 반대하는 이유는 DSD의 동기(Motive)적 측면에서 중요하다.

입지 선정, 실시계획 승인, 용지 확보, 시공 착수 이렇게 4단계로 사업이 진행된다. 입지 선정과 실시계획 승인은 대부분 행정적인 과정으로 국내에서는 지역 주민, 다른 이해관계자를 배제하고 정부, 사업 시행사의 내부적으로 결정한다. 용지 확보 단계에서 지역 주민은 삶의 터전이 갑작스럽게 침해받게 되고, 침해받은 이익을 되찾기 위해서 원전 설립을 반대하게 된다. (원전을 반대하는 시민단체, 환경단체는 주민들이 반대하는 이해관계를 파악하지 않고, 원전 설립으로 피해받는 것을 극대화하여 반대하는 목소리를 키운다.)

문재인 정부에서 공론화위원회의 시민대표단의 결정으로 월성 1호기 가동을 중단하고 폐쇄를 결정하였다. 본 연구의 강창호 위원장은 원전 유지의 입장에서 동기가 뚜렷하다.

• 비용적 요소

원자력발전소 갈등은 심각한 양상을 띠고 있으며 장기화되는 특성을 가지고 있다. 원자력발전의 경우 주요 시설물들의 입지 선정 등과 관련하여 이를 둘러싼 사회갈등이 합리적으로 해결되지 못하고 장기화될 경우 지역갈등 및 막대한 사회적 비용이 발생하여 국가경제에 타격을 줄 것으로 예상된다. 그리고 원전산업계와 반핵단체의 이분법적인 주장은 해결책을 찾을 수 없고, 소송과 집회 등으로 비용적인 면에서 비효율적일 것이다. 인터뷰 내용을 보면 원전산업계와 반핵단체의 갈등이 반핵단체의 의견을 수렴하여 해결되었다고 하지만, 일도양단의 찬반 결정으로 세부적인 이해관계를 파악하지 못하여 실직자와의 갈등이라는 새로운 사회적 갈등이 등장하게 되었다. 이 또한 비용적 요소에서 마이너스가 된다.

• 결과 · 절차에 대한 만족도

공론화위원회와 471명의 시민대표단의 결정으로 도출된 합의는 그 평가가 엇갈리는 면은 있으나 한국형 숙의민주주의가 실현된 첫 번째 사례로 볼 수 있다. 정치적 비판은 한국적인 분위기에서 항상 있을 수 있겠으나 피쉬킨의 공론조사를 도입하고 대표성과 숙의성이 상당히 보장된 그룹이 전문가의 발표와 토론 및 학습을 통해 도출한 공론으로서 의의를 가진다고 할 수 있다.

• 신뢰관계

탈원전 공론화 이후에도 신고리 5 · 6호기와 월성 1호기 조기 폐쇄에 관해 찬반 양측의 의견 대립은 존재한다. 그러나 대표성 있는 시민그룹의 공론에 대해 전반적인 분위기는 수용하는 쪽이고 이로써 대립이 첨예하게 가치화 · 만성화될 수 있는 부분이 해결되고 공론을 국민이 수용하는 단계에 들어섰다고 할 수 있다. 탈원전 논의의 존재는 건전한 민주사회의 지속을 위해 필요한 것이나, 공론화나 숙의민주주의 등의 참여적 갈등관리는 대립하는 양 당사자의 커뮤니케이션을 열어주고 충분히 상대의 입장을 성찰하게 되는 계기가 된다.

② 새로운 갈등관리시스템 진단

DSD의 시각에서 원전 건설 결정에서는 지역 주민과의 협의과정이 입지선정 단계에서 함께 이루어져야 한다. 즉 사전적, 예방적 갈등관리는 시작 단계에서 모든 이해관계자가 모여 모든 정보를 공유하는 것이 중요하다. 입지 선정 가능 지역의 주민들과 원전 건설로 지역 주민이 받게 될 피해도 있지만 원전 건설의 이점, 반드시 필요한 이유와 지역적으로 그 지역이 필요한 정보 등 충분하게 공유하는 과정이 필요하다. 반대로 원전 폐쇄로 인해 일자리를 잃는 사람이 발생할 수 있는 것은 폐쇄 결정 과정에서 충분히 인지할 수 있다. 그리고 마찰과 갈등이 발생할 원인이라는 것도 마찬가지다. 따라서 폐쇄 결정 과정에 노조와 협상하고 추후 실직하게 될 사람들의 일자리와 관련된 논의도 그들의 입장에 맞게 고려해 주어야 하는 문제이다.

각자의 이해관계를 가진 당사자들의 상황에 맞게 협상과 협의를 이루었다면, 원전의 찬성과 반대의 갈등을 줄일 수 있는 결과가 되고, 문제 해결을 하고자 하는 정부에게 신뢰를 갖는 계기가 될 수 있다. 각자의 입장을 배려하여 추후 발생할 수 있는 갈등에서도 본질에 맞는 해결책을 논의할 수 있다는 신뢰적 관계도 형성될 것이다.

4. 국내 사전적 분쟁해결 방식 도입 사례: 서울특별시 갈등관리 심의위원회

국내에서도 사전적 분쟁해결 방식이 도입된 사례가 있다. 여전히 보완해야 할 점도 있지만 계획과 시도 단계로서 높이 평가할 만하다. 해외의 주요 사례 분석과 함께 국내 사례를 분석함으로써 사전적 분쟁해결 방식의 발전된 모델을 제시하고자 한다.

서울특별시(이하 '서울시')는 우리나라 전체 인구의 1/5이 살고 있는 도시로서 다른 도시들보다 높은 공공갈등 발생률을 가지고 있다. 이러한 환경을 가진 서울시는 실제로도 장기간 공공분쟁이 발생하고 지속되어 왔고 이를 악화시킨 경험이 있었다. 이에 따라 서울시청은 공공갈등을 해결할 수 있는 정책에 관련하여 지속적인 논의를 이어왔고 많은 결과물들을 제시하였다.

1) 서울특별시 산하 갈등(분쟁)조정부서

(1) 갈등(분쟁)조정부서(Conflict Mediation Division)의 개요

서울시청 갈등(분쟁)조정부서는 2012년 1월 1일에 새롭게 출범하였다. 이는 서울시청 역사상 처음으로 갈등관리를 할 수 있는 독립된 부서를 만들었고, 4급 공무원을 부서장으로 지정하여 운영하도록 하였다. 해당 부서는 서울 혁신센터사업으로 서울시장의 직속이며, 최종 책임자는 서울시장으로 최종 목표는 갈등을 예방 · 관리하는 것이다. 그 외 부서장을 포함하여 총 9명의 서울시청 직원으로 구성되어 있고 그 구성원은 갈등(분

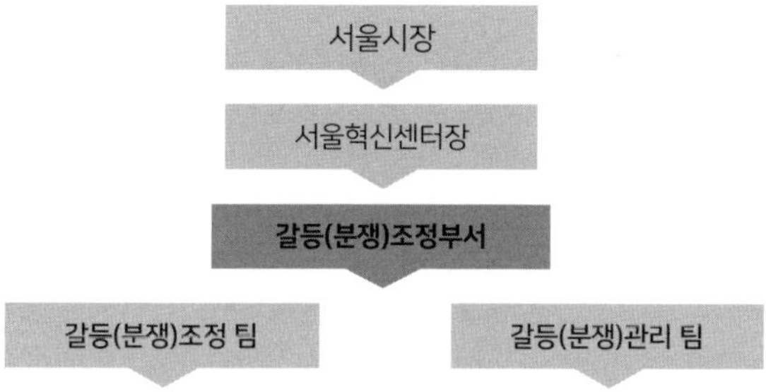

그림 VI-3 서울특별시 갈등(분쟁)조정부서의 조직도

출처: 저자 작성.

쟁)조정을 전문적으로 관리한 경험이 있는 외분 전문인들로 되어 있다(서울특별시 갈등관리매뉴얼, 2013).

(2) 갈등(분쟁)조정부서의 법적 근거

2007년 2월 12일 '공공기관 갈등 예방과 해결에 관한 대통령령'이 시행되었다. 이에 따라 서울시에서는 2012년 9월에 공공갈등을 예방하고 조정(mediation)하기 위해서 서울시 공공갈등예방에 관련한 조례를 제정하였고, 2013년 1월에 본격적으로 시행하였다(지남석 · 이현국, 2017). 서울시의 갈등관리 효율성 제고를 위한 조례는 20개의 조항으로 구성되어 있으며 목적과 그 의의에 대해서 명확하게 설명하고 있다.

서울시의 공공갈등 예방 및 조정을 위한 조례의 목적은 갈등으로 인한 사회적 비용 손실을 줄이고 통합을 추구하며 서울시청을 주축으로 하여 정책을 시행하는 것이다.

해당 조례에서는 공공갈등을 서울시의 공공정책(프로젝트)의 시행 또는 기존 프로세스를 재구성 및 수정함으로써 이와 관련한 이해관계인들 사이에서 발생할 수 있는 분쟁 및 갈등을 의미한다. 그리고 갈등관리에 대해서는 갈등을 해결하고 미리 예방할 수 있는 모든 과정들을 정의하고 있다.

이외에 주요 요소들을 간략하게 소개하자면, 연간 분쟁관리 계획에 대한 전체적인 개요 및 포맷, 갈등영향 평가 등 시행, 갈등관리 심의위원회 구성 및 기능 규정, 갈등해결위원회 구성 및 기능 규정, 더불어 갈등관리 매뉴얼 초안 작성 및 활용 등 갈등관리 평가에 필요한 내용 규정 등이 있다.

(3) 갈등관리 심의위원회의 구성 및 기능

서울시청은 2013년도 갈등관리 심의위원회를 개회하였다. 해당 위원회의 주요 책임 업무는 갈등관리 컨설팅, 갈등관리 정책에 대한 설명 및 전달, 마지막으로 갈등을 해결할 수 있는 수단을 제시하는 것이다. 위원회는 갈등조정에 대하여 체계적이고 전문적인 컨설팅을 제공하기 위하여 총 15명의 전문가로 구성된다. 구체적인 구성원은 서울시청에서 3명, 시의회 또는 갈등 조정 전문 경험이 있는 전문가 등 12명의 외부인으로 구성된다. 그리고 반드시 매 분기마다 회의를 가지며, 필요에 따라서 당연히 임시 회의도 할 수 있도록 하고 있다.

위원회의 가장 중요한 책임은 갈등(분쟁)사건에 대해서 명확하게 분석하여 성공적인 분쟁 조정이 이루어질 수 있도록 사건에 대한 유형화를 하는 것이다. 더불어 분쟁 해결 및 관리할 수 있는 지역의 법률 및 규정을 수정해야 한다. 그리고 분쟁 해결을 위한 임시위원회 등을 구성하고 시행해야 한다.

(4) 갈등(분쟁)조정부서의 주요 업무

해당 부서의 주요 업무를 2가지로 나눌 수 있다. 첫 번째는 시(市)의 정책 시행으로 인하여 일어날 수 있는 분쟁을 예방하는 것이며, 두 번째는 시(市)의 정책 시행으로 실제 분쟁사건이 발생하였을 경우 분쟁 조정을 진행해야 한다는 것이다.

① 분쟁 예방 업무: 갈등관리 심의위원회에서 분쟁을 명확하게 사건 관계를 규명하고, 각 단계에 필요한 분쟁 해결 방안 제시 및 계획을 해야 한다. 그리고 분쟁이 일어날 수 있는 부분에 대해서 미리 경고할 수 있는 시스템을 갖춰야 하며, 해당 사건을 진행할 직원 및 보조원들에게 교육해야 한다. 마지막으로 사전에 분쟁을 관리할 수 있는 백서 및 매뉴얼을 발간해야 한다.

② 분쟁 조정 업무: 이는 사전에 예방하는 시스템이 아닌 분쟁이 발생하고 사후에 해결할 수 있는 시스템이고, 조정을 선택하고 있다. 갈등이 발생한 후, 갈등 평가를 진행하고, 조정 전문인을 파견하여 갈등을 해결할 수 있는 위원회를 구성하고 작동할 수 있도록 해야 한다.

서울시의 해당 부서에서는 민간 전문 조정인을 활용하고 그 노하우를 배우기 위해서 전문 조정을 하고 있는 여러 기관들과 MOU를 체결하였다. 이를 통해 다양한 분쟁 조정의 기술을 배우고, 사례 분석을 통해 다양한 조정 사례를 접할 수 있도록 하고 있다. 그리고 실제 트레이닝 프로그램을 구성하여 실습할 수 있는 기회를 제공하고 있다.

2) 서울특별시의 갈등관리 프로세스 분석

서울시에서는 시스템적으로 갈등을 관리하기 위하여 4단계 프로세스를 구축하고 있다. 4단계에는 갈등 발생 사전/사후 모두를 대비하여 1단계, 2단계는 사전 단계, 3 · 4단계는 사후로 구성하였다. 즉, 일단 갈등 및 분쟁이 발생하게 되면 3단계부터 시행된다. 이와 관련하여 각 단계를 자세하게 분석하고자 한다.

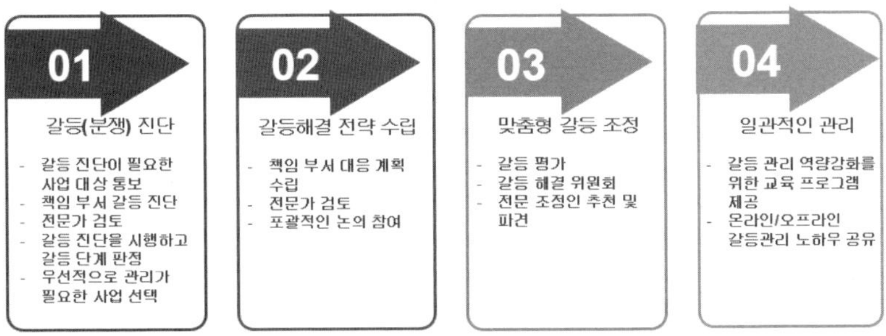

그림 VI-4 서울특별시 갈등관리 프로세스 도식화

출처: 연구팀 작성.

(1) 갈등(분쟁) 진단 단계

이 단계에서 가장 중요하게 여기는 것은 사전에 갈등의 정체를 분명하게 밝히고 선제적으로 대응할 수 있도록 하는 것이다. 이를 단계를 분명하게 수행하기 위하여 서울시는 2013년 갈등진단을 전문적으로 하는 프로세스를 시행하고 있다.

갈등진단 프로세스는 서울시에서 발생할 수 있는 모든 프로젝트들 중에서 가장 높은 주의 단계와 관리를 요하는 위험성 있는 프로젝트를 선택하고 분석할 수 있는 프로세스를 의미한다. 이 시스템의 가장 이점은 서울 시청에서 주관하고 시행하고 있는 시(市) 정책으로 인하여 발생할 수 있는 현존하고 있는 갈등과 잠재적인 갈등을 모두 이해하고 분석할 수 있어 선제적인 대응이 가능하다는 것이다. 위험성 있는 시(市) 정책을 갈등을 완화시키면서 예방할 수 있는 방향으로 이끌어 갈 수 있다. 실제적으로 2013년에서 2014년까지 총 91개의 프로젝트가 우선적으로 관리가 필요한 사업으로 선택되었고, 그중 80%의 사례에서 성공적으로 갈등을 예

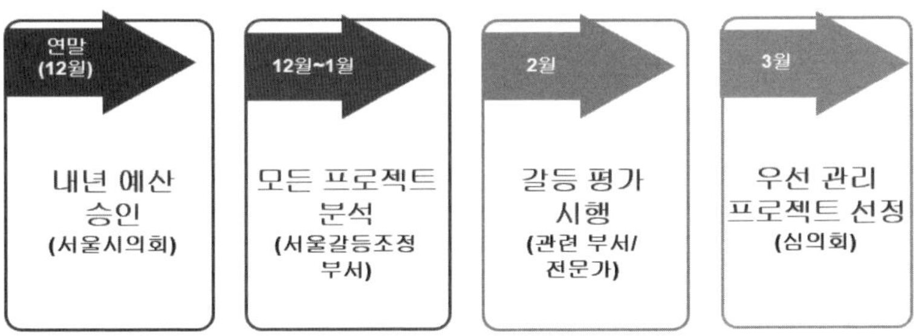

그림 VI-5 서울시 갈등(분쟁) 진단 단계 상세화

출처: 연구팀 작성.

방할 수 있었다.

가장 중요한 것은 서울시 갈등조정부서에서 진행하는 모든 프로젝트 분석 단계에서 각 프로젝트마다 갈등이 발생할 수 있는 부분을 체계화하고 갈등을 유형화하고 난 후, 분석한 서류를 갈등조정부서에 넘겨 조정과 관련한 사건을 분석한다. 이 프로세스가 진행되면 갈등 유형화 및 분석을 명확하고 전문적으로 확인하기 위하여 다른 분야에서의 전문적인 조정 전문인들에게 자문한다.

1단계 갈등(분쟁) 진단 단계를 구체화하여 보면 갈등경고시스템, 프로젝트 단계마다 분석, 갈등관리 단계로 나눌 수 있다. 갈등경고시스템은 모니터링하면서 여론이나 시행하는 프로젝트로 인한 갈등의 위험성이 있는 경우를 분류하여 경고할 수 있도록 하는 단계이다. 그리고 단계 분석은 주의를 요하는 사건에 있어서 위험적인 부분이 발생할 수 있는 부분에 대하여 단계적으로 분석하는 것을 의미한다. 민원을 중심으로 분석하는데 위험을 선정하기 위한 세부적 기준이 따로 존재한다. 정량적으로는 1주일간 5건 이상의 민원 제기, 뉴스에서 다루고 있는 갈등, 청원자가 참여하는 집단 민원, 3일 이상 지속되는 개별 항의, 2주 이상 민원이 제기된 것, 그리고 20명 이상이 포함된 집단 민원으로 나눈다. 이와 더불어 반드시 있어야 할 기준으로 갈등의 악화 가능성 판단, 심각성, 지속성, 갈등 매체 가능성 등이 있다. 그리고 갈등의 관리 단계에서는 갈등이 발생할 수 있는 이해관계인들에게 갈등조정부서의 존재와 갈등이 발생할 경우 대체적인 수단인 조정 등을 지원해 준다는 것을 주관할 것이고, 필요한 대응에 대해서 즉각적이고 다양한 응답을 해 줄 것을 약속하여, 갈등을 관리할 수 있는 시스템의 존재 및 관리를 보여주는 것이다.

(2) 갈등해결 전략 수립 단계

1단계는 관련 부서와 분쟁 해결 전략 초안을 구성하고, 2단계는 전문적인 조언을 줄 수 있는 컨설턴트를 찾는 것이다. 그리고 마지막으로 부서장 또는 전문가와 함께 종합적인 검토회의를 개최한다.

관련 부서에서 고안한 갈등해결 전략에는 사업의 개요, 잠재적인 또는 현존하는 갈등의 원인, 각 분쟁당사자의 범위 및 입장, 갈등조정 방향이 포함되어야 한다. 전문 조정인은 관련 부서가 작성한 전략에 대한 컨설팅을 제공해야 하며, 조정인은 대안적 해결책을 찾기 위하여 객관적인 피드백을 줄 수 있도록 하고 있다. 분쟁 해결을 위한 전략은 최종적으로 주요 부서장이 참여하는 종합 검토회의에서 승인이 되고 해당 회의에는 외부 전문가 또한 포함된다. 이 단계가 사건을 미리 예방할 수 있도록 분쟁시스템을 디자인하는 DSD 단계로 볼 수 있을 것이다. 미국이나 해외처럼 구체적으로 분쟁시스템디자인에 대한 전략이나 방향은 제시되어 있지 않지만 서울시처럼 이러한 단계를 구성하여 미리 사건을 예방하기 위해서는 반드시 필요한 단계로 보인다. 우리나라 또한 이에 대한 인식을 하고 있다는 것을 보여주고 이러한 시스템을 구축해 나갈 필요성이 있다.

(3) 맞춤형 갈등조정 단계

이전 단계는 사전에 갈등을 예방하기 위한 것이고 해당 단계부터는 발생한 갈등에 대해서 사후적으로 처리할 수 있는 단계를 제시하고 있다.

현존하고 있는 갈등과 관련해서는 맞춤형 갈등조정을 제공하여 신속하고 체계적인 대응책을 강구하는 것이 가장 중요하다. 갈등 유형에 따라 갈등 평가, 갈등해결협의회 등으로 시 차원에서 해결할 수 있고, 전문 조정인을 포함시킨 조정과정을 진행하는 등 다양한 지원책이 시행되고 있다.

(4) 지속적인 갈등관리 단계

갈등해소를 위해서는 해당 부서 공무원들의 역량도 중요하다. 공무원들이 사전 예방적 조치를 취하면 갈등이 신속하게 해결될 수 있기 때문이다. 다라서 갈등조정 부서의 직원 역량 강화를 위하여 갈등해결에 관련한 다양한 오프라인 프로그램을 제공하고 있다. 또한 오프라인 프로그램에 참가할 수 없는 공무원을 위해서 갈등관리 매뉴얼, 갈등관리 백서 등 다양한 출판물을 발간하고 있다. 그리고 사례연구를 전문적으로 진행할 수 있도록 갈등관리 온라인 컨설팅 또한 제공하고 있다. 이를 통해 공무원들의 갈등관리에 대한 인식을 높이고 갈등이 발생하고 있는 사업 내에서 전문적인 조정인의 역할을 준할 수 있도록 노력하고 있는 것이다.

3) 서울특별시의 갈등관리 사례연구

(1) 강제적인 세입자 철거로 촉발된 갈등해결 사례

① 사건 전개 과정

1년 반 동안 하루도 빠짐없이 서울시청 앞에서 강제로 쫓겨나게 된 세입자가 1인 시위를 하고 있었다. 그 피켓에는 강제 철거 반대를 지지해 달라는 청원이었다. 2006년 세입자 부부는 서대문구에서 점포를 임대하여 식당을 개업하였다. 초반에는 어려웠지만 시간이 지날수록 상당한 수익을 얻을 수 있었다. 그러나 서대문구 주택재개발 사업의 시행으로 인하여 그들은 그들이 빌린 건물이 철거될 것이라는 소리를 듣게 되었다. 비현실적이고 부족한 보상금은 세입자 부부에게 어려움을 주게 되었다. 재개발로 사업장을 이전해야 할 경우 임차인은 3개월간의 영업 손실과 이전비용을 보전해 주는 보상을 받을 수 있었지만 실질적인 보상액은 그에 미치지 못했고, 다른 곳에서 식당을 개업하는 것은 불가능했다(White paper on Conflict Management of Seoul, 2015).

입주자 부부는 공제회에 보상금 산정방식을 공개할 것을 요구하였지만, 요구에도 불구하고 협회는 정보 공개를 거부하였으며 심지어 건물 밖으로 나갈 것을 계속 촉구받았다. 그리하여 2011년 11월 11일 협회는 강제퇴거를 강행하였고, 이러한 과정에서 세입자 부인은 부상을 입게 되었고, 갈등이 심화되는 방아쇠가 되었다. 이후 부부는 재개발 현장 앞에서 작은 텐트를 치고 시위를 시작했으며, 서울시청, 서대문구청, 협회 사무실 앞에서 1인 시위를 벌이기 시작하였다. 또한 여러 건의 법률소송을 제기하였고, 수십 건의 민원을 제출하였다(White Paper, 2015). 세입자 부부와 조합 간의 갈등이 심화되자 서울시와 서대문구청은 2012년 12월부터 2013년 4월까지 긴 협상을 벌이며 조정에 나섰지만, 감정싸움이 심화되면서 협상이 결렬되었다. 2013년 6월 13일, 서울시장이 세입자의 민원을 들어 갈등조정부서가 조치를 취해야 한다는 결정을 내렸다. 갈등(분쟁)조정부서는 이 사건을 재개발 보상 전문 조정인과 변호사에게 의뢰하였으며, 전문가들은 사건의 진상을 명확히 파악하기 위하여 이해관계자들과 개별 인터뷰를 진행하였다. 그 후, 갈등 해소를 위한 절차를 고안하고 비슷한 사례를 찾기 위한 연구를 진행하면서 다른 전문가들과도 상의를 충분히 진행한 후, 분쟁당사자들과 조정 · 협상을 시작하였다(중앙일보, 2014).

② 갈등해결 프로세스 및 협상 방법

갈등을 가장 효과적으로 해결할 수 있는 방법은 협의체를 설치하는 것이다. 그러나 이 사간에서 2년간 첨예하게 지속적으로 의견 대립이 있었기 때문에 이해관계 양측은 뿌리 깊은 적대감과 분노를 가지고 있었다. 그리하여 구체적인 사건을 해결할 수 있는 프로세스를 사용하기에는 어려움이 있었고, 상황을 악화시킬 수 있는 위험도 있었다.

그리하여 서울시에서는 두 가지 전략을 선택하였다. 첫 번째로는 위촉된 전문직 종사자들은 공통점을 찾기 위해 논쟁당사자들과 일대일 인터뷰를 가졌다. 하지만 이것만으로는 해결에 오랜 시간이 걸리기 때문에 다른 방법도 사용하였다. 전문 조정인을 수반하는 전통적인 갈등해결 방식이 동시에 진행되었고, 중립적인 제3자인 조정인이 합의를 제안하고 협상을 용이하게 하여 분쟁을 빠른 시일 내에 해결할 수 있었다.

③ 결의와 대안을 모색할 수 있는 방향

세입자 부부가 협회에 대해 적개심을 가졌기 때문에 자신들의 요구가 받아들여질 때까지 한 치도 움직이지 않았다. 부부는 감정평가 방식과 결과 공개 거부, 강제 퇴거 중 아내의 부상 등을 이유로 하여 협회에 전적인 책임이 있다고 주장했다.

하지만 협회는 보상금을 받고 건물에서 나간 다른 세입자들과의 형평성을 따져 부부의 요구를 거절했고, 이런 상황에서 전문 조정인들은 각 당사자들과 여러 차례 회의를 열고 그들의 관점과 태도를 바꾸기 위하여 노력하였다. 이러한 노력 끝에 협회는 입장을 바꾸기 시작했고, 세입자 부부 역시 자신이 처한 상황을 인식하기 시작했고 현실적인 수준의 요구를 하였다.

협상을 신속하고 원활하게 마무리하기 위하여 조정인은 양측에 합의를 제안했고, 부부가 재개발 사업 시행 과정에서 입은 직접적인 피해를 토대로 정산 초안을 작성하였다. 협회는 이 초안을 수용하지는 않은 대신 애초에 약속한 보상금보다는 높게 제시하였지만, 부부 측에서는 부족하다며 그 정산을 거부하였다.

④ 대체적인 해결책 찾기

협회는 더 이상 양보할 가능성이 적었기 때문에, 부부가 새로운 식당을 열 수 있도록 다른 조치가 필요했다. 우선 서울시 프로그램을 활용하여 부부가 창업할 수 있는 특별 대출을 해주었고, 부부가 건물 철거 전과 마찬가지로 프랜차이즈 식당을 운영하고자 했기 때문에 프랜차이즈 업주를 만나 지원요청을 부탁했다. 이러한 서울시의 보완책들로 인해 사건은 일단락 마무리되었다(White paper on Conflict Management of Seoul, 2015).

⑤ 최종 결과

2013년 10월 24일, 분쟁당사자들은 마침내 합의안에 서명하였다. 협회는 보상금을 세입자 부부에게 넘겼고, 부부는 농성을 끝내고 자신들이 제기한 민원 및 법률소송 모두를 취하하였다. 합의문에 서명한 뒤 협회 회원들은 부부에 대한 사과와 격려의 말을 전했는데, 이 말을 들은 부부의 첫마디는 어떤 보상보다 사과의 말 한마디를 원했다는 것이다(한겨레, 2013). 그리고 그 다음날 공식적인 농성을 끝내고, 이는 전문 조정인을 통한 분쟁조정 사례로 등장하였다. 그리하여 어떤 인터뷰에서 세입자는 자신이 철거로 인하여 식당을 잃고 강제로 쫓겨나게 되었을 때 어느 누구도 자신의 입장을 들어주지 않았다는 것이다. 그러자 조정인이 와서 얘기를 들어주었고, 그때 분노와 좌절감을 풀 수 있었다고 하였다. 더불어 갈등해결에서 가장 중요한 것이 경청과 배려라는 것이고, 그를 잘 보여 줄 수 있는 것이 조정이라는 것을 잘 보여 줄 수 있는 사례이다.

4) 지방 간 공공갈등에 대한 조정과 중재

(1) 중앙-지방 / 지방 간 공공갈등 특성과 분쟁조정제도

부산 · 경남 지역 낙동강 수계 갈등, 동남권 신공항 유치 문제 등 사례에서 살펴본 바와 같이, 한국사회는 공공기관 간 갈등 중 지방자치체 간 첨예한 갈등 · 대립이 빈번하다. 지방 간 공공갈등 영역에서 어쩌면 당연한 결과다. 지방 간 공공갈등에 대한 문제는 다음 두 개의 영역으로 나눌 수 있다. 첫째, 중앙정부와 지자체 간 갈등과 둘째, 지자체 간 갈등이다.

중앙정부와 지자체 간 갈등은 빠른 시간 내에 조정되기 마련이다. 중앙과 지자체 간 수직적 구조가 유지되고 있는 상황에서 중앙은 지시하고, 지자체는 지속적으로 요구하는 관계가 형성된다. 즉 중앙-지방의 갈등 문제는 한국사회의 지방분권 취약성 문제로 귀결된다. 1995년 6월 제1회 전국동시지방선거가 개최된 이후 25년의 기간이 경과하였지만, 여전히 한국사회에서 지방정부가 분권형 거버넌스를 구축하였다고 하기에 미흡한 점이 많다. 일반적으로 분권(centralization)은 중앙 수준의 정부로부터 지방 수준의 정부로 정책 결정에 관한 권위(authority)와 권력(power)을 이전시키는 것을 의미한다(전용주, 2010: 112). 이러한 구조하에서 지자체는 체계적인 제도 보완을 통해 중앙정부에 요구를 관철시키기보다, 지역구 국회의원과의 협력 등을 통해 정치적 영향력을 행사하고자 한다. 이른바 관행인 것이다. 한국사회 전반에 민주주의 제도적 정착이 진행되었으나, 여전히 엽관주의 관료제도(bureaucratic patronage)가 잔존해 있는 것이다. 엽관주의 관료제도는 정치적으로 민주주의가 결핍되거나 민주주의 제도화가 진전되는 중에도 높은 수준의 권위주의가 시행되는 국가에서 흔히 발견된다.

따라서 중앙정부와 지자체 간 갈등은 단순히 갈등조정제도의 도입으로부터 해결할 수 없다. 이는 중앙정부와 지자체 간 수평적 관계 형성, 즉 진정한 지방균형 발전을 통해 도달할 수 있는 것이다. 현재 지방의회는 지방자치와 관련한 법률안을 제출할 권한을 가지고 있지 않다. 다만 현재 지방의회는 광역의회 네트워크를 구성할 수 있으며, 전국 시 · 도의회의장협의회, 전국균형발전지방의회협의회, 권역별 광역의회의장단협의회

표 VI-5 국가균형발전 특별법 제148조 시 · 도 지역혁신협의회

제28조(시 · 도 지역혁신협의회 등) ① 시 · 도지사는 다음 각 호의 사항을 심의하기 위하여 시 · 도지사 소속으로 시 · 도 지역혁신협의회(이하 "시 · 도협의회"라 한다)를 둔다. 이 경우 시 · 도협의회는 심의결과를 국가균형발전위원회에 제출하여야 한다. 1. 시 · 도 계획 및 시 · 도 시행계획의 수립에 관한 사항 2. 관할 시 · 도 지역 산업 · 기업의 육성 등에 대한 중장기 전략 수립에 관한 사항 3. 관할 시 · 도가 추진하는 국가균형발전시책의 시행에 관한 사항 4. 관할 시 · 도에서 제11조에 따라 추진하는 지역경제 활성화 촉진 시책 운영체계에 대한 평가 및 개선에 관한 사항 5. 관할 국가혁신융복합단지의 지정과 육성에 관한 사항 6. 그 밖에 시 · 도협의회의 장이 부의하는 사항 ② 시 · 도지사는 관할 시 · 도의 국가균형발전시책 및 제1항 각 호에 따른 시 · 도협의회의 심의를 지원하기 위하여 시 · 도지사 소속으로 시 · 도 지역혁신지원단을 둔다. ③ 제1항 및 제2항 이외에 시 · 도협의회와 시 · 도 지역혁신지원단의 구성 · 운영 등에 필요한 사항은 대통령령으로 정한다. 제29조(시 · 군 · 구 지역혁신협의회) ① 시장 · 군수 · 구청장은 관할 시 · 군 · 구가 추진하는 국가균형발전시책의 시행 및 지역혁신 등과 관련된 중요 사항의 협의 · 조정 등을 위하여 시 · 군 · 구 지역혁신협의회를 둘 수 있다. ② 제1항에 따른 시 · 군 · 구 지역혁신협의회의 구성, 운영 등에 필요한 사항은 대통령령으로 정한다.

출처: 국가균형발전 특별법
http://www.law.go.kr/%EB%B2%95%EB%A0%B9/%EA%B5%AD%EA%B0%80%EA%B7%A0%ED%98%95%EB%B0%9C%EC%A0%84%ED%8A%B9%EB%B3%84%EB%B2%95/(16906) (검색일: 2020.7.20.)

등이 활약하고 있다. 협의회가 구성되어 협의체 지위에서 광역의회 상호간 취할 수 있는 활동이 다음의 두 가지로 존재한다. 첫째, 지방자치에 직접적인 영향을 미치는 법령 등에 관한 의견을 행정자치부장관에게 배출할 수 있으며(2008년 2월 29일 개정), 둘째, 지방자치와 관련된 법률의 제정 · 개정 또는 폐지가 필요하다고 인정하는 경우 국회에 서면으로 의견

표 VI-6 지방자치법 제148조 지방자치단체 상호 간의 분쟁조정

① 지방자치단체 상호 간이나 지방자치단체의 장 상호 간 사무를 처리할 때 의견이 달라 다툼(이하 "분쟁"이라 한다)이 생기면 다른 법률에 특별한 규정이 없으면 행정안전부장관이나 시 · 도지사가 당사자의 신청에 따라 조정(조정)할 수 있다. 다만, 그 분쟁이 공익을 현저히 저해하여 조속한 조정이 필요하다고 인정되면 당사자의 신청이 없어도 직권으로 조정할 수 있다.
② 제1항 단서에 따라 행정안전부장관이나 시 · 도지사가 분쟁을 조정하는 경우에는 그 취지를 미리 당사자에게 알려야 한다.
③ 행정안전부장관이나 시 · 도지사가 제1항의 분쟁을 조정하고자 할 때에는 관계 중앙행정기관의 장과의 협의를 거쳐 제149조에 따른 지방자치단체중앙분쟁조정위원회나 지방자치단체지방분쟁조정위원회의 의결에 따라 조정하여야 한다.
④ 행정안전부장관이나 시 · 도지사는 제1항의 조정에 대하여 결정을 하면 서면으로 지체 없이 관계 지방자치단체의 장에게 통보하여야 하며, 통보를 받은 지방자치단체의 장은 그 조정결정사항을 이행하여야 한다.
⑤ 제4항의 조정결정사항 중 예산이 수반되는 사항에 대하여는 관계 지방자치단체는 필요한 예산을 우선적으로 편성하여야 한다. 이 경우 연차적으로 추진하여야 할 사항은 연도별 추진계획을 행정안전부장관이나 시 · 도지사에게 보고하여야 한다.
⑥ 행정안전부장관이나 시 · 도지사는 제1항의 조정결정에 따른 시설의 설치 또는 역무의 제공으로 이익을 받거나 그 원인을 일으켰다고 인정되는 지방자치단체에 대하여는 그 시설비나 운영비 등의 전부나 일부를 행정안전부장관이 정하는 기준에 따라 부담하게 할 수 있다.
⑦ 행정안전부장관이나 시 · 도지사는 제4항부터 제6항까지의 규정에 따른 조정결정사항이 성실히 이행되지 아니하면 그 지방자치단체에 대하여 제170조를 준용하여 이행하게 할 수 있다.

출처: 지방자치법
http://www.yeslaw.com/front/page/fulltext.html?pAct=viewPopLaw&pLawId=375 (검색일: 2020.7.20.)

을 제출할 수 있다(2011년 7월 14일 신설)(민희, 2016: 77-78).

중앙정부와 지자체 간 공공갈등은 행정 업무의 수직적 구조 탓에 직접적 문제가 되는 경우는 적다. 오히려 중앙정부가 명백한 책임 관할을 가

진 사안임에도 지자체 간 갈등이 발생한 경우 해당 시도가 협의를 통해 최종적인 해결안을 가져올 것을 요구한다. 이는 중앙과 지방 간 명확한 역할 분담을 통해 업무의 수평적 구조를 제도화하고, 관행상 유지되고 있는 기관위임사무의 개혁이 필요한 부분이다.

따라서 공공갈등의 가장 핵심적 영역은 둘째, 지자체 간 갈등이라 하겠다. 본고에서 다룬 공공기관 간 갈등 낙동강 수계 갈등과 협상 사례 및 영남권 신공항 유치 갈등 사례 또한 해당 영역에 속한다.

이러한 문제점을 해결하기 위해 지난 2000년 4월 정부는 지방자치단체 중앙분쟁조정위원회(이하 중앙분쟁조정위원회)를 발족시켰다. 출범한 중앙분쟁조정위원회는 지난 20년간(2019년 7월 기준) 총 288건의 지자체 간 갈등을 해결해 왔다. 중앙분쟁조정위원회 위원은 민간위원 6명과 당연직 위원인 행안부, 기획재정부, 산업통상자원부, 환경부, 국토교통부 차관 5명으로 행정안전부 장관의 제청과 대통령 위촉을 통해 총 11명으로 구성된다. 위원회 및 위원장의 임기는 3년으로 연임이 가능하다. 중앙분쟁조정위원회는 지방자치법 제149조에 따라 설치된 행안부 소속 위원회다. 지자체 간 사무를 처리할 때 의견이 달라 분쟁이 생기는 경우 이를 조정하며, 특히 '일반분쟁'과 달리 '신규토지' 분쟁 절차를 별도로 두고 매립지, 등록누락지 등 새롭게 생겨나는 토지의 관할 지자체를 결정하는 기능도 맡고 있다.[8)]

중앙분쟁조정위원회의 도입 이후 갈등 조정의 가장 대표적인 사례가

---

8) 파이낸셜뉴스, "지자체 분쟁조정위원회, 출범 후 20년 간 '갈등사례 288건 해결'", https://www.fnnews.com/news/201908281435134188 (검색일: 2020.7.20.)

표 VI-7 지방자치법 제149조 지방자치단체중앙분쟁조정위원회 등의 설치와 구성

① 제148조제1항에 따른 분쟁의 조정과 제156조제1항에 따른 협의사항의 조정에 필요한 사항을 심의 · 의결하기 위하여 행정안전부에 지방자치단체중앙분쟁조정위원회(이하 "중앙분쟁조정위원회"라 한다)와 시 · 도에 지방자치단체지방분쟁조정위원회(이하 "지방분쟁조정위원회"라 한다)를 둔다. ② 중앙분쟁조정위원회는 다음 각 호의 분쟁을 심의 · 의결한다. 1. 시 · 도 간 또는 그 장 간의 분쟁 2. 시 · 도를 달리하는 시 · 군 및 자치구 간 또는 그 장 간의 분쟁 3. 시 · 도와 시 · 군 및 자치구 간 또는 그 장 간의 분쟁 4. 시 · 도와 지방자치단체조합 간 또는 그 장 간의 분쟁 5. 시 · 도를 달리하는 시 · 군 및 자치구와 지방자치단체조합 간 또는 그 장 간의 분쟁 6. 시 · 도를 달리하는 지방자치단체조합 간 또는 그 장 간의 분쟁 ③ 지방분쟁조정위원회는 제2항 각 호에 해당하지 아니하는 지방자치단체 · 지방자치단체조합 간 또는 그 장 간의 분쟁을 심의 · 의결한다. ④ 중앙분쟁조정위원회와 지방분쟁조정위원회(이하 "분쟁조정위원회"라 한다)는 각각 위원장을 포함한 11명 이내의 위원으로 구성한다. ⑤ 중앙분쟁조정위원회의 위원장과 위원 중 5명은 다음 각 호에 해당하는 자 중에서 행정안전부장관의 제청으로 대통령이 임명하거나 위촉하고, 대통령령으로 정하는 중앙행정기관 소속 공무원은 당연직위원이 된다. 1. 대학에서 부교수 이상으로 3년 이상 재직 중이거나 재직한 자 2. 판사 · 검사 또는 변호사의 직에 6년 이상 재직 중이거나 재직한 자 3. 그 밖에 지방자치사무에 관한 학식과 경험이 풍부한 자 ⑥ 지방분쟁조정위원회의 위원장과 위원 중 5명은 제5항 각 호에 해당하는 자 중에서 시 · 도지사가 임명하거나 위촉하고, 조례로 정하는 해당 지방자치단체 소속 공무원은 당연직위원이 된다. ⑦ 공무원이 아닌 위원장 및 위원의 임기는 3년으로 하되, 연임할 수 있다. 다만, 보궐위원의 임기는 전임자의 남은 임기로 한다.

출처: 지방자치법
http://www.yeslaw.com/front/page/fulltext.html?pAct=viewPopLaw&pLawId=375 (검색일: 2020.7.20.)

지난 2013년 11월 새만금 3 · 4호 매립지 관할구역에 대한 대법원 확정 판결로, 대법원은 11월 14일, 김제시와 부안군이 제기한 새만금 3 · 4호 매립지 관할구역에 대해 중앙분쟁조정위원회 결정대로 판결했다.[9] 이와 같이 중앙분쟁조정위원회는 환경 문제, 부지 선정 문제에서 일정 정도 역할을 수행하고 있으나 아직까지 갈 길은 요원하다. 2019년 기준 중앙분쟁조정위원회가 처리한 288건 중 일반분쟁은 24건, 신규토지 분쟁(매립지 관할 지자체 결정)이 264건에 달한다. 즉 중앙분쟁조정위원회가 맡아 처리한 대부분의 분쟁이 신규토지분쟁에 치우쳐 있으며, 이외 지자체 간 장기간 갈등을 빚은 다양한 사례가 해결되지 못하고 있는 실정이다. 중앙분쟁조정위원회의 도입 결과, 자치사무에 대하여도 '분쟁'에 해당하기만 하면 국가의 광범위한 개입이 가능하게 되어 지방자치권을 침해할 위험이 발

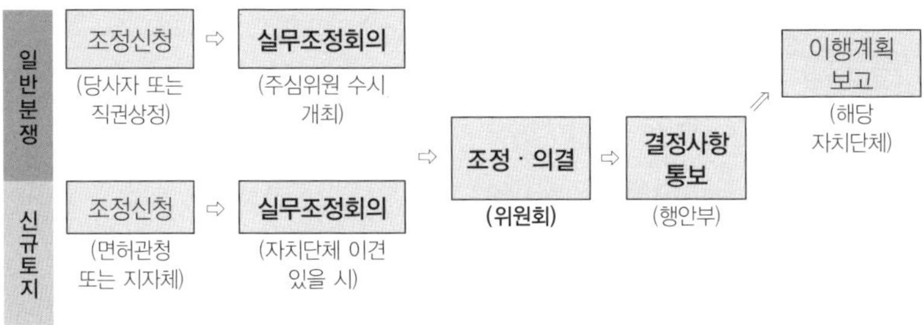

그림 VI-6 중앙분쟁조정위원회의 조정 절차

출처: 행정안전부, "제7기 지방자치단체 중앙분쟁조정위원회 출범", https://www.mois.go.kr/frt/bbs/type010/commonSelectBoardArticle.do?bbsId=BBSMSTR_000000000008&nttId=72611 (검색일: 2020.7.20.)

---

9) 행정안정부, "중앙분쟁조정위원회 위상 한층 높아져", https://mois.go.kr/frt/bbs/type010/commonSelectBoardArticle.do%3Bjsessionid=SgXFMWbEhmqLiV1U1I9lNrgZTv2KK3bIh03iCnXhJ7NgCaPaMNjKplkMI4V8jDZ7.mopwas53_servlet_engine1?bbsId=BBSMSTR_000000000008&nttId=30124 (검색일: 2020.7.20.)

생하고 지방자치단체에 대한 국가의 지도감독권을 규정하고 있는 지방자치법 제9장의 규정과도 충돌하게 되는 문제점이 발생하게 되었다. 그 이유는 종래 대체적 분쟁해결 수단으로 도입되었던 '분쟁조정절차'가 직권조정제도가 도입되고 분쟁조정결정에 법적 구속력이 부여되는 등 강력한 절차로 변모되어 가고 있음에도 불구하고 관련 규정들이 제대로 정비되지 않았기 때문으로 보인다(이진수, 2012: 147).

현재 중앙분쟁조정위원회는 제7기를 맞이하였다. 제7기 민간위원의 임기는 3년이며, 2022년 7월까지 활동할 예정이다.

(2) 공공기관 간 갈등 사례에 대한 갈등조정 대안 제시

한국의 갈등은 국민들의 정부에 대한 불신임 요소가 있기 때문에 더욱 강력한 투명성과 절차적 과정이 필요할 것으로 보인다. 한국의 공청회는 형식적인 절차로 보이는 성향이 강해서 주민과 정부, 지자체와의 대화에는 제3자와 입지 요건에 대한 전문가들이 개입하여 그 상황에 대한 해결을 함께 하는 것이 더욱 효과적으로 보인다. 경주 방폐장의 균열로 인해 경주 시민들의 불안함이 정부에 대한 불만으로 표출되는 사후 문제가 발생하고 있는데, 이는 단순한 보상으로 끝날 것이 아닌 이에 대한 손해와 이익을 판단해 줄 해결책이 필요하다. 본 사례에서는 이해갈등이 가치갈등화되어 복합화되기 전에, 조정과 중재를 시의적절하게 쓸 수 있는 DSD의 과정과 중재와 조정을 적용할 수 있는 채널을 통해 충분히 주민과 정부 측의 의견을 진술하고, 제3자가 조정하는 갈등해결의 적용이 유효한 것으로 판단된다.

본 연구를 통해 정부나 공공기관이 일단 민간의 상대 이해당사자인데 또 다른 제3자가 법원처럼 공권력을 가진 자가 개입하는 것보다는 민간 주도의 제3자가 중립자로 역할을 하는 것과 더불어 현재 한국 상황에 맞는 이해당사자 소통 중심의 대안적 협치의 모델을 찾아야 할 필요성을 도출하였다.

이에 본 연구에서는 공공갈등해결위원회(가칭)을 통한 조정메커니즘을 제시하고자 한다. 지자체 간 공공갈등을 해결하기 위한 공공갈등해결위원회의 구성은 중앙정부(관련 부처), 지자체, 전문가가 참석하며 부가적으로 관련 시민단체 등이 참여할 수 있다. 공공갈등해결위원회의 정책적 지향성은 다음과 같다. 첫째, 중장기적 지자체 간 해결되지 않는 문제는 해당 영역의 기관위임사무를 가급적 법정수탁 사무화하여야 한다. 둘째, 지자체 자치사무에 대한 권력적 관여를 확대하는 방향을 지향하여야 할 것이다. 셋째, 중앙-지방, 지방-지방 간 갈등 및 분쟁처리에 관한 법제화, 제도화가 필요하다. 흔히 일본의 지방분권을 집권융합형 시스템 구조라 지칭한다.

하지만 이러한 형태의 위원회는 현재 제도적으로 기능하는 중앙분쟁조정위원회 혹은 갈등관리심의위원회와 달리 참여하고자 하는 관련 시·도 지자체의 이해관계자 및 주민 누구나가 자유롭게 의견을 개진하고, 정보에 접근할 수 있도록 할 필요가 있다. 우리 사회가 행정 전문성의 영역으로 보호하여 소위 '대외비'로 처리하는 정보의 차단이 공공갈등의 주요 계기가 되어 왔음을 직시하여야 한다. 인터뷰에 참여한 여러 피면접자들 또한 이를 공통적으로 이 부분을 지적한 바 있다. 전문행정, 보건의

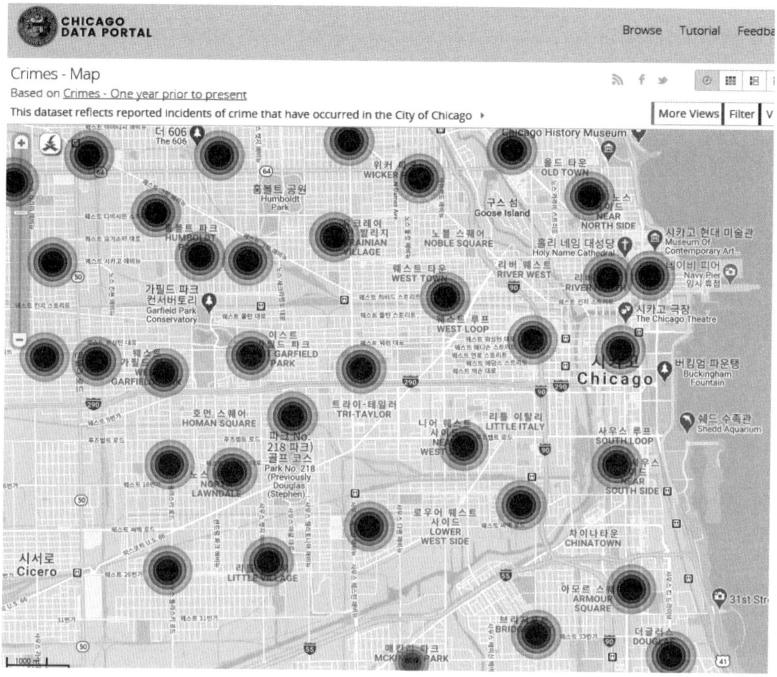

그림 VI-7 시카고 범죄 지도

출처: Chicago Data Portal, "Crimes – Map Based on Crimes – One year prior to present", https://data.cityofchicago.org/Public-Safety/Crimes-Map/dfnk-7re6 (검색일: 2020.10.15.)

료, 경찰 치안 등 주요 관청 내 관리되고 있는 단순 정보들 중 많은 부분이 일반 공개에 의해서 값어치 있는 정보력으로 재활성화될 수 있을 것이다. 최근 런던 등 주요 도시들이 예산 지출을 전면 공개함으로써 다양한 분야의 시민 전문가들로부터 양질의 지적과 예산 검토를 받는 예가 있어왔다. 또한 시카고에서는 단순히 범죄 지도를 공개하는 것만으로 해당 지역 주민의 수많은 제보와 조언을 통해 범죄 발생률을 감쇄시켜왔다.

한국사회는 현재 어떤 다른 국가나 국제도시보다 정보 공개 혹은 시·

그림 VI-8 갈등 유형에 따른 조정/참여적 갈등관리 적용 영역 분류 및 선제적 갈등예방 방안

출처: 연구팀 작성.

도민으로부터의 의견 청취를 구하기 위한 기술력을 확보하고 있다. 공공성과 투명성을 갖추고 어떤 시 · 도민 그리고 이해관계자도 공공갈등해결위원회에 참여할 수 있는 열린 방식을 통해 우리 사회의 갈등을 해결해 나아갈 수 있는 방안을 제시하고자 한다.

이는 지방공공단체로서의 역할과 국가의 하급기관을 융합한 시스템에 대한 해석이다. 일본에서는 이미 1990년대 지방분권 제도화를 위해 도입한 한시적 기구인 '지방분권추진위원회'의 권고에 의해 '제3자 기관'에 의한 분쟁처리 절차가 도입되었다. 본 연구를 통해 한국 내 공공갈등 영역 중 합의과정에서 가장 난항을 겪고 있는 지자체 간 분쟁에 대한 제도적 분쟁처리 절차의 정책적 제안을 제시한다.

이와 같은 조정메커니즘이 가능하도록 하기 위해 다음의 조건이 필요하다. 첫째, 공공갈등해결위원회의 활동은 독립성을 제도적으로 보장받아야 한다. 그렇지 않으면 해당 위원회는 공공갈등을 중재하는 기능을 수행하는 중앙정부의 하부기관에 지나지 않게 된다. 둘째, 위원회가 갈등조정 역할 수행 시 여론의 지지를 받는 추진과정의 투명성을 고려해야 한다. 방폐장, 원전, 공항 등 주요 기간시설의 입지 갈등에서 중앙정부 및 지자체 이해관계자들은 흔히 시민의 역할이 상당히 제한적이라 판단하고 있다. 하지만 관련 이해관계자들이 충분히 의견을 소명하고, 조정된 결과에 승복하기 위해서는 추진과정의 투명성이 대단히 중요한 사안이다.

Ⅶ. 결론 및 시사점

VII. 결론 및 시사점

최근 한국의 공공갈등을 바라보는 인식은 갈등 그 자체로 잘못된 것이고 제거되어야 한다는 프레임에서 갈등의 발발은 나쁜 것이 아니라 잘 활용되면 발전이나 새로운 단계로 나아가는 에너지가 될 수 있다는 시각으로 바뀌고 있다. 갈등은 사람이 타인과 사회로 연결되려고 하는 욕구가 다르게 분출된 것으로 볼 수 있다. 이는 갈등을 악으로 보고 갈등의 이해당사자들이 적대적이라는 프레임에서 벗어나 결국 갈등은 갈등의 상대방이 해법도 가지고 있다는 지점에서 시작해야 함을 시사한다. 적은 결국 적이 아니고 나와 다른 생각을 가진, 다양한 생각들의 한 표출이므로 나와 거리는 있을 수는 있어도 같은 이슈로 고민하는 나의 연장선이라고도 볼 수 있는 것이다.

국내에서는 공공갈등 분야에 조정과 참여적 갈등관리, 그리고 사전예방적 분쟁해결기제를 연계하여 공공분쟁에 적용한 사례가 이제 발현하기 시작하는 단계이다. 최근 사회적 갈등 양상의 심화로 발생되는 사회적 비용은 매년 증가하는 추세이다. 한국은 갈등에서 이어지는 분쟁으로 인해 1인당 GDP의 27% 이상에 해당하는 비용을 부담하고 있다. 공공분쟁을 더욱 심각하게 인지하고 대처해 나가야 하는 주요한 이유 중 하나는 갈등과 분쟁으로 당사자들의 피해가 단지 금전적인 데에 그치는 것이 아니라 갈등 주체들 간에 분리와 반목을 가져와서 당해 분쟁 상태가 원만히

해결되지 못하는 경우 돌이킬 수 없는 갈등과 분리를 가져올 수 있다는 것이다. 또한 이해관계자들이 복수이고 이해관계가 복합적이므로 공공분쟁의 경우 시간이 갈수록 초기보다 길어지고 훨씬 더 많은 수의 이해관계자가 생기는 점도 유의해야 한다. 정부와 민간 간의 당사자 협상과 타협은 그 결론을 맺기가 매우 힘들며 전통적인 소송 등의 해결방법은 장시간과 상당한 고비용을 소비해야 하는 점도 고려해야 한다. 소송 등의 방법은 몇 년에 걸쳐서, 법적 권리와 짜여진 절차에 기반하여 해결하며 금전 또는 형사적 책임을 진다 해도 그 이후 원만한 관계로 남지 않고 계속해서 적대적인 관계로 남을 가능성이 농후하다는 점도 인지해야 할 것이다.

서론에서 밝힌 바와 같이 공공갈등이 기본적인 가치와 결부된 문제로 발전한다면 제도적인 조정 등의 ADR로 해결하기는 매우 어렵다. 한국은 이전에는 사회 민주화에 따른 기본적인 권리, 지역사회의 이권, 환경 등 기본적인 인간 생활의 문제가 많았고 국내에서 발생하는 갈등의 성격상 급진적, 단기적이거나 이해관계의 갈등인 경우가 상당수였다. 그러나 최근 보수와 진보의 갈등에서처럼 만성적이고도 가치적인 갈등들이 첨예화되는 사례가 늘어나고 있으며, 표면적으로는 가치 문제가 아닌 경우에도 그 이면은 가치와 결부되어 있는 갈등들도 많다. 한국은 미국 등지에서 발생하는 총기 사용, 낙태, 인종 갈등 등의 문제는 많지 않지만, 급진 좌파, 수구 우파 등의 용어가 나타내는 이데올로기적 · 가치적 갈등은 항상 그 이면에 깔려 있다. 따라서 한국의 경우, 기본적인 가치 문제의 갈등이 더 깊어지기 전에 사회갈등을 해소하는 절차가 필요하다. 근본적이고도 가치적인 갈등이라고 하더라도, 갈등해결 중간중간에 조정, 참여적 갈등관리, 사전예방적 갈등관리를 적용한다면 소통을 통한 해결이 훨씬 용이해질 것이다. 나아가 현실적으로 지자체 갈등에서 지방분권의 실현 등은 상당한 유효기제로 작용할 것이다.

본 연구는 공공갈등 해결방안으로서 유럽과 미국 등의 공공갈등과 분쟁의 해결 양상을 살펴보고, 최근 주목받고 있는 조정(mediation)을 단계적으로 필요한 때에 적용할 필요가 있음과 동시에 사전예방적 갈등관리가 실효성이 있음을 주목하였다. 미국은 1976년 파운드회의에서 ADR의 아이디어가 태동한 이래 연방과 주정부가 적극적으로 1980년대에 확산시키고 1990년대에 협상에 의한 규칙제정법(the Negotiated Rulemaking)과 행정분쟁해결법(the Administrative Dispute Resolution)을 통해 제도화와 번성의 시기를 거쳤다. 최근까지 미국의 ADR은 끊임없이 발전하고 융합하는 분쟁해결기제로서 행정부, 사법부가 적극적으로 지원하고 법제화하며 지역사회분쟁조정센터(Community Mediation Center)에 이르기까지 다양하고 실효적인 기제로 발전 중이다. 한국은 현재 갈등해결기제로서 각 행정부처에서 조정이라는 명칭을 사용하고 있으나 실제로는 당사자 간의 합의보다는 행정기관의 권위적 결정에 의한 민원 해결이 우선시하는 경향도 조정이나 참여적 갈등관리 방안의 사용을 어렵게 만든다. 또한 참여적 공공갈등 관리는 최근의 신고리 공론화위원회 사례에서 보듯 숙의민주주의의 차원에서 여전히, 그리고 더욱 강력하게 요청되고 있는 도구로서 한국형 참여기제를 적극 개발할 필요가 있다. 선제적이고 예방적인 위기관리와 사전예방적인 행정서비스는 선진국에서 이미 추진하고 있는 시스템으로 최근 발생하고 있는 COVID-19 사태의 방역과 컨트

롤 시스템에서 보듯, 초기 발생 단계부터 위기상황으로 직면하여 관리할 때, 상황의 악화로 인한 고비용 발생과 반목을 피할 수 있는 것이다. 이러한 의미에서 한국의 공공갈등과 분쟁을 내용 면에서 유형화하고 특히, 법적, 제도적인 측면에서 조정이 적용될 수 있는 공공분쟁을 유형화하는 본 연구의 작업은 사회적으로 갈등과 반목을 감소시킬 수 있는 해결기제를 제시하고 비용을 절감하여 나아가 합의로 신뢰를 형성하고, 분쟁 갈등을 해소해 나가는 장을 마련하는 데 의의가 있다고 할 것이다.

본 연구에서는 한국사회 공공갈등의 정치적 이슈화, 확산 현상에 대한 사례별 분석을 통해 지자체 간 갈등은 공공갈등 영역에서 반목과 배척이 심한 영역임을 확인하였다. 지자체 간 갈등은 중앙정부와 지방정부 간 구조적 문제에서 기인함으로 중장기적 대책은 지방분권의 확립에 있다는 점을 지적한다. 신공항 입지 선정 갈등, 지자체 간 물 문제 갈등 등의 사례에서 공공갈등의 해소과정이 지방분권의 확립과정과 노정을 같이 하고 있음을 확인한다. 두 사례는 지역에 갈등조정 메커니즘이 없는 상황에서 필수적인 공공자원을 협력, 분배할 필요가 있을 때 발생하는 대표적 문제라 하겠다. 두 사례의 경우 지자체 간 공공갈등이 발생하면, 우선 지자체 간 행정 협력을 시도하나 두 지역 간 실질적 조정의 권한이나 이익배분의 여력이 없으므로 논의는 실패한다. 이어 사례의 중대성에 대한 언론 보도, 시민단체의 여론 호도 등을 통해 정치 이슈화 과정을 거치게 된다. 정치적 이슈화가 되어 지자체 시 · 도민의 이슈인지가 확산된 이후에는 권한을 가진 중앙정부의 개입이 쉽지 않게 된다. 중앙정부는 지자체 간 협의를 종용하며 오히려 방관적 자세를 취하게 되는 것이다. 이는 이슈가 장기화되며, 장기간에 걸친 대다수 시 · 도민의 관심사인 탓에 지자체 선거, 총선, 대선 시 관련 후보의 입장과 우선순위 발표 등으로 더욱더 광범위한 정치 이슈화 진전과정을 맞게 되는 결과를 가져온다. 이러한 과정에까지 처하게 되면 해당 갈등은 더 이상 협상이나 조정의 대상이 아닌 지자체 간 치킨게임의 현상으로 치닫게 되는 것이다.

현재 한국의 지방분권 체제 및 갈등조정 능력하에서 신공항 입지선정 갈등, 지자체 간 물 문제 등과 유사한 문제가 다시 발생한다면 갈등은 반복하여 재생산될 것이다. 이에 우리 사회는 공공갈등에 접근하는 태도와 방식을 근본적인 차원에서 변화시켜야 한다. 이슈와 관련한 제반 문제를 공공 시민사회에 투명하게 공개하고 이를 바탕으로 근본적인 해결책을 모색하는 제도적 장치가 필요한 것이다. 제3자 갈등조정위원회는 단순히 새로운 갈등조정 기구의 도입이 아니라 시민사회가 갈등을 대하는 태도, 갈등조정의 순기능에 대한 참여자의 이해, 이에 앞서 지방분권 강화를 통한 지방정부의 협상권한 확보로부터 출발할 수 있을 것이다. 따라서 본 사례 인터뷰에서 제도적 측면에서 지방분권의 진전이 갈등관리에 필요함을 주목하고 해당 공공갈등의 사례로 낙동강 수계 갈등, 부산의료원 민영화 갈등 관리 사례, 월성 1호기 및 신고리 공론화 사례, 그리고 영남권 신공항 유치 갈등 문제로 구성하였다. 이 사례들은 이미 일어났거나(낙동강 수계 갈등, 부산의료원 민영화 갈등 관리 사례, 월성1호기 및 신고리 공론화 사례) 아직도 진행 중(영남권 신공항 사례)이다.

본 연구는 민간에서 양성될 수 있는 공공갈등 조정제도의 필요성과 방안을 제시하였다. 이를 위해 문헌적, 비교법적으로 살펴보고 이를 현지

갈등관리 전문가, 조정인, 분쟁 이해당사자 들과의 인터뷰와 실증조사 등을 통해 분석하여 한국에 맞는 방안을 분석했다. 민간과 정부에게 공히 합의를 통한 의사결정의 중요성을 인지시키고 이를 기존 조정이나 참여형 의사결정 방식, 그리고 사전예방적 분쟁해결시스템 디자인을 통해 제도화하는 것이 가능함을 보여 주고자 하는 의도가 있다. 이는 정부와 지자단체 그리고 시민단체가 같이 이해당사자로 참여하여 조정 등을 통한 공공갈등을 해결하는 방안을 모색하는 시발점이 될 것이다.

본 연구가 제시하는 효과적인 공공갈등 해결방안에 기반하여 향후 한국의 공공갈등 방안에 대한 추가적 제언은 다음과 같다. 첫째, 공공갈등과 분쟁에 분야에 ADR기제인 조정과 참여형 공공갈등 관리방안으로서의 숙의민주주의 및 공론조사를 한국에 적용시키는 과정에서 한국적인 변형과 적정 모델을 찾아가는 과정이 중요함을 지적한다. 한국인의 갈등은 한국인만의 특성에 의해 그 개성을 발휘하고 있는데, 이는 한(恨)의 문화와 공동체 우선 주의, 지역, 인맥, 친분에 의한 갈등의 첨예화 및 양극화 등이다. 조정 갈등당사자들의 첨예한 대립관계를 갈등당사자들이 모두 자율적으로 수용할 수 있는 합리적 방안을 도출하려면 이해관계자들이 공히 인정할 수 있는 명망있고 공정한 조정인을 선발하여 일정한 과정을 통한 다자간 조정에의 교육과 훈련이 필요하다. 둘째, 이러한 ADR 과정을 각 대학과 공공기관 등으로 더욱 외연을 확장하는 작업이 필요하다. 해석법학적 방식을 지양하고 교과과정도 개편하여 현실적이고 실무적인 문제 해결과 합의 창출의 방안을 과정에 편입시켜야 한다. 셋째, 상향식이고 민주적인 분쟁해결시스템의 구축하여 일반 시민을 공적인 영역의 주체로 키워내는 작업이 있어야 한다. 참여적 갈등관리 방안의 참여적 갈등관리로서의 숙의민주주의와 공론화 등은 적극적인 시민들의 참여를 기반으로 하며 토론과 토의를 통해 시민 스스로가 학습하는 것이 바람직한 공공갈등 관리방안이다. 국민 개개인이 체감할 수 있는 공공갈등에의 ADR 적용과 더불어 참여적 갈등관리 및 선제적 갈등관리는 이해관계당사자가 사업 주체의 입장에 직접 서보는 맥락에서 필요한 것이다. 이를 위해 시민의 참여를 적극적으로 보장하고, 정보를 투명하게 공개하는 중앙정부와 지방정부의 노력은 반드시 입법으로 정착되어야 한다. 넷째, 사전에 사업을 진단할 때 예산사업을 중심으로 사업부서와 갈등 전문가 및 사업으로 영향을 받는 시민들이 공동으로 갈등영향평가를 작성하여 추후 사업 진행 시 있을 수 있는 가능한 모든 상황을 고려하고 실무위원회를 만들어 갈등의 등급을 미리 결정할 필요가 있다. 사전예방적 분쟁해결을 위한 영국, 프랑스, 독일, 미국 등이 지니는 갈등관리의 가장 큰 특징은 갈등 사업의 초입부터 예방적(preventive) 시스템에 주력하는 점으로, 이는 다양한 제도를 이미 실행하여 증명된 바 있다. 사전예방적인 분쟁해결시스템디자인은 미국의 각 기업과 서울시청의 예에서 보듯이 아직 도입과 실험의 단계에 있으나 보다 확대 · 적용될 필요가 있다. 마지막으로, 법제도적 차원에서 갈등관리 시스템의 가장 시급한 점은 갈등관리기본법의 조속한 입법이다. 갈등관리기본법은 갈등관리에 대한 정부 차원의 관심과 의지를 표명하는 방안이면서 정책적 차원에서 종합적, 체계적인 지원시스템이 구축되는 근거이다. 공공갈등 해결을 위한 지방분권의 중요성이 필요한 만큼, 갈등관리기본법의 적용 대상도 지금까지처럼 중앙행정기관에서 나아가 대민 업무 수행이 많은 지방자치단체를 비롯한 모든 공공기관으로 확대하는 작업이 필요하다.

후속 연구로는 조정과 조정-중재 등 ADR의 제도 및 내용적 측면에서 공공갈등을 해결해 나가는 연구에서 나아가 조정과 참여적 갈등관리에서의 내용 면인 커뮤니케이션과 이해와 합의의 형성 등의 동인과 영향 및 개선점 등을 분석하게 되기를 바란다.

국립중앙도서관, “지식정보 DB, 326상업, 교통, 통신 [전 공익사업],” http://www.nl.go.kr/ask/search/view.jsp?fclassVal=&mclassVal=&lclassVal=&recKey=5793859

국무조정실 국무총리비서실, “낙동강 물문제 해소를 위한 하류지역 업무협약(MOU) 체결”, http://www.opm.go.kr/flexer/view.do?ftype=hwp&attachNo=93951

국민대통합위원회(2015), “세계 주요국의 국민통합 정책과 제도: 공공갈등관리 방안”,『국민통합 이슈모니터링』제6호, 서울: 국민대통합위원회.

국민일보, “[대선후보공약검증]원전 · 에너지 정책”, http://news.kmib.co.kr/article/view.asp?arcid=0006600938 (2012.11.16자.)

국제신문, “국감서도 ‘김해신공항’ 안전 외면한 국토부…부울경은 반발”, http://www.kookje.co.kr/news2011/asp/newsbody.asp?code=0100&key=20201016.22005004072 (2020.10.15자.)

그린피스, “원전 문제, 부산 지역 총선의 주요 현안으로 부상”, http://m.greenpeace.org/korea/mid/news/press-release/climate-energy/2016/Busan-survey-result-20160404/

김도희(2013), “공공정책갈등의 제3자 중재개입의 역할과 한계: 울주군청사 이전 갈등사례를 중심으로”,『지방정부연구』제17권 제1호, 서울: 한국지방정부학회.

김대길 · 전일욱(2019), “평화적 갈등관리방식의 유용성에 관한 연구: 신고리 원전 5 · 6호기 공론화사례를 중심으로”,『평화학 연구』제20권 제4호, 서울: 한국평화연구학회.

김동영(2006), “한국의 공공갈등해결 분야의 발전에 대한 비전”,『고려대 사회학콜로키움 발표문』, 서울: 고려대학교.

김동영(2020), “Dispute system design(DSD) 관점에서 공공기관 갈등관리시스템 진단 및 처방모형의 탐색: 한국전력의 송전선로 건설갈등관리시스템을 중심으로”, 『분쟁해결연구』 제18권 2호, 용인: 단국대학교 분쟁해결연구센터.

김상찬(2009), “ADR제도의 비교법적 연구: 아시아의 주요국가를 중심으로”, 『중재연구』 제19권 3호, 서울: 한국중재학회.

김인철 · 최진식(1999), “지방정부 간의 갈등과 협상에 관한 연구: 대구 위천공단 조성과 부산 낙동강 수질개선 문제를 중심으로”, 『한국정책학회보』 제8권 제3호, 서울: 한국정책학회.

김정인(2018), 『참여형 공공갈등관리의 이해』, 서울: 박영사.

김종길(2005), 『접속 시대의 사회 갈등과 사회통합』, 충북: 정보통신정책연구원.

김영욱(2015), 『갈등해소와 대체적 분쟁해결: 협상, 조정, 중재 그리고 다양한 ADR 접근 방법』, 서울: 이화여자대학교 출판부.

김인철 · 최진식(1999), “지방정부 간의 갈등과 협상에 관한 연구: 대구 위천공단 조성과 부산 낙동강 수질개선 문제를 중심으로”, 『한국정책학회보』 제8권 제3호, 한국정책학회.

김창수(2020), “낙동강 수계 물 갈등 조정을 통한 유역통합 방안 연구”, 『물정책, 경제』 제33호, 한국수자원공사.

김학린(2015), “공공갈등 예방과 숙의적 공공협의: 프랑스 국가공공토론위원회, 스웨덴 알메달렌 정치주간, 미국 21세기 타운홀미팅, 2014 국민대토론회의 비교를 중심으로”, 『분쟁해결연구』 13권 1호, 용인: 단국대학교 분쟁해결연구센터.

낙동강 유역환경청 홈페이지(http://www.me.go.kr/ndg/web/main.do).

네이버 지식백과, “월성 원자력 발전소 1호기”, https://search.naver.com/search.naver?where=nexearch&sm=top_hty&fbm=0&ie=utf8&query=%EC%9B%94%EC%84%B1+%EC%9B%90%EC%9E%90%EB%A0%A5+%EB%B

0%9C%EC%A0%84%EC%86%8C+1%ED%98%B8%EA%B8%B0
노진철(2003), “위험 사회에서의 지역 개발과 환경 갈등: 낙동강 유역 개발을 중심으로”,『사회이론』제24호, 서울: 한국사회이론학회.
뉴시스, “부산시 “가덕신공항 특별법 통과되면 2024년 착공 · 2029년 완공”, https://newsis.com/view/?id=NISX20210221_0001346214&cID=10811&pID=10800
매경프리미엄, 백승진, “촛불정부의 성공을 위한 고언-탈원전 정책”, https://www.mk.co.kr/premium/special-report/view/2019/01/24643/
머니투데이방송, “셧다운 위기 넘긴 월성원전… 맥스터 증설 확정, 이달 중 착공”, https://news.mtn.co.kr/newscenter/news_viewer.mtn?gidx=2020082013375147858
문화일보, “핀란드, 안전기관 자료 바탕으로 주민과 소통 …스웨덴, 업체가 지역사회와 만나 ‘수용’ 설득”, http://www.munhwa.com/news/view.html?no=2016092601032021087002
미디어스, “한국당 · 국민의당의 원전연대? 공론화위 정치 공세”, http://www.mediaus.co.kr/news/articleView.html?idxno=105480 (검색일 2018.5.1.)
미래사회에너지정책연구원(2017),『원자력 시설 지역주민참여제도에 대한 연구』갈등관리/규제대응, 16-03호, 서울: 미래사회에너지정책연구원.
민희(2016), “한국의 지방 민주주의 엿보기”,『사회갈등과 정치적 소통』고상두 · 민희 (편), 서울: 도서출판 오름.
박기덕(2002), “한국 정치의 갈등분석과 해소방안의 모색: 지역, 계층 및 이념 갈등을 중심으로”,『민주주의와 인권』제6권 제1호, 서울: 5.18연구소.
박재근 · 임재호 (2016), “공공갈등 해결과정에서 조정의 성립과 합의 형성에 영향을 미치는 요인 연구: 경북 울진군 신화1리 집단이주 갈등 조정 사례를 중심으로”,『한국정책학회보』제25권 제2호, 서울: 한국정책학회.
박재근 · 은재호 · 장현주(2014), ““프랑스 국가공론위원회” 설립에 관한 연구: 프랑스 공공토론위원회(CNDP)의 한국 내 도입을 위한 탐색적 연구”,『한국비교정부학회보』 18권 1호, 서울: 한국비교정부학회.
박지호(2016), "한국과 닮은 싱가포르, 층간소음 해결은 달랐다", 오마이뉴스 2016.11.11.
박철규(2018),『갈등관리와 ADR, 이 정도는 알고 가자』, 서울: 밥북.
박철규(2012),『한국 ADR법령체계의 현황과 정립방안 연구: 대체적 분쟁해결 기본법(안) 제안을 중심으로』, 서울: 한국개발연구원.
박철규(2014), "외국의 Community Mediation 제도를 통해 본 민간형 ADR로서의 우리나라 주민분쟁해결센터 도입 방안에 관한 연구",『의정논총』 제9권 1호, 서울: 한국의정연구회.
박치성(2012), "정책옹호연합모형을 통한 동남권 신공항 입지갈등 사례의 정책변동과정 분석",『한국행정연구』 제9권 1호, 서울: 한국행정연구원.
박현숙(1995), "낙동강 개발 유역을 둘러싼 환경갈등: 위천국가공단지정과 관련하여",『자치연구』 제14권 제1호, 한국지방자치연구소.
서문기 · 민승규 · 전영재 · 김선빈 · 강신겸 · 김현진(2001),『한국사회 갈등구조에 대한 이해』, 서울: 삼성경제연구소.
서울신문 "낙동강 특별법이 페놀사태 초래", http://www.seoul.co.kr/news/newsView.php?id=20080310001008
신고리 5 · 6호기 공론화위원회, http://www.sgr56.go.kr/npp/index.do
신고리 5 · 6호기 공론화위원회(2017), "숙의와 경청, 그 여정의 기록",『신고리 5 · 6호기 공론화 백서』, 서울: 신고리 5 · 6호기 공론화위원회.
신창구(2014),『공공분쟁해결 방법론』, 서울: 지식과 감성.
윤인진, "한국인의 갈등의식과 갈등조정방식," http://www.kdi.re.kr/data/download/attach/8602_2-1.pdf
안영찬 · 김석은(2014), "공공갈등의 관리: 미국의 송전선로 건설 사업의 교훈",『정부학연구』 제20권 제2호, 서울: 고려대학교 정부학연구소.
오원석 · 이경화(2013), "중국의 중재와 조정의 결합, 제도와 시사점",『무역학회지』 제38권 제4호, 서울: 한국무역학회.

윤순진(2018), “원자력발전정책을 둘러 싼 사회갈등해결을 위한 쟁점과 과제”, 『경제와 사회』 제118호, 서울: 비판사회학회.

언론중재위원회(2019), “프랑스의 사전 갈등예방 기구, CNDP(국가공공토론위원회)의 현황과 사례”, http://www.google.co.kr/url?sa=t&rct=j&q=&esrc=s&source=web&cd=&ved=2ahUKEwj5o8LvrfvvAhXndt4KHfYuALMQFjABegQIBBAD&url=http%3A%2F%2Fwww.pac.or.kr%2F_common%2Fnew_download_file.asp%3Fmenu%3Dmagazine_sub%26sub_idx%3D5310&usg=AOvVaw3W2BCXE0erwVc6C1_T8HAn

에너지경제, “오규석 기장군수 “원전주변 활성단층 정밀조사 해야” 야당 찾아 호소”, http://www.ekn.kr/news/article.html?no=244022

연합뉴스, “제9차 전력수급기본계획 초안”, https://www.yna.co.kr/view/GYH20200508000600044

연합뉴스, “감사원 월성 1호기 감사 결과 보고서 공개”, https://www.yna.co.kr/view/GYH20201020001500044

연합뉴스, “‘월성 1호기’ 감사결과에 “폐쇄 정당”vs“책임 물어야”(종합)”, https://www.yna.co.kr/view/AKR20201020124551004?input=1179m

원자력신문, “오규석 기장군수 “다시 한번” 원안위 1인 시위”, http://www.knpnews.com/news/articleView.html?idxno=13989

윤종섭(2011), “프랑스의 국가공공토론위원회 벤치마킹 가능성 모색”, 『지방행정』 제60권 제693호, 서울: 대한지방행정공제회.

은재호 (2017), “정책 소통의 원리와 방법 프랑스 CNDP와 미국 NIF 시민참여 사례 소개”, 국민대통합위원회 웹진 기고문.

이강원 (2012), “국책사업국민토론위원회 신설 제안”, 『국회 정책토론회 자료집』.

이경화 · 서경(2016), “중국 중재조정의 적법성에 관한 연구”, 『貿易商務硏究』 제69권, 서울: 한국무역상무학회.

이로리(2018), “조정교육과 법조인 조정전문가 양성의 필요성”, https://www.lawtimes.co.kr/Legal-News/Legal-News-View?serial=139160

이윤경(2014), “동남권 신공항의 정책변동에 관한 연구: 정책옹호연합모형과 양면게임이론의 결합모형을 중심으로”, 『행정논총』 제52권 제3호, 서울: 서울대학교 한국행정연구소.

이윤수(2019), “끝나지 않은 딜레마: 영남권 신공항 선정 갈등”, 『지방행정연구』 제33권 제2호, 서울: 한국지방행정연구원.

이재용(2018), “월성1호기 폐쇄신규 원전건설 사업종결 원전산업 악재에 생태계 위험”, 『Electric Power』, 서울: 전력문화사.

이진수(2012), “중앙분쟁조정위원회 분쟁조정제도의 개선방안에 관한 연구”, 『지방행정연구』 제26권 제3호, 서울: 한국지방행정연구원.

이진수 · 이혁재 · 조규혜 · 지상현(2015), “갈등의 공간적 구성: 동남권 신공항을 둘러싼 스케일의 정치”, 『한국지역지리학회지』 제21권 제3호, 서울: 한국지역지리학회.

이호용(2013), “공공갈등 해결을 위한 국가공론위원회법 제정에 관한 연구”, 『법과 정책연구』 13권 2호, 서울: 한국법정책학회.

임동진 · 김재일(2010), 『중앙정부의 공공갈등관리 실태분석 및 효과적인 갈등관리 방안연구』, 서울: 한국행정연구원.

임유진(2014), “공공갈등해소를 위한 ‘조정’의 성공 조건에 관한 연구: 한국형 ‘조정’의 모색”, 『홍보학연구』 제19권 제4호, 서울: 한국PR학회.

임희섭(2007), “한국 시민사회의 자율성과 공공성에 관한 연구”, 『대한민국학술원 논문집(인문 · 사회과학편)』 46집, 서울: 대한민국학술원.

유영성(2009), “미국의 물 갈등관리 연구”, 『정책연구』 1-1, 경기연구원.

유한별 · 김인수(2018), “원자력 정책 이슈의 생애주기 탐색 연구: 수명 연장, 입지를 중심으로”, 『한국행정연구』 제27권 제3호, 서울: 한국행정연구원.

전용주(2010), “지방분권과 개헌: 지방분권 개헌론의 내용과 쟁점, 그리고 그에 관한 정치학적 논의”, 『의정논총』 제5권 제1호, 서울: 한국의정연구회.

전학선(2015), “원자력발전소 안전규제의 비교법적 연구: 프랑스”, 『지역법제 연구』 15-16-3-5, 한국법제연구원.

전홍찬(2018), “공공갈등관리 시스템 해외사례: 프랑스 국가 공공토론위원회”, 『세계원전시장 인사이트』.
장현주(2018), “공공갈등 해결기제로서 조정에 관한 연구: 중앙-지방 간 정책갈등과 입지갈등 사례비교를 통한 교훈”, 『지방정부연구』 제22권 제22호, 서울: 한국지방정부학회.
정원준(2018), “공론화 과정에서 합의 형성과 합의 수용성 제고를 위한 참여와 숙의의 역할 연구: 신고리 5 · 6호기 공론화 사례를 배경으로”, 『한국광고홍보학보』 제20권 제4호, 서울: 한국광고홍보학회.
정정화(2012), “공공갈등 해결을 위한 ADR의 활성화 방안: 미국, 일본, 한국의 조정제도 비교분석”, 『한국자치행정학보』 제26권 제2호, 서울: 한국자치행정학회.
정정화(2012), “조정을 통한 공공갈등해결의 영향 요인: 한탄강댐과 국립서울병원 사례 비교분석”, 『한국사회와 행정연구』 제28권 제2호, 서울: 서울행정학회.
정지범(2010), “입지정책 분야에서의 갈등과 조정: 경주 방폐장과 스웨덴 방폐장 사례 비교 연구”, 『행정논총』 48권 제4호, 서울: 한국행정연구소.
정형안 · 이윤석(2020), “숙의민주주의의 실현?: 신고리 5 · 6호기 공론조사 관련 쟁점들에 대한 경험적 접근”, 『조사연구』 제21권 제2호, 서울: 한국조사연구학회.
정지범(2010), “입지정책 분야에서의 갈등과 조정: 경주 방폐장과 스웨덴 방폐장 사례 비교연구”, 『행정논총』 제48권 제4호, 서울: 한국행정연구소.
주간조선(2020), “한수원서 직위해제된 강창호 노조위원장”, https://weekly.chosun.com/client/news/viw.asp?nNewsNumb=002600100013 (검색일 2020. 8.27.)
주성수(2004), “시민참여, 자치권능, 심의민주주의제도: 정책갈등 해결방안의 탐색”, 『경제와사회』 63권, 서울: 비판사회학회.
천지일보, “신용곤 도의원, 낙동강 물 문제 합의문… 좋은 말로 치장, 속내는 따로", http://www.newscj.com/news/articleView.html?idxno=788791.

최정석(2018), "석탄화력발전소 입지지역의 환경피해 보상정책의 개선 방안: 충남에 대한 사례 연구", 『한국지역개발학회지』 제30권 제5호, 서울: 한국지역개발학회.

최철호(2012), "기관위임사무의 폐지에 따른 가칭 법정수임사무의 도입에 관한 연구", 『토지공법연구』 제56호, 서울: 한국토지공법학회.

파이낸셜 뉴스 , "탈원전 갈등의 중심 '월성1호기 그 논란의 역사', https://www.fnnews.com/news/202010201358573406(검색일 2020.10.20.)

프레시안, "총리실 김해신공항 검증결과는 중립의무 위반, 공정성 결여로 무효", https://www.pressian.com/pages/articles/2020092811521998178?utm_source=daum&utm_medium=search#0DKU

한겨레 "법으로 정한 '주민뜻 반영'...독일 송전탑 '정부 맘대로' 없다." http://www.hani.co.kr/arti/society/society_general/614051.html (2013.12.04.)

한국여성개발원(2005), 『국민통합을 위한 사회 갈등 해소 방안연구』, 서울: 한국여성개발원.

한국여성개발원(2005), 『국내 갈등 관련 법·제도 분석과 효율적인 운영방안』, 서울: 한국여성개발원.

한국행정연구원(2017), 『공론화 절차 활성화를 통한 정책 수용성 제고 및 사회통합 증진에 관한 연구』 2017-26, 서울: KIPA연구보고서.

함영주(2014), 『분쟁해결방법론』, 서울: 진원사.

함영주(2017), "유럽연합조정지침에 따른 유럽연합 각국의 조정관련 입법의 내용과 조정시스템의 변화에 대한 고찰", 『중앙법학』 제19권 제1호, 서울: 중앙법학회.

환경운동연합, "19대 대선 후보자별 에너지-기후변화 공약 비교", http://kfem.or.kr/?p=177423

현대호 · 김지영 · 김영미 · 박기령(2012), "공공분야 갈등관리 전문기구에 관한 법제연구", 『현안분석』 2012-11호, 세종: 한국법제연구원.

행정안전부, "제7기 지방자치단체 중앙분쟁조정위원회 출범", https://www.mois.go.kr/frt/bbs/type010/commonSelectBoardArticle.do?bbsId=BBSMSTR_000000000008&nttId=72611

Huffpost, "국민을 '신공항 최면'에 걸리게 했던 주범들," https://www.huffingtonpost.kr/impeter/story_b_10602564.html

KBS, "낙동강 물 갈등…'고른 편익' 가능하나?" http://news.kbs.co.kr/news/view.do?ncd=4533937&ref=D

MBC 뉴스, "월성 1호기 결국 해체 수순, 경제성 평가는 문제", https://imnews.imbc.com/replay/2020/nwdesk/article/5947304_32524.html (검색일 2020.10.20.)

MBC PD수첩, "[생생이슈] 파기된 공약(公約): 동남권 신공항 백지화 논란", http://www.imbc.com/broad/tv/culture/pd/vod/?kind=image&progCode=1000836100487100000&pageNum=1&pageSize=10&cornerFlag=1&ContentTypeID=1&ProgramGroupID=0

Airports Council International, "Passenger Traffic 2017 FINAL (Annual)," https://aci.aero/data-centre/annual-traffic-data/passengers/2017-passenger-summary-annual-traffic-data/.

Cho, Min Sang & Kim(2017), "A Plan of Promoting Citizen Participation for Preemptive Crisis Management – Focusing on the Portal Services, Crisisnomy", Vol.13 No.13.

Conflict Prevention and Resolution Center(CPRC), Homepage, United States Environmental Protection Agency, https://www.epa.gov/adr/about-cprc

Goldberg, Stephen B. & Frank E. A. Sander, Nancy H. Rogers, Sarah R. Cole(2012), 「*Dispute Resolution: Negotiation, Mediation, arbitration, and Other Processes*」, Wolters Kluwer Law & Business.

Habermas, Jürgen, 「Democracy and Difference: Contesting the Boundaries of the Political」, Princeton University Press, 1996.

Harvard Law School Program on Negotiation, https://www.pon.harvard.edu/daily/dispute-resolution/what-is-dispute-system-design/

Hirschman, Albert(1994), "Social Conflicts as Pillars of Democratic Market Society", Political Theory, Vol. 22, No. 2.

Javitz, Joshua M.(2017) "Better Process, *Better Results: Integrating Mediation and Arbitration to Resolve Collective Bargaining Dispute"*, ABA Journal of Labor & Employment Law.

Kahn, Jr, Peter H.(1994), "Resolving Environmental Disputes: Litigation, Mediation, and the Courting of Ethical Community", Environmental Values 3, no.3.

Kang, Christine(2017), "*Oriental Experience Of Combining Arbitration With Conciliation: New Development Of Cietac And Chinese Judicial Practice"*, Fordham International Law Journal, Vol.40, No.3.

Lande, John(2002), "*Using Dispute System Design Methods to promote Good Faith Participation in Court-Connected Mediation Programs"*, UCLA Law Review, Vol.50.

Lipsky, B. David and Ronald L. Seeber(1998), "The Appropriate Resolution of Corporate Disputes: A Report on the Growing Use of ADR by US Corporations", Cornell University ILR School.

Meadow, Carrie Menkel(2018), "*Why We Can't 'Just All Get Along,': Dysfunction in the Polity and Conflict Resolution and What We Might Do About it"*, Journal of Dispute Resolution, No.2018-02.

Nolan, Sean(2016), "*The Challenges and Opportunities Confronting Modern Public Policy Mediators"*, Dispute Resolution Magazine.

Rabinovich-Einy, Orna and Ethan Katsh(2012), "*Technology and the Future of Dispute Systems Design"*, Harvard Negotiation Law Review, Vol.17.

Sachs, Anderew M.(2000), "*Understanding Public Disputes Resolution in Community Mediation"*, Mediation Quarterly, Vol.17, No.4.

Schnieder, Andrea Kupfer(2017), "*How Does DSD Help Us Teach About Community Conflict (And How Can Community Conflict Help Illustrate)"*,

University of Saint Thomas Law School.

Seoul Metropolitan Government(2015), 「*White Paper on Conflict Management of Seoul*」, Conflict Management Division.

Sky Trax World Airport Awards, "World's Top 100 Airports for 2019," https://www.worldairportawards.com/worlds-top-100-airports-2019/.

Smith, Stephanie and Janet Martinez(2009), "*An Analytic Framework for Dispute Systems Design*", Harvard Negotiation Law Review, Vol.14.

Stain, Robert R.(2016), "*Cultivating Courageous Communities through the Practice and Power of Dialogue*", Mitchell Hamlin Law Review, Vol.42, No.5.

Stipanowich, Thomas J.(2017), "*The International Task Force on Mixed Mode Dispute Resolution: Exploring the Interplay between Mediation, Evaluation and Arbitration in Commercial Cases*", Fordham International Law Journal, Vol.40, No.3.

Suskind, Lawrence & Cruikshank, Jeffrey(1989), 「Breaking the Impasse」, Basic Books.

Traum, Lara & Frkas, Brian(2017), "*The History and Legacy of the Pound Conferences*", Cardozo Journal of Conflict Resolution, Vol, 18, No.677.

Ury, William L., Jeanne M. Brett, and Stephen B. Goldberg(1988), 「*Getting Disputes Resolved: Designing Systems to Cut the Costs of Conflict*」, Jossey-bass Management Series. 1st Edition.

아산재단연구총서

001 전환기의 중국경제
김윤환 외 | 단국대 경제학과

002 폴란드 경제의 변천 개혁과 그 전망
김광수 | 숭실대 경제학과

003 재소한인
이광규 외 | 서울대 인류학과

004 소련산림과 임업
홍성천 외 | 경북대 임학과

005 아세안의 정치경제
김국진 외 | 외교안보연구원

006 태국의 사회변동과 경제발전
최석만 외 | 전남대 사회학과

007 중국의 사회경제 통계분석
신한풍 외 | 고려대 통계학과

008 중국의 정치와 경제
박두복 외 | 외교안보연구원

009 동유럽의 개혁과 시장경제의 도입
허만 외 | 부산대 사범대학

010 동유럽의 개혁운동
박영신 | 연세대 사회학과

011 현대 러시아 연구
기연수 외 | 한국외대 노어과

012 전략적 선택과 기업의 국제경쟁력
이장호 | 서강대 경영대학

013 협동사회의 정착과 정부의 역할
이종범 외 | 고려대 행정학과

014 한국 제조기업 생산성의 동적 분석
노부호 외 | 중앙대 경영대학

015 분배의 정의
변형윤 외 | 서울대 경제학과

016 도덕적 행동의 강화
이훈구 외 | 연세대 심리학과

017 관료부패와 통제
김해동 외 | 서울대 행정대학원

018 한국경제의 내실 있는 성장
정창영 외 | 연세대 경제학과

019 한국국민정신운동의 역사와 발전방향
박수명 외 | 부산대 사범대학

020 한국대학생의 가치성향과 상담효과
이영희 외 | 숙명여대 교육학과

021 가출청소년과 학교관리체제
안창규 외 | 부산대 교육학과

022 동북아 정세변화와 한 · 일관계
한승조 외 | 고려대 정치외교학과

023 언론과 부정부패
정대철 외 | 한양대 신문방송학과

024 한국의 고등학교 교육
이원호 외 | 부산대 교육학과

025 가족과 방송
김학수 외 | 서강대 신문방송학과

026 재정개혁의 전망과 재산세제의 개편과제
오연천 | 서울대 행정대학원

027 청소년을 위한 전자게임 프로그램의 규제 및 평가체계 개발
박혜원 외 | 울산대 가정관리학과

028 정신장애자 가족의 사회심리적 특성
이근후 외 | 이화여대 의과대학

029 가족의 관계역동성과 문제인식
이광규 외 | 서울대 인류학과

030 현대인과 한국전통음식
승정자 | 숙명여대 식품영양학과

031 기업의 초고속정보통신망활용
안중호 | 서울대 경영학과

032 지역발전을 위한 교육자치제의 개선방안
김남순 | 조선대 사범대학

033 전환기의 공무원 가치관
조경호 | 울산대 행정학과

034 지방자치와 사회복지의 과제
김영모 | 중앙대 사회복지학과

035 WTO체제하의 지방중소기업 지원정책
최명주 외 | 계명대 통상학부

036 현대한국의 시민운동
이효선 | 중앙대 사회학과

037 기업 세계화의 단계 및 정도의 측정
허영도 외 | 울산대 경영학과

038 가족복지를 위한 가족주치의 시범사업의 효과
이혜리 외 | 연세대 가정의학교실

039 한국대학생의 삶의 만족도
김재은 외 | 이화여대 교육심리학과

040 지역경제와 지역산업구조의 개편방향
정기화 외 | 전남대 경제학부

041 중국기업의 소유형태별 경영특성
노철화 외 | 부산대 무역학과

042 남북한의 인성 · 사상교육
한승조 외 | 고려대 정치외교학과

043 연계적 뇌기능 조언을 위한 의료용 멀티미디어 시스템의 설계
유선국 | 연세대 의용공학교실

044 다민족국가의 민족문제와 한인사회
최협 외 | 전남대 인류학과

045 저소득층지역 청소년 여가문화와 소집단 활성화
박문수 외 | 서강대 사회학과

046 삶의 질의 국제비교와 지역간 비교분석
이재기 외 | 울산대 경제학과

047 21세기 지역주민의 삶의 질
양종회 외 | 성균관대 사회학과

048 삶의 질에 대한 국가간 비교
조명한 외 | 서울대 심리학과

049 외국인 노동자의 노사관계와 사회적 적응
석현호 외 | 성균관대 사회학과

050 한국의 사법제도와 발전 모델
정종섭 | 건국대 법학과

051 고령화사회와 중상층 노인의 사회활동
조성남 외 | 이화여대 사회학과

052 한국의 서비스 시장 개방정책
한홍렬 | 한양대 경제학부

053 한국과 AFTA간의 교역증진 및 경제 협력방안
손일태 외 | 경희대 경제통상학부

054 물류비 절감을 위한 무역업체의 정보화전략
이영수 외 | 경북대 경제통상학부

055 사회주의 체제전환과 사회정책
오정수 외 | 충남대 사회복지학과

056 남북통일 이후 농업생산체계 개편
홍성규 외 | 건국대 농업경제학과

057 국제화와 세계화
하영선 외 | 서울대 외교학과

058 IMF 개혁정책의 평가와 한국경제의 신(新) 패러다임
조동근 | 명지대 경제학과

059 구조개혁과 실업대책
박동운 | 단국대 경제무역학부

060 21세기 신노사관계
심윤종 외 | 성균관대 사회학과

061 학교에서의 집단 따돌림
이춘재 외 | 가톨릭대 심리학과

062 한국노인의 정신건강실태와 건강증진
조맹제 외 | 서울대 의과대학

063 혁명과 개혁 속의 중국 농민
김광억 | 서울대 인류학과

064 중국의 경제환경과 한국기업의 진출 전략
지용희 외 | 서강대 경영학과

065 김대중 대통령의 시스템 사고
김동환 | 중앙대 공공정책학부

066 실업과 가족해체
최일섭 외 | 서울대 사회복지학과

067 합리적 부채비율 조정방안
오상근 | 동아대 경제학과

068 한국 중산층의 생활문화
문숙재 외 | 이화여대 소비자 · 인간발달학과

069 계층간 갈등상태에서 최적소득세
김진욱 | 건국대 경상학부

070 글로벌 경쟁력 제고를 위한 기업전략과 조직구축
이만우 외 | 고려대 경영학과

071 의료보험과 국민연금의 관리효율화를 위한 통합방안
사공진 외 | 한양대 경제학부

072 정부개혁의 과제와 전략
박우서 외 | 연세대 행정학과

073 책임운영기관 제도에 관한 비교분석
김근세 | 가톨릭대 행정학과

074 새로운 패러다임하에서의 한국기업의 바람직한 지배구조
최운열 외 | 서강대 경영학과

075 현대 한국사회의 계층구조
양춘 외 | 고려대 사회학과

076 한국의 산업정책과 산업구조조정
강인수 | 숙명여대 경제학부

077 기업구조조정
김석진 | 경북대 경영학부

078 지식경영을 위한 인적자원 개발 및 관리체계
장영철 | 경희대 경영학부

079 뉴 비즈니스 모델
전성현 | 국민대 정보관리학부

080 중산층의 정체성과 소비문화
함인희 외 | 이화여대 사회학과

081 외국관광객 유치를 위한 마케팅 전략
박상규 | 강원대 경영학과

082 한국인의 세대별 문학의식
이동순 | 영남대 국문과

083 공공부문의 효율성 평가와 측정
김재홍 외 | 울산대 사회과학부

084 한국 청소년의 정치의식과 형성요인
김광웅 외 | 숙명여대 아동복지학과

085 한국 대학생의 정치의식
배한동 | 경북대 윤리교육과

086 산업의 정보화와 산업발전
이기동 | 계명대 통상학부

087 한국 제조업의 고용조정 분석
이종원 외 | 성균관대 경제학부

088 지식자산에 대한 경영전략적 평가모형 개발
배재학 외 | 울산대 컴퓨터 · 정보통신공학부

089 관광사업을 위한 한국적 이미지의 휴식복 개발
채금석 | 숙명여대 의류학과

090 한국 정치제도의 개혁
신정현 | 경희대 사회과학부

091 e비즈니스와 아웃소싱 전략
정승화 외 | 연세대 경영학과

092 집단 따돌림의 진단 및 치료방안
홍준표 | 중앙대 인간생활환경학과

136 불가 시문학론
배규범 | 경희대 학술연구 교수

137 남북경제교류의 법적 문제
제성호 | 중앙대 법학과

138 경제위기와 청소년 발달
구인회 | 서울대 사회복지학과

139 생명과학기술의 응용과 기본권보호적 한계
정상기 외 | 한남대 법학과

140 경제발전과 정치환경의 한 · 일 비교분석
정갑영 외 | 연세대 동서문제연구원

141 한국 공교육의 진단
윤정일 외 | 서울대 교육학과

142 우리나라 지방자치 발전을 위한 자치단체장의 역할
정성호 외 | 경기대 사회과학부

143 의료보험제도의 개혁방안
권순원 | 덕성여대 경제학과

144 중등 도덕교육의 현실과 문제
손동현 외 | 성균관대 철학과

145 사이버공동체 발전론
이명식 | 상명대 경영학과

146 남북경협 확대에 대비한 북한 담보제도의 정비방안
박훤일 | 경희대 법과대학

147 한국 공무원 인사제도 개혁
김판석 | 연세대 행정학과

148 교사화법 교육
임칠성 외 | 전남대 국어교육과

149 세계화의 문화정치학
임혁백 외 | 고려대 정치외교학과

150 효과적인 e-SCM을 위한 의사결정조정 시스템 모형
이원준 | 성균관대 경영학부

151 환경거버넌스
김종순 외 | 건국대 행정학과

152 자동차산업의 인적자원관리
이덕로 | 서원대 경영학부

153 한국과 영국 간 지식기반산업 비교
이명호 | 한국외대 경영학과

154 한국 벤처기업의 기술네트워킹 및 기술마케팅 전략
장영일 | 인제대 경영학부

155 회사변호사의 윤리
오승종 | 성균관대 법과대학

156 미디어교육론
이정춘 | 중앙대 신문방송학과

157 조선시대 서원과 양반
윤희면 | 전남대 역사교육과

158 환경문제와 철학
박찬국 | 서울대 철학과

159 노인보건복지 이론과 실제
김명 외 | 이화여대 보건교육학과

160 북한의 법체계
권재열 외 | 숭실대 법학과

161 생명공학기술의 안전성 확보에 관한 법적 고찰
이재협 | 경희대 법학부

162 청소년복지학
김성이 외 | 이화여대 사회복지학과

163 변화하는 세계, 변화하는 복지국가
조영훈 | 동의대 사회복지학과

164 의리의 윤리와 한국의 유교문화
김낙진 | 진주교대 도덕교육과

165 미국의 통상정책과 통상법
윤충원 | 전북대 무역학과

166 사회복지 프로그램 평가
김학주 | 경상대 사회복지학과

167 환경주의와 지속가능한 발전
정대연 | 제주대 사회학과

168 무역과 환경
김기흥 외 | 경기대 경제학부

169 산업계 유해폐기물의 위험과 관리
김금수 | 호서대 경상학부

170 백범 김구의 지적 계발과정 탐색
문용린 | 서울대 교육학과

171 태평양전쟁 발발 이후 일제의 인적 지배와 그리스도교계의 대응
윤선자 | 전남대 사학과

172 거버넌스 상황에서 갈등관리를 위한 대체적 분쟁해결제도
서순복 | 광주대 법정학부

173 시장경제의 유형과 민주주의
최배근 | 건국대 경상학부

174 일본고전소설 총론
김현정 | 국립한국전통문화학교

175 국어 교육을 위한 국어 문법론
이관규 | 홍익대 국어교육과

176 율곡의 군주론
전세영 | 부산교대 윤리교육과

177 동북아시아 환경협력
정서용 | 명지대 법학과

178 기후변화협약과 기후정책
신의순 외 | 연세대 경제학과

179 인터넷과 국제 학술정보 네트워크-하이퍼링크 분석
박한우 | 영남대 언론정보학과

180 국내 기업복지의 활성화 방안
최수찬 | 연세대 사회복지대학원

181 세계화와 인간안보
김우상 외 | 연세대 정치외교학과

228 광고언어창작론
박영준 외 | 부경대 국어국문학과

229 환경규제 패러다임의 전환
한철 | 한남대 법학과

230 고령사회의 노동환경변화와 고용 시스템의 문제점 및 법적 대응
고준기 | 국립군산대 법학과

231 세계화와 소득불평등
이성균 외 | 울산대 사회과학부

232 유비쿼터스 사회의 이해
안중호 외 | 서울대 경영학과

233 국제환경책임법론
박병도 | 건국대 법학과

234 한국의 선거와 민주주의
윤종빈 | 명지대 정치외교학과

235 한국 시민운동의 구조와 동학
조대엽 외 | 고려대 사회학과

236 또래관계
송영혜 | 대구대 재활심리학과

237 해외 한국기업과 현지인 노동자
석현호 외 | 에스코이아학술문화재단

238 독일 국가복지에서 민간복지단체의 역할과 의미
차성환 외 | 한일장신대 사회복지학부

239 청정공학
조정호 | 동양대 생명화학공학과

240 한국전통연희론
심상교 | 부산교육대 국어교육학과

241 정신장애와 가족
서미경 | 경상대 사회복지학부

242 빈곤통계의 작성과 활용
김주환 | 동국대 정보통계학과

243 인터넷과 한국정치
강원택 | 숭실대 정치외교학과

244 북한의 시장경제이행
정영화 외 | 서경대 법학과

245 시스템사고로 본 지속가능한 도시
문태훈 | 중앙대 도시및지역계획학과

246 실버산업과 유비쿼터스 컴퓨팅
고일상 | 전남대 경영학부

247 재활상담과 사례관리
나운환 | 대구대 직업재활학과

248 영유아교육기관에서의 장애 이해 교육
유수옥 | 우석대 유아특수교육과

249 장애의 사회적 의미와 사회통합
박수경 | 대진대 사회복지학과

250 경제분석의 수리적 기초
조인성 | 공주대 경제통상학부

251 비영리부문의 비교연구
김승현 | 서울산업대 행정학과

252 고등교육경제학
반상진 | 전북대 교육학과

253 과학윤리교육의 이론과 방법
조희형 | 강원대 과학교육학부

254 결혼이민자가족의 이해
김오남 | 대불대 사회복지학과

255 동아시아 국가의 공공부조
신동면 | 경희대 사회과학부

256 특수아동 진단 및 평가
이나미 | 대불대 특수교육과

257 계약형 사회복지와 권리옹호시스템
이명현 | 경북대 상주캠퍼스 사회복지학과

258 실내공기질 및 위해성 관리
양원호 | 대구가톨릭대 산업보건학과

259 충남 방언 문법
한영목 | 충남대 국어국문학과

260 교육권론
노기호 | 군산대 법학과

261 도시경관계획론
임승빈 | 서울대 조경 · 지역시스템공학부

262 교통의 새로운 패러다임
김형철 | 경원대 도시계획 · 조경학부

263 노인의 삶의 질 향상을 위한 주거환경 디자인
천진희 | 상명대 디자인대학 실내디자인전공

264 사회복지와 문화
박병현 | 부산대 사회복지학과

265 장애인복지의 이론과 실제
이선우 | 인제대 사회복지학과

266 창의성 개발을 위한 디자인교육 콘텐츠
김선영 | 인천가톨릭대 조형예술대학 환경디자인학과

267 구성주의 사회복지 실천 기술론
고미영 | 서울신학대 사회복지학과

268 장애아교육학
김기흥 | 부산교육대 유아교육과

269 지역사회복지와 자원부문
한상진 외 | 울산대 사회학과

270 환경관리회계
육근효 | 부산외국어대 회계학부

271 인권 관점에서 보는 장애인복지
유동철 | 동의대 사회복지학과

272 정신증상
송지영 | 경희대 의과대학병원 신경정신과

273 사이버공간의 사회심리학
이성식 외 | 숭실대 정보사회학과

274 노인에 대한 사회적 돌봄과 돌봄서비스의 질 보장
최희경 | 신라대 가족노인복지학과

275 아동 심리치료의 실제
신현균 | 전남대 심리학과

276 사회복지와 위험관리
노충래 | 이화여대 사회복지전문대학원

277 국제 탄소시장의 이해
양승룡 | 고려대 식품자원경제학과

278 타자의 초상
신문수 | 서울대 영어교육과

279 한국정치와 환경정치
나정원 | 강원대 정치외교학과

280 북한이주민
윤인진 | 고려대 사회학과

281 음주의 사회경제적 비용
정우진 외 | 연세대 보건대학원

282 지방정치와 동북아 도시거버넌스
박재욱 | 신라대 행정학과

283 노숙인 복지론
남기철 | 동덕여대 사회복지학과

284 유럽통합과정과 지역협력
이규영 | 서강대 국제대학원

285 사회복지재정 연구
지은구 | 계명대 사회과학대학 사회복지학과

286 지역사회 교육개혁을 위한 시민사회 조직의 참여
김영화 | 홍익대 교육학과

287 복지사회를 대비한 국민연금의 구조개혁
박영석 외 | 서강대 경영학부

288 한미 FTA 지재권 협상에 따른 의약품 분야 사회후생 변화
오근엽 | 충남대 무역학과

289 산업입지, 환경 그리고 지역경제
이기동 외 | 계명대 국제통상학과

290 감성지능 개발을 통한 삶의 질 향상
김경수 외 | 전남대 경영학부

291 교육복지론
이용교 외 | 광주대 사회복지학부

292 인간과 행복에 대한 철학적 성찰
박찬국 | 서울대 철학과

293 유럽연합의 사회통합 사례와 교훈
이무성 | 명지대 정치외교학과

294 민영화와 사회후생
이상호 | 전남대 경제학부

295 북한의 교육학 체계 연구
최영표 외 | 동신대 교육대학원

296 한국 지속가능발전의 구조와 변동
정대연 | 제주대 사회학과

297 우리나라의 공익 연계 마케팅에 관한 연구
임승희 | 전주대 경영학부

298 시각장애인복지론
김영일 | 조선대 특수교육과

299 그린에너지와 환경촉매
정석진 | 경희대 화학공학과

300 취약학교 초등학생을 위한 온라인 보건교육 프로그램
박경옥 | 이화여대 보건관리학과

301 신탁제도를 통한 고령자의 보호와 지원
최수정 | 서강대 법학전문대학원

302 사회적 약자계층에 대한 실태분석 및 정책방안
이은우 외 | 울산대 경제학과

303 한류 문화와 동북아 공동체
최혜실 | 경희대 국어국문학과

304 노동유연화와 해고보호법
권혁 | 부산대 법학전문대학원

305 사회복지 위험관리의 이해
박미은 | 한남대 사회복지학과

306 의료기관의 회계와 세무
노준화 | 충남대 경영학부

307 여성인적자원의 전문성 확보를 위한 경력개발
백지연 | 이화여대 국제사무학과

308 정신병리
강선경 | 서강대 신학대학원

309 바다의 반란 적조
윤양호 | 전남대 해양기술학부

310 한국 장애인 복지 발달사
이성규 | 서울시립대 사회복지학과

311 서양예술 속의 동양 탐색
진상범 | 전북대 독어독문학과

312 한국인의 도덕성 발달 진단
문용린 | 서울대 교육학과

313 영국정치와 국가복지
고세훈 | 고려대 공공행정학부

314 인간학적 사유를 여는 중도 · 중복장애 교육학
이숙정 | 단국대 특수교육과

315 개별화 교육과정
이소현 | 이화여대 특수교육과

316 인간의 긍정적 성품
권석만 | 서울대 심리학과

317 지방자치와 지역여성의 전망
이혜숙 | 경상대 사회학과

318 한국 현대 노년소설 연구
전흥남 | 한려대 교양학부

319 정보격차 해소를 위한 창의적 정보교육 프로그램
이영준 외 | 한국교원대 컴퓨터교육과

320 한국 가족과 젠더
손승영 | 동덕여대 교양학부

321 한국의 복지혼합
김진욱 | 서강대 신학대학원

322 사회자본과 자원봉사
김태룡 외 | 상지대 행정학과

323 농촌교육복지연구
박삼철 | 단국대 교양학부

324 사회정체성 평가 차원에 대한 국제비교조사
이명진 | 고려대 사회학과

325 캐나다 복지국가 연구
조영훈 | 동의대 사회복지학과

326 한국의 소수자운동과 인권정책
전영평 외 | 서울대 행정대학원

327 한국과 미국의 보육서비스 전달체계와 품질 비교분석
김근세 외 | 성균관대 국정관리대학원

328 한국사회의 소득불평등과 국민 의료이용
이용재 | 호서대 사회복지학과

329 정보시대의 인간안보
조화순 | 연세대 정치외교학과

330 가족의 사회경제적 특성과 아동발달
김광혁 | 전주대 사회복지학과

331 초 · 중 · 고등학생의 학업소진 진행과정 및 경로분석
이상민 | 고려대 교육학과

332 다문화사회의 사법통역
이지은 | 이화여대 통역번역대학원

333 동아시아 지역주의
유현석 | 경희대 정치외교학과

334 환경친화적 공공시설관리와 지역공동체의 삶의 질
이소영 | 중앙대 실내디자인 · 주거환경학과

335 의료보험의 법정책
김나경 | 성신여대 법과대학

336 양극화 시대 가족해체와 청소년의 적응에 관한 한국과 미국의 비교 연구
오승환 외 | 울산대 사회복지학과

337 기업의 사회적 책임과 지역경제사회 발전 연구
허영도 외 | 울산대 경영학부

338 노인의 삶의 질 향상을 위한 온라인 소셜 네트워크 구축 방안
김진우 | 연세대 경영학과

339 청소년 생활역량
윤명희 외 | 동의대 평생교육학과

340 외국인 배우자의 다양성과 국제결혼의 안정성
김두섭 | 한양대 사회학과

341 정보인권의 규범구체화
이민영 | 가톨릭대 법학과

342 한국 사회복지실천의 고유성
최성재 외 | 서울대 사회복지학과

343 스웨덴의 환경책임 실천모형
최희경 | 경북대 행정학부

344 자율운동과 주거공동체
윤수종 | 전남대 사회학과

345 한국인의 공공봉사동기
김상묵 | 서울과학기술대 행정학과

346 한국 이혼가정 아동의 성장
김혜숙 | 경인교육대 교육학과

347 동양 사상과 노인 복지
홍승표 외 | 계명대 사회학과

348 노동과 사회보장의 연계
오문완 | 울산대 법학과

349 학습장애 위험군 아동의 조기선별을 위한 읽기검사 표준화 연구
김애화 외 | 단국대 특수교육학과

350 신 · 재생에너지에 기초한 녹색성장과 사회통합
김인호 | 이화여대 법학전문대학원

351 문화교류역량과 다문화 경영이 기업 경영성과에 미치는 영향
임병학 외 | 부산외대 경영학부

352 빈곤영유아의 발달과 적응
정익중 외 | 이화여대 사회복지학과

353 민사법질서와 인권
양천수 | 영남대 법학전문대학원

354 성년후견제도와 사회복지제도의 연계
신권철 | 서울시립대 법학전문대학원

355 한국 다문화사회의 이방인
김순양 | 영남대 행정학과

356 현대 시민사회와 소비자계약법
이병준 | 한국외대 법학전문대학원

357 개인의 사회적 정보보호를 위한 공공정보서비스 개선 연구
장항배 | 상명대 경영학과

358 여성교육투자에 대한 교육경제학적 탐색
백일우 외 | 연세대 교육학부

359 사회적 기업과 지속가능한 지역발전
임업 외 | 연세대 도시공학과

360 다문화가정 구성원에 대한 투트랙 한국어 교육방안 연구
박시균 | 군산대 국어국문학과

361 아시아의 빈곤과 한국기업의 역할
한인수 | 충남대 경영학부

362 유치원 · 초등학교 연계 환경교육
박희숙 | 공주대 유아교육학과

363 비정규 고용과 사회정책
구인회 외 | 서울대 사회복지학과

364 사생활의 자유에 관한 비교법적 연구
이창현 | 서강대 법학전문대학원

365 다중융합 환경 기반의 미디어스킨을 활용한 문화콘텐츠 디자인 적용방안에 관한 연구
오문석 외 | 광운대 미디어영상학부

366 북한이탈주민 여성의 성인식 관련 기초 조사
한인영 외 | 이화여대 사회복지학과

367 노인주택 파노라마
유선종 | 건국대 부동산학과

368 시설보호 청년의 적응
정선욱 | 덕성여대 사회복지학과

369 다수 집단과 소수 집단의 심리
김혜숙 | 아주대 심리학과

370 바이오 휴머니티
권택영 | 경희대 영어학부

371 프랑스 다문화교육의 이해
이경수 | 상명대 불어교육과

372 한 · 중 서비스산업의 비교분석과 교역 확대 방안
김상호 | 리츠메이칸 아시아태평양대 국제경영학부

373 현대의학에 있어서 생명의 시간과 인간의 존엄
김학태 | 한국외대 법학전문대학원

374 0~3세 영유아의 영상물 과몰입 실태 조사 및 정신건강증진 프로그램 개발과 적용
이경숙 | 한신대 재활학과

375 복지국가의 조세와 정치
양재진 외 | 연세대 행정학과

376 청소년기 자살행위 실태와 관련 요인
박선희 | 경희대 간호과학대학

377 기술혁신에 따른 지역 간 정보격차
최정혜 외 | 연세대 경영대학

378 한국 사회의 이중구조와 생애주기적 불평등
안상훈 편 | 서울대 사회복지학과

379 소비자의 친환경행동에 영향을 미치는 사회적 · 경제적 가치에 대한 고찰
송재기 | 텍사스테크대 경영학과

380 어머니 양육행동 관련 변인들과 유아 사회정서행동 간의 구조모형 분석
심숙영 | 숙명여대 원격대학원

381 조선족 여성, 동남아시아 여성 그리고 새터민의 적응 유형 분석 및 삶의 질 향상 방안 모색
정태연 | 중앙대 심리학과

382 세계의 연금, 한국의 연금
허만형 | 중앙대 공공인재학부

383 노인요양원과 문화 변화
최재성 | 연세대 사회복지학과

384 시민사회와 국제개발협력
손혁상 | 경희대 공공대학원

385 복지국가의 변화와 빈곤정책
김윤태 | 고려대 사회학과

386 다문화가정의 미디어 이용과 사회적 자본의 관계
진창현 | 경기대 경영학과

387 사회진출 대졸 초년생의 탄력성 변화 양상
이상민 | 고려대 교육학과

388 사회자본과 경제발전 그리고 정부의 질
도수관 | 대구가톨릭대 행정학과

389 망명과 귀환이주
서장원 | 고려대 독일문화학과

390 근거기반실천과 사회복지
김유진 | 경북대 사회복지학부

391 인터넷상 정보 유통에 대한 새로운 저작권 규율 방향 모색
박준석 | 서울대 법학전문대학원

392 한국 사회의 인종차별적 담화구조
이창수 | 한국외대 통역번역대학원

393 사회복지사의 사회복지 가치 지향
김용석 | 가톨릭대 사회복지학과

394 개인정보의 국제적 유통에 따른 법적 문제와 대책
박훤일 | 경희대 법학전문대학원

395 정신장애인의 인권
서미경 | 경상대 사회복지학과

396 취약계층 비만청소년들의 체중관리를 위한 건강증진 프로그램의 효과
김영호 | 서울과학기술대 스포츠과학과

397 한국 전통의 돈의 문학사, 나눔의 문화사
서신혜 | 한양대 창의 · 융합교육원

398 와이파이 공간과 모바일 정보 격차
이건학 | 서울대 사회과학대학

399 도시정비사업의 법적 쟁점과 해설
성중탁 | 경북대 법학전문대학원

400 사회서비스 제공기관의 조직요인과 성과
신창환 | 경북대 사회복지학부

444 인간의 심리를 조작하는 사회공학기술
김석수 | 한남대 멀티미디어학부

445 한국사회 이타적 행동에 대한 이해
강철희 외 | 연세대 사회복지대학원

446 이주민의 사회적 배제: 세대 간 전이와 민족 계급화를 중심으로
최혜지 | 서울여대 사회복지학과

447 사회복지, 업의 변화와 마케팅
이원준 | 청주대 경영학과

448 충남 민속의 이해
이필영 | 한남대 역사교육과

449 한국 청소년들의 공동체지향목표
신종호 외 | 서울대 교육학과

450 저출산 · 고령화와 한국의 연금개혁: 세대 간 공정과 지속가능성
석재은 외 | 한림대 사회복지학과

451 지방 인구구조의 변화와 지역 사회복지 전달체계
기정훈 | 명지대 행정학과

452 고령 친화적 도시재생뉴딜: 일본의 고령 친화 주거지재생 정책 사례 연구
김현주 | 서울연구원 초빙 부연구위원

453 저출산의 심리적 요인: 저출산 원인의 심리학적 요인 분석을 중심으로
진경선 | 성신여대 심리학과

454 남자가 출산휴가를 간다면?: 아빠노동자 형성을 위한 남성 육아휴직 사례 연구
최새은 외 | 한국교원대 가정교육학과

455 한국 다문화 사회의 교육과 복지 실천
김영순 외 | 인하대 사회교육과

456 뉴미디어와 이주민: 소셜미디어시대 서울 지역 중국동포들의 미디어 이용과 적응
김용찬 | 연세대 언론홍보영상학부

457 제1기 헌법재판소: 헌법재판의 황무지에 단단한 초석을 놓다
임지봉 | 서강대 법학전문대학원

458 저소득층 초등학생을 위한 식생활교육 프로그램 개발: 심리 · 사회적, 영양학적 요인을 중심으로
김경원 외 | 서울여대 자연과학대학 식품영양학전공

459 지역공동체 참여의 이론과 현실: 지속가능하고 포용적인 공동체를 위한 대안의 모색
한상일 | 연세대 글로벌행정학과

460 한국가정과 다문화가정 내 배우자 폭력의 유형 및 특성 비교 연구
그레이스 정 | 서울대 아동가족학과

461 한국 유교 圖像의 역사
유권종 | 중앙대 철학과

462 기업과 노동의 사회 책임: CSR에서 ISO26000을 넘어 기업 인권으로
이승협 | 대구대 사회학과

463 청소년을 위한 긍정적 정신건강의 평가와 개입
고영건 | 고려대 학생상담센터

464 이주 시대의 젠더: '다문화' 한국사회와 필리핀 출신 여성들
김민정 | 강원대 문화인류학과

465 상식의 긴 팔: 과학하는 인간의 베이즈주의
여영서 | 동덕여대 교양대학

466 사회복지실천기록: 사회복지사의 기록실무를 위한 지침
백은령 외 | 총신대 사회복지학과

467 대한민국에서 난민으로 살아가기: 의미 탐색과 정책 과제
박순용 외 | 연세대 교육학부

468 다문화사회와 이주민 건강: 헬스커뮤니케이션 차원의 분석과 대안 모색
정의철 | 상지대 미디어영상광고학과

469 전통생태지식과 세대소통: 지속가능발전을 위한 사회생태기억 탐구
김고운 외 | 고려대 오정리질리언스연구원

470 디지털 시대의 사회복지 패러다임: 네트워크적 접근
김수영 | 서울대 사회복지학과

471 디지털 헬스 케어의 법적 쟁점과 과제
이호용 | 한양대 정책학과

472 한국사회의 공공갈등 사례를 통해 본 조정, 참여형 갈등관리, 예방적 접근의 활용과 해외 시스템 연구
김대중 외 | 동아대 국제전문대학원

473 호수환경생태학
김범철 | 강원대 환경학과

474 한국 이민자 복지정책 연구
김안나 | 대구가톨릭대 사회복지학과

475 통합환경법 제정에 관한 연구: 가칭 「이산화탄소 저장 등에 관한 법률」안 제정을 중심으로
고문현 | 숭실대 법학과

아산재단연구보고서

001 한국인의 도덕성 연구
배해수 | 고려대 국문학과

002 산업화와 청소년 진로
이원호 | 울산대 교육학과

003 공동체의식과 시민운동
김영섭 | 한양대 행정학과

004 한국청년의 삶의 의미 충족도와 만족적 태도
안정수 | 경희대 철학과

005 중국조선족의 사회발전과 한 · 중관계의 위상
손장권 | 고려대 사회학과

006 해송림 "솔껍질깍지벌레"의 천적 및 주요 종의 생태
김규진 | 전남대 농생물학과

007 사회정의와 실천윤리
박종대 | 서강대 철학과

008 동구개혁의 영향
김달중 | 연세대 정치외교학과

009 한국청소년의 의식세계
김문조 | 고려대 사회학과

010 고강도 철근 콘크리트 구조의 실용화
정헌수 | 중앙대 건축학과

011 신기술의 연관형태 및 출현예측의 구조모형
권철신 | 성균관대 산업공학과

012 민간기업의 연구개발을 위한 조세정책
권영훈 | 한양대 경제학부

013 기술개발 활성화방안
송승구 | 울산대 화학공학부

014 부패의 현상과 진단
이문조 | 영남대 정치외교학부

015 연구투자의 지역적 편중화와 부산지역의 기초과학연구 활성화방안
윤웅찬 | 부산대 화학과

016 GATT의 신구 덤핑방지협정과 그 대응 방안
전창원 | 동국대 무역학과

017 한국사회의 도덕성 제고를 위한 진단과 처방
황경식 | 서울대 철학과

018 새로운 노사관계 방향
이진규 외 | 고려대 경영학과

019 21세기 동북아 정세예측과 한국의 전략적 대응방안
최평길 외 | 연세대 행정학과

020 소련의 한국에 대한 정책목표분석
신승권 | 한양대 정치외교학과

021 메모리 커패시터용 $Pb(Zr_xTi_{1-x})O_3$ 강유전체 박막의 제작과 특성
장지근 외 | 단국대 전자공학과

022 러시아 국제법학의 전통
김용구 | 서울대 외교학과

023 유럽연합의 현황과 전망
김동현 외 | 성균관대 행정학과

024 중국의 정치동원
송영우 외 | 건국대 정치외교학과

025 산업적 활용을 위한 이동로보트 시스템의 개발
박민용 외 | 연세대 전자공학과

026 중국조선족의 정치사회화과정과 동화적 국민통합의 방향
전인영 외 | 이화여대 사회생활학과

027 공적부조의 이론과 실제
최일섭 외 | 서울대 사회복지학과

028 대외통상환경의 변화와 법제개편
서헌제 | 중앙대 법학과

029 기업금융의 국제화
최생림 | 한양대 경영학부

030 자동차부품공업의 노사관계
김호진 외 | 고려대 행정학과

031 산업화 과정에서의 한국가족의 실태와 전망
정창수 외 | 성균관대 사회학과

032 공무원 가치관 실태와 정립방안
배병룡 외 | 경상대 행정학과

033 해외귀국청소년의 국내적응연구
이장영 | 국민대 사회학과

034 초고속정보통신망에서 LAN서비스 제공방안
이재용 | 연세대 전자공학과

035 WTO체제의 정책적 대응
김병진 외 | 경희대 행정학과

036 유럽의 통합정치
최수경 외 | 충남대 정치외교학과

037 유기질폐기물을 이용한 고단백사료원인 조류의 생산공정
최정우 외 | 서강대 화학공학과

038 초고속정보통신망의 수용성과 정책방향
박영상 외 | 한양대 신문방송학과

039 중국의 강남사회와 한중교섭
조영록 외 | 동국대 사학과

040 세계화시대의 사회 · 문화의식
신행철 외 | 제주대 사회학과

041 국내 외국인 노동자의 문제와 대책
성규탁 외 | 연세대 사회복지학과

042 노인인력 활용정책과 프로그램
김정후 외 | 강원대 법과대학

043 한일간 학술교류 현황과 활성화방안
정홍익 외 | 서울대 행정대학원

044 계량모형에 의한 한일 경제관계의 이해
김병직 외 | 한양대 경제학부

045 직장인의 음주행태와 삶의 질
진기남 외 | 연세대 보건행정학과

046 유통정보 시스템의 구조와 설계
정용길 | 충남대 경영학과

047 남북통일 이후 사회통합을 위한 교육의 역할
안기성 외 | 고려대 교육학과

048 대중음악에 심취한 청소년들의 심리적 특성
김인경 외 | 연세대 인간행동연구소

049 멀티미디어 시스템을 활용한 교육환경의 개선방안
김한일 | 제주대 컴퓨터교육학과

050 탈냉전기 한일관계의 쟁점
최상룡 | 고려대 정치외교학과

051 자치시대 새로운 '삶의 질' 지표의 모색
김형기 외 | 경북대 경제통상학부

052 유럽통합의 역내외 협력과 갈등
이호재 외 | 고려대 정치외교학과

053 21세기를 대비한 신노사관계
김재원 | 한양대 경제학부

054 대학의 시간제학생 등록제
안규철 외 | 전남대 교육학과

055 21세기에 대비한 방송통신정책
한진만 외 | 강원대 신문방송학과

056 주민참여를 통한 혐오시설 관리운영방안
박균성 외 | 경희대 법학부

057 여성의 정치적 권리인식과 정치참여
전경옥 외 | 숙명여대 정치외교학과

058 한국인 위장질환과 식생활 · 환경요인 및 *H. pylori* 감염과의 관계
이양자 외 | 연세대 식품영양학과

059 학생과 시민의 자원봉사활동
윤정일 외 | 서울대 교육학과

060 동북아 환경문제와 지역환경협력의 모색
신연재 외 | 울산대 정치외교학과

061 노인 자원봉사활동을 통한 사회통합 프로그램 개발
김동배 | 연세대 사회복지학과

062 물류정보 시스템
김태현 | 연세대 경영학과

063 전자식 문서교환을 이용한 항공화물 운송체계
민재형 | 서강대 경영학과

064 청소년과 성
이근후 | 이화여대 의과대학

065 민족통합과 무궁화호 위성의 남북한 공동활용방안
방정배 | 성균관대 신문방송학과

066 채식주의가 20대 여성의 영양상태와 에스트로겐 대사에 미치는 영향
성미경 | 숙명여대 식품영양학과

067 가상정보공간을 통한 지역개발 활성화 전략
유재천 외 | 한림대 언론정보학부

068 조산아 관리현황 및 정책수립 방안
박상기 외 | 조선대 의과대학

069 남북한관의 의식조사와 통일교육 개선 방안
김동규 외 | 고려대 북한학과

070 동양 전통 자연사상 탐구
장동순 | 충남대 환경공학과

071 초고속정보망의 시뮬레이터 구현
한기준 | 경북대 컴퓨터공학과

072 유통원가 시스템의 유효성
정다미 | 명지대 경영학과

073 국악과 문화관광의 만남
정익준 외 | 동아대 국제관광통상학부

074 기업의 지식경영 활용사례
김창은 | 명지대 산업공학과

075 선진국과 한국의 직업교육 · 훈련제도의 특성과 한계
정주연 | 고려대 경제학과

076 제주지역 성인 여성의 자원봉사활동
이상철 외 | 제주대 사회학과

077 M&A와 문화충돌 관리
박원우 | 서울대 경영학과

078 폐금속광산 인근 주민들의 중금속 오염실태
정종학 외 | 영남대 의학과

079 북한 농촌 · 농업실태와 인력자원개발 시스템을 통한 북한 농민의 구호방안
박성열 | 건국대 교육공학과

080 중소 소매점의 경쟁력과 소매성과
채명수 외 | 한국외대 무역학과

081 고령자를 위한 쾌적한 실내온도와 착의량의 설정
정운선 | 안동대 의류학과

082 지역문화 이벤트 PR
박종민 | 경희대 언론정보학부

083 인터넷 지역정보화의 실태와 전략
유평준 외 | 연세대 행정학과

084 여성 삶의 질 향상을 위한 사회교육 활성화 방안
김양희 | 중앙대 가족복지학과

085 벤처기업과 벤처금융
강대석 외 | 충남대 무역학과

086 구조조정기에 있어서 실업대책과 사회 안전망 구축
박천익 | 대구대 경제학과

087 한국 유아의 조기교육
이명조 외 | 한국외대 교육대학원

088 남북한 경제공동체 형성전략
이상만 | 중앙대 경제학과

089 지방자치회계의 투명성과 주민의 알 권리
권찬태 외 | 경북대 경영학부

090 정치지도자의 정책리더십
이해영 | 경일대 행정학과

091 경제위기와 한국인의 복지의식
신광영 외 | 중앙대 사회학과

092 북한의 노동
김강식 | 한국항공대 경영학과

093 우리나라 중소기업의 정보기술 활용 현황과 경쟁력 강화를 위한 제안
정승호 | 부산외대 정보시스템학과

094 인간배아복제의 법적 · 윤리적 문제점과 그 해결방안
최병규 | 한경대 법학부

095 가치변화에 따른 투표행태
조찬래 외 | 충남대 정치외교학과

096 인터넷 경매에서의 계약체결과 소비자 보호
이기수 외 | 고려대 법과대학

097 세계화시대 남북한 통합의 방향과 과제
윤민재 | 서울대 사회발전연구소

098 글로벌 시대 지방정부의 문화마케팅 전략
박흥식 | 중앙대 행정학과

099 대졸여성실업의 실태분석 및 대학-노동시장 간 효율적 연계방안
이은우 외 | 울산대 사회과학부

100 그린 투어리즘의 분석
이응진 | 대구대 관광학부

101 지방자치단체장의 부정부패
오일환 | 한양대 아태지역연구센터

102 산업화가 유교체제하 중국여성의 지위에 미친 영향
천성림 | 배재대 사회과학연구소

103 움직이는 말하기
유혜숙 외 | 나사렛대 교양학부

104 장애학생을 위한 특수교육공학의 활용
김용욱 | 대구대 중등특수교육과

105 지식기반사회의 평생교육 이해와 평생교육 프로그램 개발
박성열 | 건국대 교육공학과

106 N세대의 미술교육
김동철 | 대구교육대 미술교육학과

107 노후계획과 투자
권택호 | 여수대 국제통상학과

108 영화산업
양영철 | 경성대 연극영화학부

109 동유럽의 변혁과 언론의 역할
정대수 | 경남대 정치언론학부

110 환율, 임금, 물가가 국제경쟁력 및 수출입산업에 미치는 영향
하인봉 | 경북대 경제통상학부

111 일본기업의 기술혁신 전략
위정현 | 중앙대 상경학부

112 노후보장정책과 역저당연금제도
조덕호 외 | 대구대 행정학과

113 유비쿼터스 라이프와 미래 사회
김석수 | 한남대 멀티미디어공학과

114 죽음과 관련된 생명윤리적 문제들
구인회 | 가톨릭의과대 인문사회과학교실

115 경제적 세계화와 빈곤문제, 그리고 국가
김준현 | 한일장신대 인문사회과학부

116 한국의 세계불교유산
김종명 | 한국학중앙연구원 한국학대학원

117 복지레저서비스론
고태규 | 한림대 국제학부

118 자생적 철학체계로서 인간중심철학
선우현 | 청주교대 윤리교육과

119 전략적 통합과 한반도 평화체제
김승채 | 고려대 정책대학원

120 환경사법론
전경운 | 경희대 법학부

121 인터넷 자료를 통해 본 한국의 이혼문화와 사회복지
성정현 외 | 협성대 사회복지학과

122 유럽연합의 사회정책에 관한 연구
문진영 | 서강대 신학대학원 사회복지학과

123 여성건강의 통합적 관점
김혜원 | 관동대 간호학과

124 복잡계 네트워크 과학
강병남 | 서울대 물리천문학부

125 경제적인 3세대 전원주택 개발
박근준 | 호서대 건축공학과

126 사회복지와 인적자원개발
이상일 | 인제대 국제경상학부